边坡工程三维激光扫描技术研究与应用

陈　娜　肖衡林　马　强　著

科学出版社
北　京

内 容 简 介

边坡工程的安全防控离不开准确的地质编录和长期的变形监测，本书系统性地介绍三维激光扫描技术在边坡地质编录和变形监测中的应用。全书共分为6章。第1章为绪论，第2章介绍三维激光扫描点云数据的获取与处理，第3章介绍点云数据处理的常用软件，第4章介绍基于点云的边坡智能地质编录平台 GeoCloud V1.0，第5章介绍基于三维激光扫描技术的边坡结构面地质编录研究，第6章介绍基于三维激光扫描技术的边坡变形监测。

本书可供智能建造、边坡工程和测绘工程等领域的管理者、研究人员、技术人员参考学习，也可供从事土木工程和数字化技术交叉学科研究的科研人员及相关高等院校的师生参考。

图书在版编目(CIP)数据

边坡工程三维激光扫描技术研究与应用 / 陈娜，肖衡林，马强著. —北京：科学出版社，2024.5

ISBN 978-7-03-073955-1

Ⅰ. ①边… Ⅱ. ①陈… ②肖… ③马… Ⅲ. ①三维－激光扫描－应用－边坡－道路工程 Ⅳ. ①U416.1

中国版本图书馆 CIP 数据核字（2022）第 224024 号

责任编辑：徐仕达 李程程 / 责任校对：赵丽杰
责任印制：吕春珉 / 封面设计：东方人华平面设计部

科学出版社 出版
北京东黄城根北街 16 号
邮政编码：100717
http://www.sciencep.com

北京九州迅驰传媒文化有限公司印刷
科学出版社发行 各地新华书店经销
*
2024 年 5 月第 一 版 开本：787×1092 1/16
2024 年 5 月第一次印刷 印张：11 1/4
字数：267 000

定价：115.00 元

（如有印装质量问题，我社负责调换）
销售部电话 010-62136230 编辑部电话 010-62135319-2030

前　言

岩石边坡的稳定性主要受坡体内部大量发育的结构面控制，地质编录的质量与岩土工程勘察的质量有紧密联系，它也是关乎建设成本、工程质量及施工安全的重要因素。准确、高效、全面获取岩体结构信息，对边坡的稳定性分析有着重要意义。除了通过研究岩体的结构从内部力学机理上对边坡进行稳定性分析外，还可以通过外部的变形监测避免或者预测边坡的失稳。因此，边坡的变形监测也是边坡安全防控研究的重点内容。传统的边坡地质编录和变形监测都是通过人工接触式单点测量得到的，存在效率低、作业风险大、数据采集不全面、主观因素影响大等问题；同时，互联网时代，数字化催生各个行业的变革与创新，水电、矿山、能源、交通等大量涉及岩体边坡工程的行业也不例外。因此，自动、准确地获取岩体边坡结构面的空间分布和进行边坡变形监测，不仅是边坡工程实现数字化、智能化的基础，还是在岩体工程方面实现智能建造的先决条件，具有重要的学术价值和工程意义。

三维激光扫描技术作为一种新兴的测绘方法，可以实现远距离、高精度、高效率的快速扫描，其通过向被测物体发射激光点来获取目标对象表面真实的三维坐标信息。在边坡工程中，三维激光扫描技术可以快速获取边坡表面的点云数据，然后基于边坡的三维点云模型进行结构信息的自动识别以及变形监测分析，从而实现边坡安全防控的数字化和智能化。目前，国内外系统介绍三维激光扫描技术在边坡工程中应用的书籍较少，鉴于三维激光扫描技术在未来边坡工程数字化领域将有广泛的应用前景，因此亟须相关书籍给予研究人员的指导，以提高三维激光扫描技术在边坡工程中的应用水平。

本书系统地介绍了三维激光扫描技术在边坡智能地质编录和变形监测中的应用。从点云数据的获取、点云数据的预处理、边坡结构面地质智能编录和边坡变形监测分析等方面，详细地进行了论述和总结。结合常用的点云数据处理软件和自行研发的岩体结构识别算法，开发了边坡岩体智能地质编录平台 GeoCloud V1.0，并对该软件的开发过程进行了详细介绍。结合商业软件 3D Reshaper，对基于三维激光扫描技术的边坡变形监测进行了介绍。结合标准几何体数据和实际的边坡工程数据对以上方法进行了验证及展示。本书以实际应用为目的，对已有方法进行了总结和评价，融合了作者的科研理论创新，并根据工程实例，详细介绍了三维激光扫描技术在边坡工程中的应用，使读者能够更好地理解和掌握三维激光点云技术处理的理论内容和使用方法。

本书基于作者近年来主持的国家自然科学基金青年基金项目“基于无人机和深度学习的岩石智能识别及结构面定量表征研究”（项目编号：52009038）、湖北省教育厅青年基金项目“基于三维激光点云技术的岩体结构面自动识别及三维模型智能重构”（项目编号：Q20201407）、爆破工程湖北省重点实验室开放基金项目“基于机器视觉三维重建技术的爆破隧道掌子面地质参数智能解译”、水利部长江勘测技术研究所横向课题

“基于激光点云的隧洞地质结构面信息智能识别提取算法与程序实现”等的研究成果撰写而成。这些项目或课题由湖北工业大学生态岩土工程课题组负责完成，课题组中的许多博士研究生和硕士研究生做出了巨大的贡献，值此本书出版之际，谨向他们表示最衷心的感谢。在本书的写作过程中，陈娜主要负责整体书稿的撰写，肖衡林和马强教授负责全书的架构规划和审核，湖北工业大学的杜昌杰、姚致远、王南盟、吴晓婵、肖奥、郝寅超等硕士研究生协助收集整理了部分资料。

由于三维激光扫描技术的不断发展，作者的知识水平和实践经验有限，书中难免存在疏漏之处，恳请读者批评指正。

目　　录

第1章 绪　　论

边坡的稳定性问题一直是岩土工程、岩体力学等领域的重点研究方向，如岩质边坡的稳定性问题、矿区岩体的稳定性问题等[1]。经过数十年的研究，人们逐渐意识到，即使岩石本身的强度很高，岩体失稳的现象依然频繁发生，如意大利的瓦伊昂大坝失事、中国的长江三峡库区滑坡等都属于岩体失稳实例。科学家通过对这些案例的分析发现，导致这些岩体失稳的“罪魁祸首”是岩体中的软弱结构面。因此，国内外许多学者对岩体的软弱结构面进行了广泛深入的研究。孙广忠、孙玉科、谷德振、张咸恭、王思敬等提出了“结构控制论”，并在“结构控制论”基础上系统研究了岩体破坏、岩体变形及岩体力学性质[2-7]。

采集岩体结构信息是分析岩体稳定性的基础。岩体结构是一定地质条件下由结构面和结构体共同组合的一种地质结构形式，而结构面是岩体中具有一定方向、力学强度相对较低而延伸的地质界面。结构面是破坏岩体稳定性的主要因素，该特点是由其自身相对岩块较软弱的性质决定的。因此，高效、全面、精确地统计结构面信息，对岩体稳定性分析有着重要的工程意义[8-9]。

长期以来，国内外许多学者对如何获取结构面信息进行了大量的科学研究，他们在获取结构面的产状、迹长、粗糙度等信息方面取得了一定成果。结构面信息获取主要有钻孔成像测量法、人工现场接触测量法、近景摄影测量法、三维激光扫描测量法 4 类方法。钻孔成像测量法广泛应用于工程领域，效率低是该方法的一个重大缺点。人工现场接触测量法是目前工程中使用最多的方法，主要原因是它获取的信息较为准确和全面。但是该方法也存在如下弊端：首先，该方法属于人工测量范畴，手动逐个测量结构面，工作量大且存在安全隐患；其次，该方法获取的结构面信息种类有限；最后，该方法效率低，不符合现代大型工程快速施工的要求。近景摄影测量法具有非接触性，同时可以获得大量标记点信息而得到广泛应用。1974 年，Brown（布朗）将摄影摄像图片解译方法首次应用于结构面走向和迹长信息的提取。随后数十年内，国内外许多学者对基于摄影测量的结构面信息提取进行了大量研究。然而，摄影测量精度受很多因素（如数码相机内方位元素稳定性误差、相机外定向误差及作业环境等）的影响，较多得到的物点数有限，导致物点的空间坐标精度较低。在工程应用中，该方法多用于帮助人们感性认识，精确获得结构面信息还需要进一步的研究。

在边坡安全防控研究领域，除了可以通过研究岩体的结构从内部力学机理上对边坡进行稳定性分析外，还可以通过外部的变形监测来避免或者预测边坡的失稳。因此，边坡的变形监测也是边坡稳定性研究的重点内容。与此同时，边坡变形监测可以获取不同时期边坡的真实状态，使其成为评价边坡稳定性的重要手段之一。数十年来，很多学者在如何更有效监测边坡变形方面做了大量的研究，如使用全球定位系统（global positioning system，GPS）、全站仪及近景摄影测量等方法。其中，最常使用的方法是基于全站仪测量数据的边坡变形分析，但是该方法属于单点测量，存在采集效率低和无法反映边坡整体变形的问题。

通过以上分析不难发现，无论是岩体结构地质参数获取，还是边坡的变形监测，都需要更有效、更先进的技术来进行数据的采集。近年来，三维激光扫描技术作为一种新型的测绘技术，在这两个领域都得到了一定的应用和发展[10-14]。三维激光扫描技术可以高精度、快速地获取被测物体表面的三维坐标，每个激光点都是被测物体表面的真实点，最终获取的被测物体表面点云数据在进行后期处理时真实可靠。与传统方法不同，三维激光扫描技术可以远距离、非接触式地获取岩体三维坐标，采集的点云数据可以用于创建高精度的三维模型，同时可以降低人工测量带来的工作风险。鉴于三维激光扫描技术的众多优点，其被广泛应用于边坡工程、逆向工程、地理信息系统等领域。

1.1　三维激光扫描技术介绍

三维激光扫描技术诞生于20世纪中期，是继GPS技术后测绘领域的又一个重大技术突破。该技术又称为实景复制技术，能够完整且高精度地扫描实物，快速获得被测对象表面的三维信息，十分逼近原形；同时，三维激光扫描仪可以以非接触的方式真正实现从实物中进行快速的逆向三维数据采集和模型重建，为非接触快速测量领域带来了又一次革命性飞跃[10]。与传统的单点测量不同，三维激光扫描技术扫描获得的三维数据十分密集，形成块状的点云，因此该技术被视为从单点测量到面测量的革命性突破。

1.1.1　三维激光扫描系统组成

三维激光扫描仪作为三维激光扫描系统的主要组成部分，由激光发射器、接收器、时间计数器、马达控制可旋转的滤光镜、控制电路板、微型计算机、电荷耦合元件（charge-coupled device，CCD）机及软件程序等部分组成。图1-1所示的地面三维激光扫描系统主要是由三维激光扫描仪、数码相机、后处理软件、电源及附属设备等构成的。地面三维激光扫描系统建立了三维坐标系，点$P(x, y, z)$为三维空间内的任意一点，S为点$P(x, y, z)$到原点的距离，α为角度编码器记录的水平角，θ为垂直角（图1-1）。

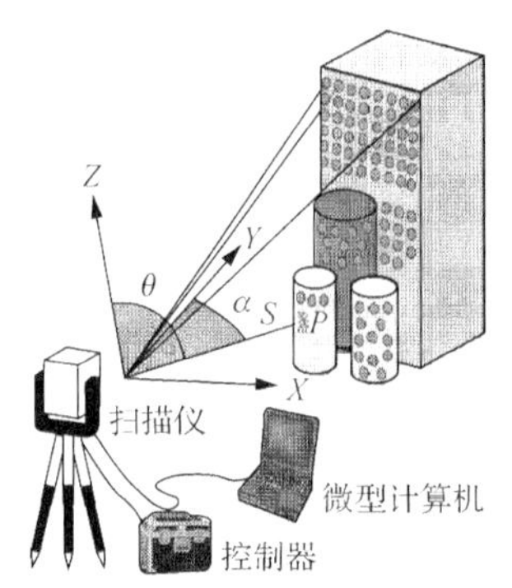

图1-1　地面三维激光扫描系统

1.1.2　三维激光扫描仪分类

三维激光扫描仪按照扫描平台可以分为机载（或星载）激光扫描系统、地面型激光扫描系统和便携式激光扫描系统。按照有效扫描距离，三维激光扫描仪可进行如下分类。

1）短距离激光扫描仪：其最长扫描距离不超过 3m，一般最佳扫描距离为 0.6～1.2m，通常这类扫描仪适合用于小型模具的测量，扫描速度快且精度较高，可以多达 30 万个点，精度至±0.018mm，如美能达公司生产的 VIVID 910 高精度三维激光扫描仪和波尔希默斯公司生产的手持式三维激光扫描仪 FastScan 等。

2）中距离激光扫描仪：其最长扫描距离小于 30m，多用于大型模具或室内空间的测量。

3）长距离激光扫描仪：其扫描距离大于 30m，主要应用于建筑物、矿山、大坝、大型土木工程项目等的测量，如奥地利 Riegl（瑞格）公司生产的 LMS Z420i 三维激光扫描仪和加拿大 Cyra（西拉）技术有限责任公司生产的 Cyrax 2500 激光扫描仪等。

4）航空激光扫描仪：其最长扫描距离通常大于 1km，并且需要配备精确的导航定位系统，可用于大范围地形的扫描测量。

激光测量的有效距离是三维激光扫描仪应用范围的重要条件，特别是针对大型地物或场景的观测或是无法接近的地物等，都必须考虑扫描仪的实际测量距离。此外，距离被测物越远，观测的精度相对越差。因此，要保证扫描数据的精度，就必须在相应类型扫描仪所规定的标准范围内使用。

1.1.3　三维激光扫描仪工作原理

1. 三维激光扫描点坐标计算原理

图 1-2 所示为扫描点坐标计算原理。将点 O 作为原点，建立三维坐标系，点 $P(x, y, z)$为三维空间内的任意一点，S 为点 $P(x, y, z)$到原点 O 的距离，α为角度编码器记录的水平角，θ为垂直角。当获得 S 后，点 P 的空间坐标也可以由如下计算公式相应算出：

$$x = S \times \cos\theta \times \cos\alpha \tag{1-1}$$

$$y = S \times \cos\theta \times \sin\alpha \tag{1-2}$$

$$z = S \times \sin\theta \tag{1-3}$$

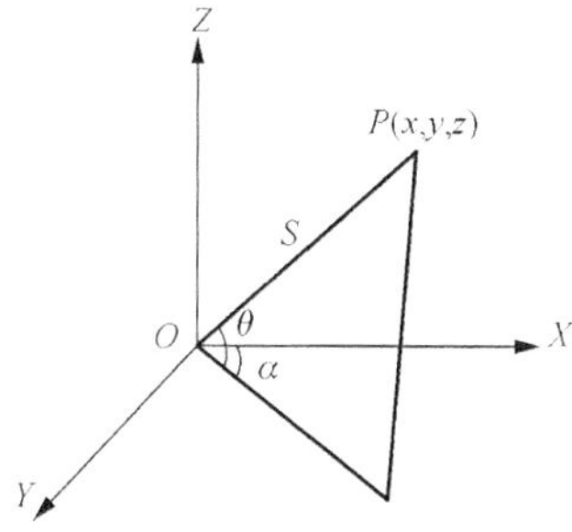

图 1-2　扫描点坐标计算原理

2. 三维激光扫描系统工作原理

三维激光扫描仪是在传统全站仪的技术基础上发展起来的，因此两者的测距原理十分相似。按照测距原理指标进行分类，三维激光扫描仪主要包括脉冲法测距模式、相位法测距模式和激光三角法测距模式[15]。三者的区别在于，确定激光往返激光发射器和目标观测点之间的时间模式不同。此外，不同的测距模式应用的领域也不尽相同。

（1）脉冲法测距模式原理

脉冲法测距模式和雷达经典测距模式十分相似，适合远距离测量。首先确定发射光和入射光之间的时间差，然后乘以光速就可以得到高精度的距离测量值。该测量原理的精度保证主要依赖仪器内部元器件之间的质量和计时器的稳定性。图 1-3 所示为脉冲激光测距原理。

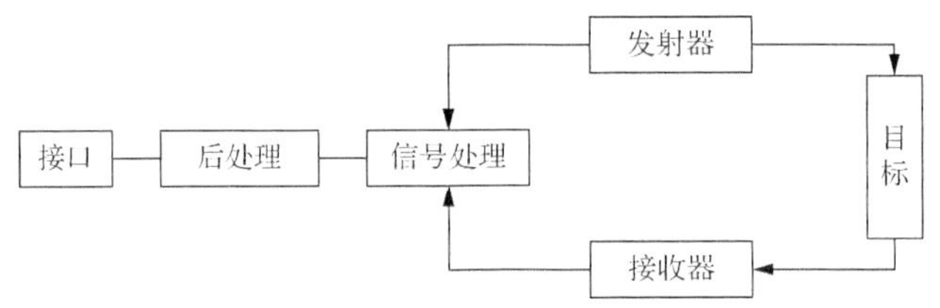

图 1-3　脉冲激光测距原理

脉冲法测距模式包括以下 4 个步骤。

1）激光发射：激光发射装置向物体发射激光的同时，部分激光被采样作为脉冲留作回波信号的参照。

2）激光探测：经物体反射回来的激光信号被激光接收装置接收并转换为相应的电信号。

3）时延估计：回波信号中存在不规则信号，需要对其进行单独处理得到准确的时延估计，重新生成回波信号，记录该回波的时延值。

4）时间延迟测量：主脉冲和回波脉冲之间的时间间隔可以通过精密计时装置测得。

脉冲法的测量距离较远，但是其测距精度较低。现在大多数三维激光扫描仪使用这种测距方式，主要在地形测绘、文物保护、“数字城市”建设和土木工程等方面有较好的应用。

（2）相位法测距模式原理

相位法测距需要在测量目标处安置合作棱镜，为了保证精度要求和适应性，较难做到无棱镜非接触测距。首先，根据激光的频率和波长关系，测得扫描仪和被测物体之间激光的往返相位差；然后，根据波长、波速之间的公式计算激光往返的时间，进而得到测量距离。相位型扫描仪可分为调幅型、调频型和相位变换型等[16]。

设激光信号往返传播产生的相位差为 Φ ，脉冲的频率为 f，光波传播速度为 c，则所测距离 S 的计算公式如下：

$$S=\frac{c}{2}\left(\frac{\Phi}{2\pi f}\right) \tag{1-4}$$

该测距方式精度较高，主要应用在精密测量和医学研究中，精度可达毫米级[16]。

（3）激光三角法测距模式原理

激光三角法测距模式是指根据发射点、目标点和接收点三点之间的三角几何关系确定距离的测量模式。详细说来就是激光出射点和入射点不是同一路径，两个点的目标位置在目标点处形成一定夹角。通过 CCD 探测器可以探测激光光斑的方向和距离，以得到主光轴的出射角度，从而计算激光点在目标表面的高度。目标物体产生位移，光斑也随其产生移动，测距结果不断改变，即实现实时测量物体位移。图 1-4 所示为激光三角法测量系统简图，激光器发射的光束正入射到参考平面处、测量平面处，并在 CCD 上成像，参考平面与测量平面距离为 X，成像距离为 X'，θ为激光束反射到参考平面处夹角，a 为成像物距，b 为成像像距。

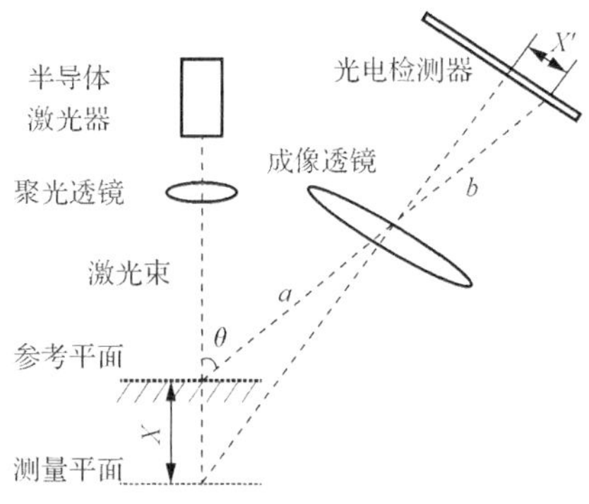

图 1-4 激光三角法测量系统简图

在测程与精度方面，以上 3 种测距方法各有优点和不足。脉冲法测量的距离最长，但精度随距离的增加而降低；相位法适用于中程测量，测量精度较高，但需要通过两次间接测量才能得到距离值，所以很少有三维激光扫描仪应用这种测距原理，主要是美国的 Faro（法如）公司应用，如 LS880 和 Photon 80；激光三角法测量测程最短，但精度最高，适用于近距离、室内测量[16]。

1.1.4 三维激光扫描技术的应用

三维激光扫描技术抗干扰能力强，测量精度高，突破了传统测量手段单点测量的局限性，能够真实反映被测目标的整体拓扑关系；同时，三维激光扫描无须接触被测目标便可进行测量，可以避免过往接触测量方法的安全隐患。随着扫描技术的不断发展，激光扫描仪从静态发展到动态，包括车载激光扫描仪和机载激光扫描仪。随着众多生产厂家的积极开发，三维激光扫描技术不断取得突破，三维激光扫描仪的扫描精度、扫描距离也取得了显著的进步。瑞士 LeicaI（徕卡）ScanStation C10 三维激光扫描仪的距离精度可达 4/5000mm，角度精度可达 12.0″[17]；加拿大 Optech（奥特）公司生产的 ILRIS-3DER 扫描仪扫描距离可达 1.5km。随着三维激光扫描系统在理论和应用上的日臻完善，其价格相对开发初期已大幅降低。各种有利因素促进了三维激光扫描技术在实践中的推广，目前，三维激光扫描技术已在土木工程、古建筑修复、文物保护、工厂改造、城市规划等领域得到了广泛应用[9]。

1. 逆向工程

逆向工程也称为反求工程，是指用一定的测量手段对实物或模型进行测量，根据测量数据通过三维几何建模方法，重建实物的计算机辅助设计（computer aided design，CAD）模型，从而准确快速地实现产品设计与制造的过程[18]。激光扫描测量技术应用于逆向工程时，可利用激光快速对物体空间外形和结构进行逐点扫描测量，获取物体表面上海量的空间坐标和颜色信息，通过计算机完成物体表面形状拟合，实现实物立体准确复现。如今，三维激光扫描技术在逆向工程领域已得到了广泛应用。唐通鸣等使用手持式三维激光扫描仪对人体髋骨表面进行扫描，得到大量点云数据，综合使用工程软件Geomagic和计算机辅助软件CimatronE对点云进行处理并实现三维模型重建，使用快速成型机完成髋骨的3D打印，得到几何形状一致的髋骨实体模型[19]。吴玉厚等利用手持式三维激光扫描仪得到人头像雕塑的点云数据，通过基准点定位原理对点云数据进行拼合，经过多边形网格处理，最终实现非均匀有理B样条（non-uniform rational B-splines，NURBS）曲面模型的重建。通过对重建模型进行偏差分析和修改，得到符合计算机辅助制造（computer aided manufacturing，CAM）要求的数字化模型[20]。朱江峰针对国内外逆向工程的发展应用情况，以三维扫描仪为逆向工程中数字化设备的研究工具，以较准确地还原产品原始几何参数为目的，对快速准确地曲面建模进行研究[21]。胡敏捷在研究中介绍了目前引进的激光影像扫描测量技术及激光扫描技术在船舶逆向工程中的应用，并对基于装配技术的船舶液舱模型的建立进行了分析[18]。图1-5所示为人头像雕塑在交互式CAD/CAM系统UG（Unigraphics）环境中的模型和数控加工仿真系统（Vericut）的仿真过程。

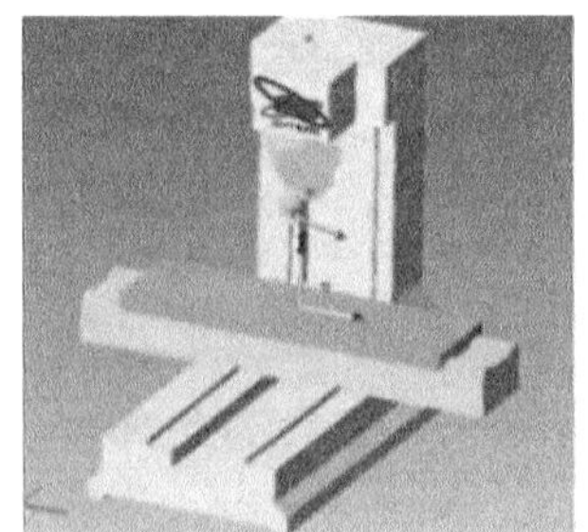

（a）人头雕像　（b）UG环境中模型　（c）Vericut的仿真过程

图1-5　人头像雕塑在UG环境中的模型和Vericut的仿真过程

2. 林业领域

树木是生态系统的重要组成部分，可以吸收二氧化碳，部分树木还可以结出果实，为人类提供粮食。三维激光扫描技术应用于林业调查时，可以很好地对树木进行三维重建，不仅可以加快林业可视化的研究进程，还可以在不破坏树木的情况下快速、真实、直接地获取树木的点云数据，并且精度较高，能克服传统林业调查中获取数据效率低、劳动强度大、自动化程度差等问题[22]。韩雪梅利用手持三维激光点云数据采集系统设备对试验区域内林木进行扫描，利用 MATLAB 软件对获取的林木三维点云信息进行离线分析处理，最终获取树干的胸径值，并且精度达到 90%以上[23]。卢贞利用三维激光扫描仪获得树木的点云数据，计算出树木的树高、冠幅、胸径等信息，并提出一种计算树冠体积的方法[22]。黄强利用三维激光扫描仪对树木扫描得到点云数据，并通过数据处理，最终构建出树木骨架线[24]。图 1-6 所示为树木胸高处截面点云。

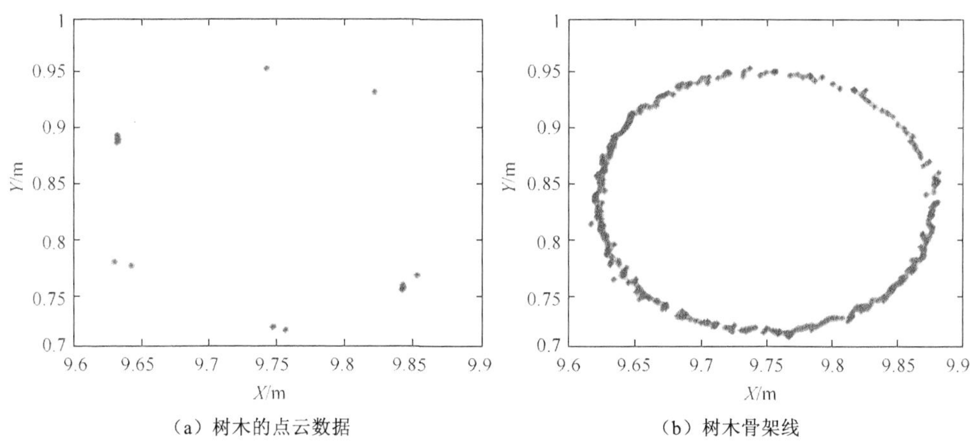

图 1-6　树木胸高处截面点云

3. 测绘工程领域

由于三维激光扫描技术具备效率高、精度高、非接触和数字化等优点，目前在地形测量、道路测绘、地铁隧道测绘及结构变形监测等领域得到了广泛应用。黄传朋利用 Trimble CX 三维激光扫描仪获取韩国沙滩防护研究物理模型的实验数据，经过处理后，生成所需要的三维地形图、点云图和等高线图，从中分析出实验前后沙滩的地形演变情况，设计出防护方案[25]。王汉顺结合地面型三维激光扫描仪在危岩体测绘工作中的应用实例，对三维激光扫描技术在危岩体测绘工作的全过程进行探索和实践[26]。赵宁宁等通过对武汉某地铁项目施工中三维激光扫描应用案例进行介绍，最终说明三维激光扫描对隧道结构监测的优势[27]。图 1-7 所示为文献[25]中用三维激光点云技术得到的两组沙坝断面点云图。

图 1-7　两组沙坝断面点云图

4. 文物保护

三维激光扫描技术可以以非接触的形式快速、准确地获取目标对象表面的点云数据，为文物古迹数字化保护中的三维模型重建提供了一种与以往完全不同的方式，被广泛用于文物保护、考古测量等众多领域。方毛林结合地面式和手持式三维激光扫描设备研究了不同目标对象的数字化重建过程和纹理映射方法，并且利用两种不同的软件对模型进行了重建，然后利用建筑信息模型（building information model，BIM）技术对一个古建筑进行了数字化重建，最后利用虚拟现实（virtual reality，VR）软件对该成果进行了展示[28]。刘宏光等结合实际案例归纳了文物建筑扫描的外业注意事项，阐述了内业处理时点云拼接、点云质量检查以及数据管理和存储的方法[29]。图 1-8 所示为仿秦兵马俑模型的识别调整。

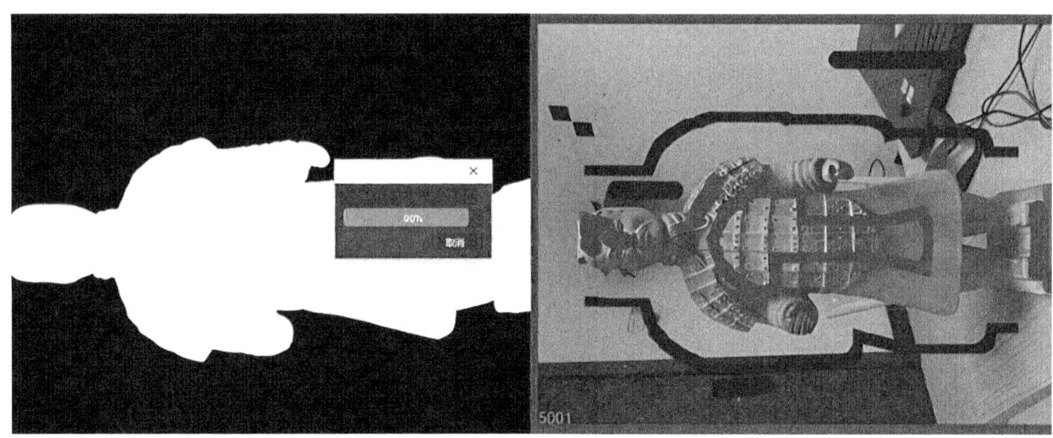

图 1-8　仿秦兵马俑模型的识别调整

5. 其他领域

三维激光扫描技术在事故存档与分析[30]、紧急服务（如反恐怖主义、犯罪现场记录与还原等），以及采矿业中的土方和体积计算、矿产储量计算、塌陷区域测量等工作中都可以用来代替传统测量模式[31]。图 1-9 所示为三维激光扫描技术在事故分析中的应用。

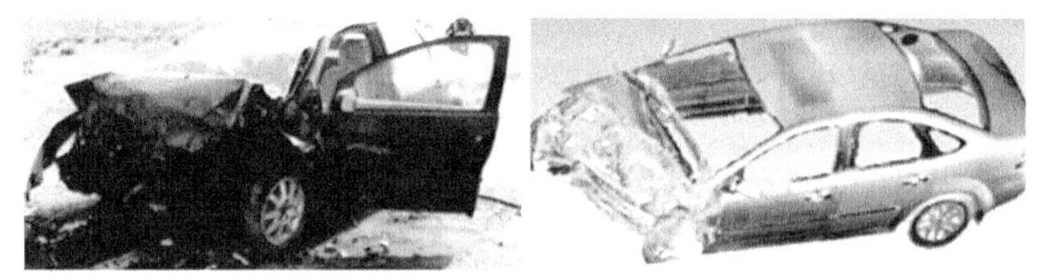

（a）事故汽车图　　（b）事故汽车三维扫描图

图 1-9　三维激光扫描技术在事故分析中的应用

1.2　点云数据处理技术综述

首先通过三维激光扫描技术得到海量散乱无序的点云数据，然后从这些点云数据中找出它们之间的拓扑关系，从而提取出结构面信息。点云数据处理技术一般包括多视点点云数据的配准、点云数据的去噪、点云数据的压缩及点云的三维重建等[29]。

1.2.1　点云配准

逆向工程采集数据时，由于测量设备和物体表面存在遮挡等，往往需要进行多次测量才能获得被测物体表面完整的数据[32]。另外，由于三维激光扫描仪扫描时每个站点的坐标系各不相同，为了获得被测量实体表面完整的形状信息，必须要将各个站点下扫描到的点云数据转换到同一个坐标系中[33]。点云配准方法分为基于实体特征的点云配准和无实体特征的点云配准。基于实体特征的点云配准是指利用点、线、面等基本特征来解算变换参数，进行配准；无实体特征的点云配准是指利用原始扫描数据进行配准[34]。图 1-10 所示为点云配准。

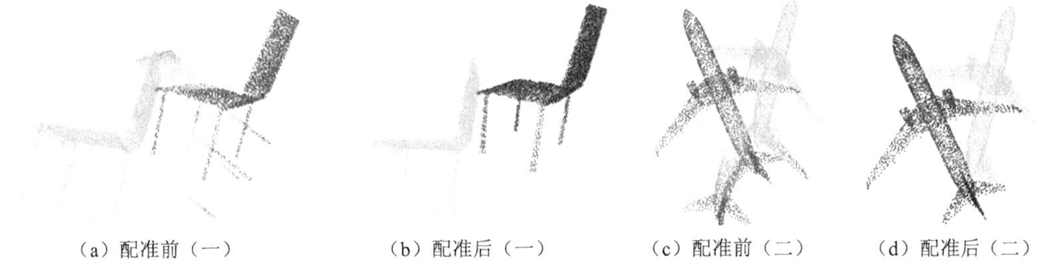

（a）配准前（一）　（b）配准后（一）　（c）配准前（二）　（d）配准后（二）

图 1-10　点云配准

彩图 1-10

点是在基于实体特征的点云配准中使用最多的几何特征，如标靶等，但在重合区域必须要有 3 个或 3 个以上不共线的标靶同时存在。常用的几何特征还有曲线和面。Ruigang Yang（杨睿刚）等提出了对于具有明显特征的实体，利用曲线配准可以得到足够高的精度。Pavel Krsek（帕维尔·克尔塞克）等提出了利用实体表面微分结构来进行点云数据自动配准[35]。鲁铁定等针对传统初配准方法效率低等问题，提出一种结合点云特征的超四点快速鲁棒匹配算法，并通过斯坦福兔子点云及实测点云数据对比分析，证明该算法具有更好的配准性[36]。盛敏等针对三通道彩色图像和深度图像（RGB&depth map，RGBD）点云数据的配准问题，提出一种基于颜色相似性和曲率相似性的初始配准方法[37]。詹旭和蔡勇针对点云刚性配准问题提出了一种基于余弦相似度的点云配准算法，并通过试验证实该算法相比其他算法具有较高的配准精度，即使在点云数据有噪声和数据缺失时，也能达到良好的配准效果[38]。基于实体特征的点云配准，不需要坐标转换参数的初始值，简单易解，但在提取和组织特征上需要花费大量的人力和物力，并且在表面特征不明显时也不可以使用。

无实体特征的点云配准直接利用原始扫描数据进行配准，其中运用最多的是最近点迭代（iterative closest point，ICP）算法，该算法由 Besl 和 McKay 于 1992 年提出[39]。ICP 算法通过迭代搜索两片点云间的最近点并将其定义为匹配点对，寻找使目标函数为匹配点对间欧氏距离均方根达到最小的变换矩阵，直至精度满足要求或迭代次数达到预设值或达到收敛。但该算法同时也有许多不足，具体如下：①对待配准点云初始位置要求很高，迭代算法易陷入局部最优，收敛得到错误的配准结果；②该算法计算大规模点云时耗时过长[40]。因此，很多学者对 ICP 算法的改进进行了大量研究。李天烁等针对激光点云反射强度和图像匹配的特点和应用，提出一种基于激光反射强度的点云自动配准方法，从而为实现 ICP 精确配准确定初值，提高点云配准的准确性和效率[41]。杨小青等针对三维重建领域中不同视角下点云的多视定位和配准效率问题，提出一种基于法向量改进的 ICP 算法，相比传统 ICP 算法，其配准效率提高至 70%以上[42]。马大贺和刘国柱通过计算 2 个点云的快速点特征直方图（fast point feature histograms，FPFH）特征之间的巴氏距离，以 K 维树（K-dimensional Tree，Kd-Tree）检索巴氏距离最小的对应点，然后利用奇异值分解计算初始转换矩阵，进行 ICP 算法精细匹配，求得最终变换矩阵。该方法能为 ICP 算法提供良好的初始变换矩阵，在同等迭代次数下具有更高的精度[43]。郭思猛在分析传统 ICP 算法的基础上，提出了一种基于两组点云数据点之间的垂足与三角形的位置关系来完成对应点对的搜索方法，同时加入超线段距离约束法来剔除错误点对的改进 ICP 配准算法。实验表明，新的对应点搜索方式有效降低了配准误差，超线段距离约束法减小了错配的概率[44]。何群等对预处理后的点云进行 Delaunay（德劳内）三角剖分建模及栅格化，然后对栅格化后的图像实施尺度不变特征变换（scale-invariant feature transform，SIFT）算法的粗配准，再根据粗配准的结果进行 ICP 算法的精确配准，加快了 ICP 算法的迭代收敛，并提高了配准的精度[45]。马伟丽等提出基于曲率特征的 ICP 改进算法，有效提高了点云配准的稳定性和精度[46]。赵夫群和贾一婷提出了一种基于点云的法矢和曲率等几何属性和利用 Kd-Tree 改进 ICP 的点云配准方法，通过实验证明，该方法精度高、速度快[47]。黄高锋等利用现有的点云特征提取算法和描述算法，提取并匹配点云中的特征点，用随机抽样一致性算法结合坐标转换模型剔除错误匹配点对，用匹配点对在两点云中的坐标计算之间的坐标转换参数，从而实现点云的配准。相比 ICP 类算法，点云配准的效率和自动化程度得到提高[48]。

1.2.2　点云去噪

由于人为、仪器和环境等因素影响，三维激光数据采集过程中会产生大量的噪声点。后续的点云模型配准、拼接过程需要精确的点云模型数据，因此这些多余的噪声数据必须予以处理，而对模型的特征信息予以保留。目前，用于去除噪声数据的算法有很多，如最小二乘法、平滑滤波算法、拉普拉斯算法及平均曲率流滤波算法等[31]。

为了去除噪声数据，国内外学者做了大量研究。最早的基于网格去噪算法是，由 Taubin 将信号处理技术扩展到具有任意拓扑结构的多面体网格表面去噪中，提出了基于拉普拉斯算子各向同性算法来进行线性快速去噪，但是各向同性算法无法保证模型的细节特征[49]。Tasdizen 等将扩散各向异性运用于水平的曲面上[50]。Bajaj 和 Xu 提出自己的去噪算法和图像处理技术，该算法是将二维数据扩散到三维数据中[51]。刘大峰等采用平滑鲁棒方法除噪，该方法对于平滑点云效果很好，但对于数值波动较大的数据，则不能很好地去噪[52]。Fleishman 等将双边滤波去噪方法运用到二维图像的表面上，去噪的同时保持了点云特征[53]。Wang 等采用基于几何相似性的非局部去噪算法，提高了点云去噪的鲁棒性[54]。王丽辉和袁保宗使用模糊 C 均值聚类算法和双边滤波结合起来，对不同尺度的点云噪声进行分类去噪，既去除了大尺度的离群噪声，又防止了在小尺度的非离群噪声模型中产生光顺现象[55]。图 1-11 所示为点云滤波去噪。

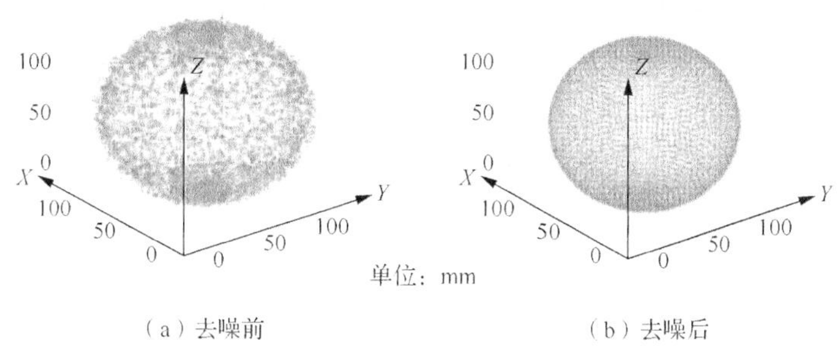

图 1-11　点云滤波去噪

1.2.3　点云压缩

随着三维激光扫描技术的不断发展，三维激光扫描设备可以获取被测物体表面大量的扫描点，虽然精度高，但是带有大量冗余，给后续工作带来很大不便。因此，应当在保留点云数据主要特征的同时，对点云数据中的冗余数据进行压缩。

点云数据按照排列形式，一般可分为线式点云数据、阵列式点云数据、三角网式点云数据和散乱点云数据[56]。学者经过深入探索，研究出了包围盒法、均匀网格法、三角网格法及曲率采样法等点云压缩方法。刘涛等采用包围盒法分割曲面，对传统的邻域搜索方法进行了改进，提高了点云精简的效率和精度[57]。Weir 等指出，包围盒法适用于曲率变化不大的物体，对于表面曲率过大的物体，效果不是很理想[58]。Martin 等基于中值滤波的原理，建立了一系列均匀的小方格，在垂直于扫描方向的平面上将点云数据分配给其中一个小方格，求出其与小方格的距离，根据距离大小重新排列小方格中的点云数据，保留中间值的点云数据，删除其余数据。该方法适用于扫描方向垂直于被测物体表面的单块数据，对拼接的三维点云效果不是太好[59]。近几年，国内学者对点云数据压缩方法的研究取得了长足进步。刘继庚等利用包围盒将点云进行自适应分层形成切片点云，然后对每层点云使用矢量-角度法精简数据；使用该算法开展了试验，分别讨论分层数目、最短距离和角度参数对压缩结果的影响，证实了该算法对目标特征复杂的部位有较好的压缩效果，在平坦部位不会因过度压缩出现失真现象[60]。方芳和程效军提出基于切片的海量散乱点云快速压缩方法，对点云进行分层生成切片点云，对每层切片点云使用弦高差法筛选利于表现形状的重要点，实现快速压缩[61]。

1.2.4　特征提取

特征点是最基本的几何特性和纹理特征的特征基元，其不会因为坐标系的改变而发生变化。通过用不同的方法提取点云数据中的特征点，可以在减少计算量的前提下，保留点云的几何特征。

近年来，学者对点云特征提取做了大量研究。田鹏根据空间单元曲面变化量对点云进行分类，利用曲率分析的方法提取了特征点，使用最小生成树的方法进行特征边的连接，实现了特征的提取。该方法计算简单，得到的边界特征精确，并且特征提取速度快[62]。洪梅叙述了贝塞尔（Bezier）、B-样条和非均匀有理 B 样条这 3 种方法在曲线和曲面提取中的原理，并用 MATLAB 分别作图比较了 3 种方法提取线、面的优缺点[63]。杨斌杰分别计算点云的法向量、曲率及体积积分不变量，提取出铁饼与龙模型的特征点，对其结果进行进一步的分析，研究了 3 种方法的优缺点及适用性[64]。

1.2.5　三维重建

点云的三维重建是通过三角网格建立点云之间的拓扑关系，逼近表达目标真实图像的一个过程。近年来，国内外专家对点云的三维重建进行了广泛的研究，总结如下：①三维 Delaunay（德洛奈）三角剖分算法。三维 Delaunay 三角剖分算法和 Voronoi（沃罗诺伊）图（泰森多边形）的绘制方法自有三维重建以来取得了很多研究成果，在工程实践中被大量应用。②微切平面法。采用最小二乘法，由点的近域求解法向量，构建点到物体表面的距离场，其零等值面即为重建曲面[31]。③基于移动最小二乘重建方法。通过移动最小二乘计算点的局部邻域特性，然后直接对点进行渲染，以表达对象的三维特征[31]。

1.2.6　点云分割

点云分割（图 1-12）是根据空间、几何和纹理等特征对点云进行划分，使同一划分内的点云拥有相似的特征，点云的有效分割往往是许多应用的前提（如逆向工作，CAD 领域对零件的不同扫描表面进行分割），然后才能更好地进行空洞修复曲面重建、特征描述和提取，进而进行基于 3D 内容的检索及组合重用等。

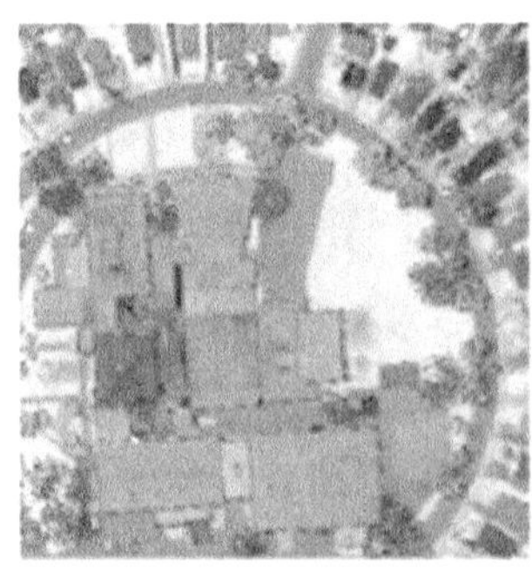

（a）分割前

（b）分割后

图 1-12　点云分割

1.2.7　其他

点云数据的处理还包括三维点云修复（图 1-13）、三维模型渲染等内容，这些研究方向属于三维激光扫描边坡点云数据处理的重要环节，已经得到了国内外专家学者的广泛关注，并取得了一系列宝贵成果。

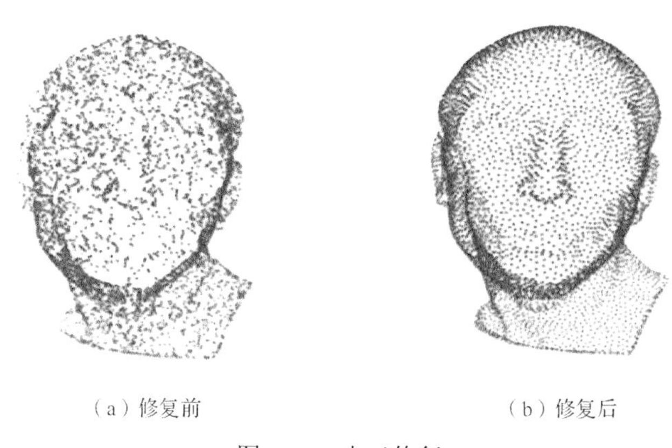

（a）修复前　（b）修复后

图 1-13　点云修复

1.3　三维激光扫描技术在边坡工程中的研究现状

1.3.1　边坡岩体结构及岩体结构控制论

众多结构面在空间纵横交错构成了边坡岩体的结构，并且发挥着控制边坡岩体的稳定性和力学性质的作用。早在 20 世纪 90 年代，Miller 已经指出岩体本身的非连续性，他认为岩体是由各种不连续的面切割而成的，而岩块是一个相对稳定的连续体，因此岩块和岩体两者的力学特性有所区别，而且这种区别主要是由岩体的结构面特征导致的[65]。国际岩石力学学会将岩体中的软弱层面、片理、大多数节理等力学原因导致的破裂面和破裂带统称为结构面，并依据结构面几何性质和地质性质的不同提出了包含产状、迹长、粗糙度、连通率和风化程度等 10 个评价结构面的指标。Priest 和 Hudson 提出结构面的几何特性可能服从某种分布，因此他们将概率统计的方法应用在对结构面各个几何特性分布规律的研究中[66]。尚利和马赫塔卜提出的“产状组数划分分析”方法更加完善了结构面几何信息提取方法。同年，Priest 和 Hudson 建立了岩石质量指标和不连续面线性密度的关系[66]。

与此同时，我国诸多科学家也对岩体结构面进行了大量的研究。谷德振教授指出，不同的结构面在岩体稳定性分析中所占的比例不同。根据结构面的产状、迹长和宽度的不同，结构面大致可以分为五级，见表 1-1。

1）Ⅰ级结构面。这类结构面一般指对区域构造起控制作用的断裂带，延伸数十千米以上，宽度为数米以上，空间分布简单，易于量测。

2）Ⅱ级结构面。这类结构面一般指不整合面及风化夹层等，通常延伸数百米以上，宽度为1～5m，空间分布较简单，易于测量。

3）Ⅲ级结构面。这类结构面一般指断层、破碎带等，其宽度一般小于1m，延伸长度为100m左右，空间分布相对简单，易于测量。

4）Ⅳ、Ⅴ级结构面。这两类结构面多为岩体中断续分布节理和层理、微小节理等，结构面数量众多，分布无规律，测量难度大。

表 1-1　结构面分级表

分级序号	分布规模	地质类型	力学属性	工程地质评价
Ⅰ级	一般延伸约数千米至数十千米以上，破碎带宽约数米至数十米乃至几百米以上	通常为大断层或区域性断层	属于软弱结构面，通常处理为计算模型的边界	区域性大断层往往具有现代活动性，给工程建设带来很大的危害，直接控制区域性岩体及其工程的整体稳定性。一般的工程应尽量避开
Ⅱ级	贯穿整个工程岩体，长度一般数百米至数千米，破碎带宽数十厘米至数米	多为较大的断层、层间错动、不整合面及原生软弱夹层等	属于软弱结构面、滑动块裂体的边界	通常控制工程区的山体或工程围岩稳定性，构成滑动岩体边界，直接威胁工程的安全稳定性。工程应尽量避开或采取必要的处理措施
Ⅲ级	延伸长度为数十米至数百米，破碎带宽度为数厘米至1m左右	断层、节理、发育好的层面及层间错动，软弱夹层等	多数也属于软弱结构面或较坚硬结构面	主要影响或控制工程岩体，如地下洞室围岩及边坡岩体的稳定性等
Ⅳ级	延伸长度为数十厘米至20～30m，小者仅数厘米至十几厘米，宽度为零至数厘米不等	节理、层面、次生裂隙、小断层及较发育的片理、劈理面等	多数为坚硬结构面；构成岩块的边界面	该级结构面数量多，分布有随机性，主要影响岩体的完整性和力学性质，是岩体分类及岩体结构研究的基础，也是结构面统计分析和模拟的对象
Ⅴ级	规模小，连续性差，常包含在岩块内	隐节理、微层面、微裂隙及不发育的片理、劈理等	属于硬结构面	主要影响或控制岩块的物理力学性质

Ⅳ、Ⅴ级结构面分布较为复杂，同时考虑到Ⅳ、Ⅴ级结构面对岩体稳定性的控制作用，如何高效地统计其几何信息成为众多学者的研究重点。

1.3.2　边坡结构面信息获取方法

随着工程测量技术及相关技术的发展，岩体结构面测量技术也取得了长足进步，目前岩体结构面信息获取方法主要有以下几种。

1. 人工现场接触测量

在岩体结构面测量中，人工现场接触测量法特指罗盘测量法。地质罗盘又称“袖珍经纬仪”，是野外地质工作不可或缺的工具[67]，主要包括磁针、水平仪和倾斜仪，如图1-14（a）所示。它可以测出待测点的具体位置、判断方向及角度，同时也可以判断层面的方位，包括走向、倾角和倾向等。因此，利用地质罗盘也可以测量结构面的产状信息。罗盘测量法以罗盘和皮尺为测量工具，通过人为接触岩体结构面，可直接测得结构面走向，如图 1-14（b）所示。对于人工易接触到的结构面来说，该方法具有简单、准确的优点，因此罗盘测量法也是地质工作者最常使用的地质测量方法。但是该方法的缺点也很明显，如当岩体结构面处于高陡边坡等危险位置时，罗盘测量法存在安全隐患；现代边坡工程大多选址在人工不易到达的区域，此时罗盘测量法无法完成测量工作；同时，该方法需要人为对结构面进行一一测量并且记录，所需的作业量巨大，其效率较低。虽然后期衍生出许多简化方法，如测窗法、随机量测法等，但是这些方法仍然需要人为接触式测量。与此同时，这些简化方法也降低了数据的完整性和真实性，最终会影响岩体稳定性的分析[68]。

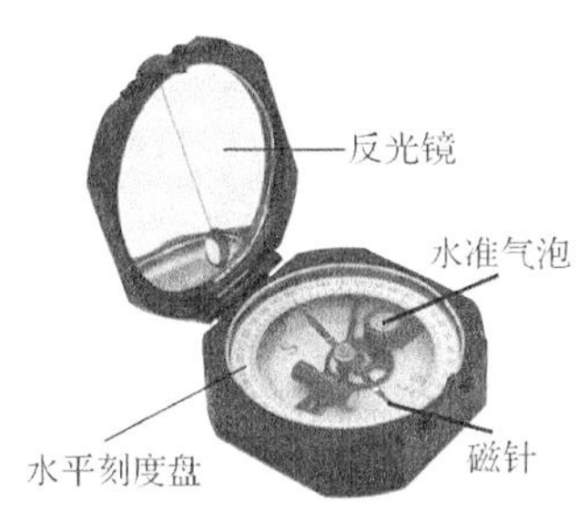

（a）地质罗盘构造

（b）测量过程

图 1-14　地质罗盘测量岩体结构面

2. 钻孔成像测量

钻孔成像测量法借助光学成像原理能够帮助人们直接观测到钻孔的内部情况，因此广泛应用于边坡工程、采矿工程、地质工程等工程领域[69]。钻孔成像测量法发展初期，人们只能基于模拟信号图像去判断地质结构，根据摄影器材的不同，大致可以归纳为以下几种：钻孔照相、钻孔电视[69]、全景式孔内彩色电视[70-71]、侧壁轴向观测的双 CCD 钻孔电视等。随着钻孔成像法的不断发展及摄影器材的升级，钻孔成像得到的图像逐渐从模拟信号图像转为数字化图像。数字化图像最大的一个优势就是它可以直接在图像上进行数字化后期处理，以期获得图像中的结构信息[72]。图 1-15 所示为钻孔电视成像仪和钻孔摄影成图结果。

在地质工程领域，对于钻孔所获得的图像数据，结构面是最基本的识别对象。钻孔过后，孔壁上会有结构面出露的迹线，将钻孔所得图像展开成平面，迹线呈正弦曲线分布。一般来说，判断结构面需要人工先给定一些控制点，再由计算机拟合出正弦曲线，随后将计算机拟合的正弦曲线和结构面正弦曲线进行对比，确定两者匹配后，由拟合参数求出结构面的几何参数。然而，整个结构面识别过程存在很多人为的干涉，不同的测量人员会判断出不一样的结果，主观性较强。与此同时，效率低也是该方法的一个重大缺点。

（a）钻孔电视成像仪

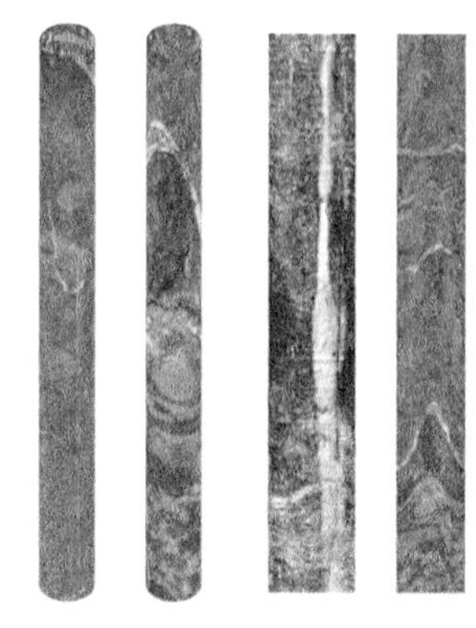

（b）钻孔摄影成图结果

图 1-15　钻孔电视成像仪和钻孔摄影成图结果

3. 摄影测量

摄影测量之父 Aimé Laussedat（艾米 • 劳塞达特）于 1849 年首次将地面照片用来制作地形图后，摄影测量就开启了漫长的发展历程。1960～1970 年，模拟摄影设备快速发展，可以完成测量工作。在摄影测量发展初期，测量工作还需要人为的操作以实现测图功能，随着计算机技术的发展以及摄影测量技术的不断提升，摄影测量从模拟时代进入解析时代，最终发展到数字时代。数字摄影测量是基于传统摄影测量发展起来的，包含了数字影像处理、影像匹配、模式识别、计算机技术等许多学科的应用，目的是提取所摄影像的几何特征和物理特征。最早的数字摄影测量系统是美国在 20 世纪 60 年代末研制的全数字化自动测图系统，之后有 Kern（克恩）公司的数字信号处理器及 Zeiss（蔡司）的摄影测量扫描系统等，这些系统的主要解译对象是航空摄影图片。一般来说，大部分测量对象规模较大。与此同时，国内在数字摄影测量方面也有显著发展，武汉大学的张祖勋院士开发的 VirtuoZo（全数字摄影测量系统）数字摄影工作站也具备解译航空摄影图片的功能。

基于摄影测量技术的优势，很多学者将该技术用于岩体结构面信息的采集。早在 1970 年，国外的 Ross-Brown（罗斯-布朗）、Moore（摩尔）等首次通过摄影图片来获取结构面的迹长和走向。虽然当时使用的手段和后期数据处理方法都相对落后，但是作为将摄影测量应用于结构面信息提取的初次尝试，仍然具有划时代的意义。20 世纪 90 年代初期，日本学者基于图像处理技术，对掌子面的地质条件进行了解译和分析，并预测了掌子面前方的地质条件，为施工提供了可靠的依据。与此同时，我国在应用摄影测量提取结构面信息方面也取得了进步。王川婴等从硬件和软件方面对数字式全景钻孔摄像系统的基本原理进行了全面、系统的研究，解决了该系统中硬件实现和软件还原的关键问题[73]。李冬田在广州蓄能电站二期工程的施工中，应用摄影测量法进行隧道地质编录，并且编制和开发了相应的软件和硬件。李冬田又提出了灭线和灭点推导法用于计算结构面的产状[74]。王凤艳首次应用数字摄影测量工作站进行了岩质边坡结构面信息的解译，通过研究得出应用数字摄影测量工作站快速获取结构面迹长和产状信息的工作方法及精度分析，为结构面几何信息的快速提取提供了新的方向[1]。刘子侠利用三维控制测量，以普通相机获取岩体边坡的数码图像，然后在数字摄影测量工作站 VirtuoZo 上进行解译，获取了岩体结构面的三维坐标，并获取到结构面的迹线信息，最后由产状计算模型求得结构面的产状信息[75]。

4. 三维激光扫描技术测量

21 世纪初期，一些学者提出利用全站仪所产生的点云数据获取结构面产状的可能性，从那时起，随着 3D 激光雷达等传感器的广泛使用，越来越多关于获取结构面产状的方法得以发展。Abellán 等提出了利用最小二乘法来计算点的子集[76]。Kemeny 等提出计算 2.5D 三角化网格表面的法向量[77]。Ferrero 等提出的基于三维点云数据子集计算法向量的方法被广泛使用[78]。Jaboyedoff 等提出计算每个点和其所在平面的法向量，并且采用主成分分析法进行分析，这一方法也被用于隔离从激光雷达数据中生成的多尺度对象[79]。

国内在应用三维激光扫描技术测量岩体出露面问题上也进行了一些探索。董秀军和黄润秋采用三维激光扫描技术对高陡边坡地质进行了调查，并对边坡出露的长大岩体裂隙统计方法进行了总结[80]。何秉顺等采用了半自动和全自动化的两种岩体结构面识别方法，并将全自动结构面识别方法用于实例，得到了岩石体的优势产状，拓展了岩石勘察的范围[81]。娄国川和赵其华利用三维激光扫描技术对高边坡岩体结构进行调查[82]。刘昌军等通过手工选取扫描数据点并利用接口描述语言（interface description language，IDL）中自带的三角函数对点云数据进行三角形网格化构建，使用重构后的数据对岩体结构面进行拟合，并通过岩体结构面产状绘制结构面密度图、玫瑰图和极点图，得到裂隙结构面分布规律及几何信息[83]。因为其需要手工选取扫描数据点，所以属于半自动化方法，具有明显的主观性，它只适用于岩体优势结构面少，并且只能针对某一结构面进行具体分析的情况。

张新磊利用三维激光扫描仪快速、准确地获取了边坡点云数据，经处理后得到边坡数字模型，由此得出可能存在危岩体的位置，进而量算出危岩体的产状、体积等参数[84]。张文基于三维激光扫描技术，完成了基于 Polyworks、Cyclone 软件特征的产状计算程序设计，将基于三维激光扫描数据的地质编录图生成结果与传统人工现场地质编录结果进行了对比；同时开发了岩体结构信息管理系统，快速高效地实现了繁杂的地质数据编录管理，以及基于数据库自动生成边坡节理玫瑰花图和钻孔柱状图程序，采用虚拟窗口法统计各组结构面迹长，采用平面拟合方差表示结构面粗糙度[85]。朱云福[86]、荆洪迪等[87]基于三维激光扫描数据，分别采用区域生长法结合 k 均值聚类法和自行设计开发的三维激光扫描数据处理程序对结构面进行识别分组；对识别后的结构面产状绘制出产状极点图和倾向、倾角玫瑰花图，以反映主要结构面方向，并且使用虚拟测线法统计各组结构面间距，使用虚拟窗口法统计各组结构面迹长，使用平面拟合方差表示结构面的粗糙度[85]。吴雪楠等利用三维激光扫描仪对刀子岩危岩体进行了扫描，并对危岩体点云数据进行了预处理，根据所获数据和野外拍摄的照片确定了危岩体的个数，经后处理得到了层面产状、裂隙产状、危岩顶底界高程、危岩发育长度及危岩体积等相关参数[88]。郭少文等通过三维激光扫描技术获取边坡体出露的结构面各项几何参数(产状、间距、迹长),以此为基础,结合结构面网络模拟技术生成不同走向网络图,通过在网络图上布置人工虚拟钻孔来计算得到岩石质量指标(rock quality designation,RQD)[89]。葛云峰等通过对点云数据网格化处理,选取法向量作为判别指标,设置了相应的阈值,实现了岩体结构面的智能识别,并提取出了岩石结构面产状、间距和尺寸[90]。郭少文等应用三维激光扫描技术得到斜坡岩体结构面的倾向、倾角、间距和迹长,并结合结构面网络模拟技术生成结构面网络图,使用投影法计算出不同剪切方向的连通率[91]。近十年以来,国内利用三维激光扫描仪获取结构面信息的自动化程度有所提高,但应用尚不广泛,仍处于初级阶段。因此,需要对该研究领域继续深化探索,以便更自动化地进行结构面信息提取,为岩石力学分析打好基础。

综上所述,人工现场接触测量法虽然是现在使用最多的方法,但是其成本高、效率低及在高陡边坡出现的难以测量等问题不容忽视,虽然后来提出了一些人工测量的简化方法,但是丧失了数据的真实性;钻孔成像测量法对成孔质量要求较高,而成孔效果又很难控制;近景摄影测量虽然无须接触测量结构面,但是其对后期图片处理的要求很高,而且采集的图片质量受相机和作业环境影响较大;相比之下,三维激光扫描技术有着众多的优势,可以高效、准确地获取岩体的点云数据,为岩体结构信息的提取提供新的方法和思路。

1.3.3 边坡变形监测研究现状

随着测量技术的不断提升,边坡变形监测的手段也在不断地丰富和发展。边坡变形监测研究内容的关键是监测方法的研究及监测数据的处理和分析。当前,针对边坡变形的主要监测手段大致可以分为以下 4 种:传统的常规测量法、近景摄影测量法、GPS 定位测量法及三维激光扫描测量法。其中,三维激光扫描技术是近几年才发展起来的新型测绘手段,在边坡变形监测中尚未得到普遍的应用,但是三维激光扫描技术自身所具备的优势必定会使其成为未来边坡监测的主要发展方向。

1. 常规测量法

同结构面测量一样,传统测量方法也是边坡变形的主要监测方法。全站仪作为一种集测量、计算、记录及数据传输为一体的全自动化设备,在常规测量中得到了广泛的应用。另外,随着科技的进步,全自动跟踪式全站仪也逐渐推广开来。与此同时,测量机器人开始兴起。测量机器人可以实现对目标的全自动识别及跟踪,从而获得被测物体的表面三维坐标数据。它们可以实现数据采集的连续性,并且由于其属于非接触式测量,可以在各种气候条件下工作,甚至随着监测系统的不断升级,现在的全站仪可以做到无须人工现场操作的全自动监测数据采集及传输。

张正禄等在三峡库区的变形监测工作中使用测量机器人对巴东边坡进行了自动化监测。该自动化监测体系中包含了测量基站、测量参考点和计算机等[92]。一些生产单位也开始采用先进的测量系统对各个建设项目进行监测。例如,昆明勘测设计院使用徕卡的经典全站仪设备 TCA 2003、TCAR 1101 等对开挖边坡和堆积体边坡进行变形监测。

全站仪主要具有以下缺点：首先，全站仪属于点式测量，只能得到事先设定的测点数据，不能从全局的角度分析边坡的整体变形情况；其次，全站仪容易受遮挡物的影响，在通视条件不好的地方，全站仪的使用效果会大打折扣；最后，全站仪有点式测量的通病，人力需求较大，虽然现在有一些测量机器人可以大大降低全站仪对人力的需求，但是测量机器人由于技术新、成本高，仍然需要较长时间才能普及。

2. 近景摄影测量法

近景摄影测量法是利用两次拍摄站点与测量点的空间关系，最终确定测量点三维坐标的方法。它作为一种非接触式测量技术，近年来在边坡变形监测中得到了较多的应用。利用近景摄影测量的方法对边坡进行监测，可以全面、直观、高效地采集边坡变形信息。

相比于其他变形监测方法，近景摄影测量的特点可以总结为以下 3 个方面：①能够通过拍照的方式实现即时记录被测物体位置等信息的功能；②对被测对象限制较少，被测物可以是规则物体，也可以是完全不规则的物体，甚至可以是不可接触的物体；③近景摄影测量所拍摄的图片含有丰富的信息，可以用来进行多角度的对比，并且数据成果易于保存。然而，近景摄影测量也存在一些不足，如其在拍摄时距离不能太远，并且其精度相对全站仪等测量设备较低，再加上摄影测量设备普遍价格较高等原因，导致其在边坡监测中应用有限。

3. GPS 定位测量法

GPS 测量技术在地表变形、矿山测量、边坡稳定性监测方面都得到了广泛的应用。GPS 定位测量法原理是，在被测物体表面布设测点网络，并在被测物体周边稳定区域放置 GPS 接收设备，通过空间关系计算出测点的三维坐标。GPS 在变形监测中有以下几个优势：①对通视条件要求较低，两个测点之间不需要通视；②测量精度较高；③GPS 可以直接获取测点的三维坐标；④观测时间短。随着 GPS 技术的不断提升，动态相对 GPS 定位技术甚至可以实现全天候作业。

GPS 测量具有精度较高，测量区域较大及不受天气环境限制等优点，因此有很多国家将 GPS 测量用于对某个区域的长期监测，如美国使用 GPS 监测网对蒙马湖的大峡谷火山口进行监测，中国的三峡水电站也布置了 GPS 监测系统。对于变形监测精度要求没有那么高的工程项目而言，GPS 监测网络的成本过高导致其在此类项目上使用较少。另外，GPS 的接收信号强弱受地形影响较大，如在高山等地势较高的地段，GPS 接收信号较弱，因此产生的测量误差较大。

4. 三维激光扫描测量法

近年来，三维激光扫描技术作为一种新的测绘手段，在边坡变形监测和分析方面得到了一定的应用。与传统的变形监测方法相比，三维激光扫描技术具有如下几点优势：①三维激光扫描技术可以实现点、线、面全方位测量，可以得到边坡的整体变形；②三维激光扫描技术可以全自动获取完整的边坡点云数据，随着数据处理技术的提升，可以实现前期和后期的全自动化；③三维激光扫描技术可以远程、非接触式采集数据，可监测测量人员不可到达的位置；④三维激光扫描技术测量速度快，操作简单，可大大节省人力物力。

早在 2003 年，奥地利政府使用 Rigel（里格尔）公司生产的远程激光扫描仪对千米以外的冰川进行变化监测；2004 年，斯洛伐克使用徕卡公司生产的中距三维激光扫描仪设备对水电站储水前后的变形情况进行监测，而且变形分析的精度较高，也因此获取了良好的经济效益；十几年前，加拿大的 Optech（奥特）公司使用其型号为 ILRIS-3D 的三维激光扫描设备对意大利的冰山进行移动监测，经过不同期点云数据的反复对比，最终监测出该冰川在过去的 1 年内移动了近几十米。

与此同时，国内许多学者也开展了三维激光扫描技术在边坡变形监测方面的研究工作。陈晓雪使用三维激光扫描仪对山西省平朔市安家岭露天矿坑边坡进行了 6 个周期的连续监测，并监测到研究区在一段时间内表面位移的变化情况[93]。赵小平等详细地介绍了三维激光扫描技术在边坡变形监测方面应用的技术流程，并且通过 RealWork Survey Advanced 扫描数据处理软件获取数字高程模型（digital elevation model，DEM）数据，最终通过对比 DEM 模型来为边坡变形监测与灾害预报提供基础数据[94]。翟旭对利用三维激光扫描技术的边坡变形监测方法进行了系统的研究[95]，并且将误差改正的思想引入边坡变形监测中，即对偶然误差进行削弱处理。

第 2 章　三维激光扫描点云数据的获取与处理

三维激光扫描对象所得到的数据是大量悬浮在空中没有属性的离散的点阵数据，形象地称为“点云”。点云是数据的一种表达形式，也是扫描装置扫描场景或物品得到的所有点样本的一个整体，其可较为贴切地反映物品曲面的各个基本信息，通常将由点云数据样本构成的模型称为点云模型。

三维激光扫描仪采集得到的高密集、连续的点云数据，因为采用不同的扫描设备、扫描方法、数据处理软件，以及采集数据过程中数据的组织方式不同，需要采用不同的数据处理方式，所以在处理数据之前我们需要了解点云的类型和结构。根据点云数据中点的分布特征（排列方式、密度等），一般将点云分为以下 4 类：扫描线点云、阵列式点云、多边形点云及散乱点云。

1）如图 2-1（a）所示，扫描线点云数据由一组扫描线构成，扫描线上的所有点位于扫描平面内。

2）如图 2-1（b）所示，阵列式点云中所有点都与参数域中一个均匀网格的顶点对应。

3）如图 2-1（c）所示，三角化点云测量点分布在一系列平行平面内，用短线段将同一平面内距离最小的若干相邻点依次连接，可形成一组有嵌套的平面多边形。

4）如图 2-1（d）所示，散乱点云数据没有明显的几何拓扑关系。

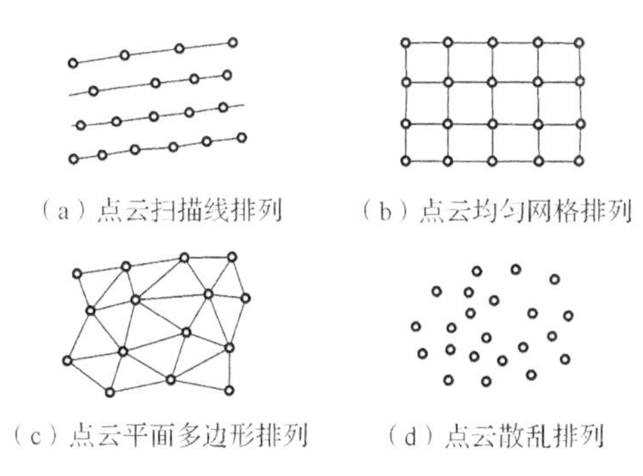

（a）点云扫描线排列
（b）点云均匀网格排列
（c）点云平面多边形排列
（d）点云散乱排列

图 2-1　点云的排列方式

大部分三维激光扫描仪获取的点云数据是采用扫描线的方式、逐行或逐列地扫描的，此类点云数据具有一定的结构关系。

数据处理是三维激光扫描技术中十分重要的环节，后续模型构成过程能否顺利、准确地进行取决于数据处理过程是否合理。由于测量设备本身的限制，无论采用接触式测量法，还是采用非接触式测量法，采集到的测量数据都不可避免地会引入误差，尤其是在复杂的自由曲面，突台、深孔等结构突变的位置或尖锐边缘附近，更容易引起测量误差。测量数据中的噪声点会使重构曲面偏离原来的位置，降低重构模型的精度。另外，测量时，测量未到达的位置会产生测量数据的丢失，需要进行必要的处理。非接触式测量法具有非常高的测量效率和精度，但是它获得的测量结果中包含大量的冗余数据，会大大增加数据显示的困难，影响曲线、曲面重构的精度。因此，需要在模型构成之前对点云数据进行必要的处理。

本章主要介绍基于地面三维激光扫描系统的数据采集、基于车载和机载激光扫描系统的数据采集，以及采集后对数据的处理，包括点云数据的降噪方法、点云数据的空洞修补及后期的数据压缩和数据配准方法的研究。

2.1 点云数据的获取

三维点云数据的获取是指通过各式各样的三维测量技术测量物体的表面，从而获取物体表面的三维形貌及几何特征等信息的过程。具体获取过程如下。

1. 现场勘察

现场勘察工作主要包括了解扫描范围、了解扫描环境，以及了解被测物体周边树木等遮挡物的情况。基于以上现场勘察的信息，可以对此次扫描进行总体规划。

首先，要去现场查看被测区域的地形特征、空间布局及形态，对现场的情况有明确的了解。

然后，确定控制点与测站点的布设方案，在地面上标出要布设的点位。通常情况下，被测区域的体积比较大，架设一个测站很难完全采集到整个区域的三维点坐标，必须要进行多测站扫描。若要构成一个完整的被测区域三维模型，需要进行多测站扫描数据的拼接。合理地布设控制点与测站点的位置和数量对后续的数据拼接是必需的。我们需要依据仪器自身的特点确保被测区域在扫描的范围内，如果是进行高精度测量，那么就尽量使仪器与被测区域保持较短测距，既要减少测站架设次数，还要保证能够获取到被测区域完整的点云数据信息。较少的测设次数有利于后期点云拼接，以确保拼接累积误差相对较小。控制点的选取有以下两点要求。

1）每个控制点至少要和其他两个控制点之间保持通视，而且被测区域应保持在通视的控制点范围内。

2）控制点的数量应该保持为 3～5 个，少于 3 个控制点不能进行点云拼接，控制点太多会影响工作效率。

最后，要进行的工作是对被测区域进行拍照。

综合考虑扫描范围、树木等遮挡物的情况后，需要进行扫描仪的站点选定。选站点的主要依据是尽可能地获取完整的被测物体表面点云。站点选好后，需要根据站点的位置确定标靶的位置。以上工作完成后，需要确定扫描仪此次扫描的几个重要参数，如扫描角度、采样点间距、相机参数和标靶识别等。如果最后需要转换到大地坐标系下，那么需要使用全站仪或者 GPS 对坐标标靶进行三维坐标的测量。

2. 控制测量

最终所测得的三维激光数据都要转换到相同的坐标系下，如何完成坐标系的转换就需要全站仪进行辅助测量。首先通过精密测量获得公共点的大地坐标；然后把各期的点云数据分别转换到相同的大地坐标系下，完成坐标系之间的转换，因为在相同的坐标系内才能够进行点云数据的拼接。

3. 点云数据获取

按照前面制订的点云获取计划进行采集，当完成了一个测站的扫描任务后，将仪器安置到事先布设好的下一个测站点继续进行扫描作业。为了能够得到整个被测区域的完整扫描数据，需要进行多次的设站扫描。全部测量任务结束后，将测量得到的点云数据与标靶数据传入相应的配套数据处理软件中，实施下一步的操作。

为了能够进行目标物体的三维建模研究，必须要先进行数据采集工作，数据采集工作质量的好坏直接影响模型建成的质量。在扫描过程中，需要选择好的视角进行测量，避免太多的杂物影响，以方便能够较好地对采集到的数据进行处理。图 2-2 所示为现场扫描获取三维点云数据的基本流程图。

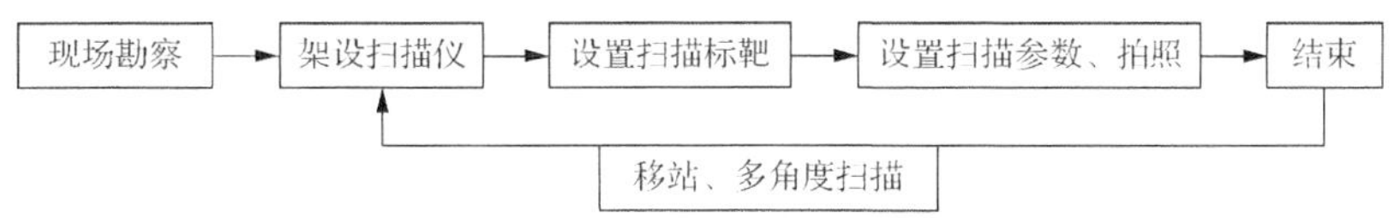

图 2-2　现场扫描获取三维点云数据的基本流程图

以上工作为一个测站完整的扫描工作，如果架设的站点多于一站，还需要将上述工作再重复多次。随着扫描技术的不断进步，如今很多扫描项目需要将点云数据附着上真实的彩色信息，因此，这种扫描项目还需要使用内置或者外置的数码相机对被测物体进行拍照。

利用三维激光扫描仪获取的数据不能直接使用，因为其受到测量环境、目标物的面积、目标物表面粗糙度和仪器自身测量系统的影响，而且存在不同测站所测的点云数据不在相同坐标系下的情况，所以通过三维激光扫描技术所获取的点云必须进行处理才能使用[95]。整个过程如图 2-3 所示。

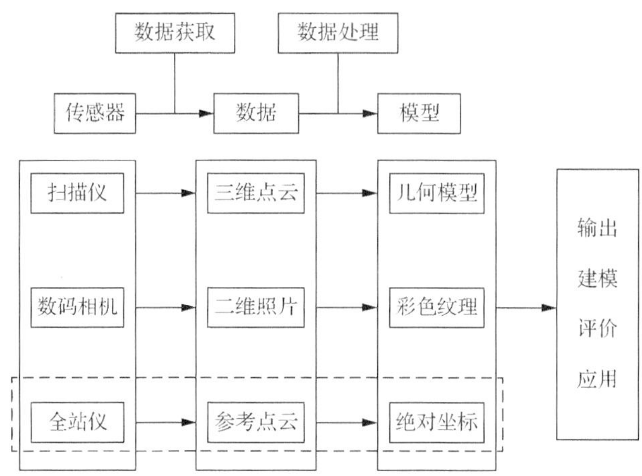

图 2-3　三维点云数据各种传感接合图

2.1.1　三维点云数据获取方法

目前，高精度的三维点云数据获取主要依靠市面上昂贵的三维激光扫描仪，其采用非接触式高速激光测量方式，能够直接较快捷地获取目标物体高精度的三维点云数据。

三维激光扫描系统（图 2-4）主要由三维激光扫描仪、微型计算机、电源供应系统、支架及系统配套软件构成。三维激光扫描仪作为三维激光扫描系统的主要组成部分，是由激光发射器、接收器、时间计数器、马达控制可旋转的滤光镜、控制电路板、微型计算机、CCD 机及软件等组成。

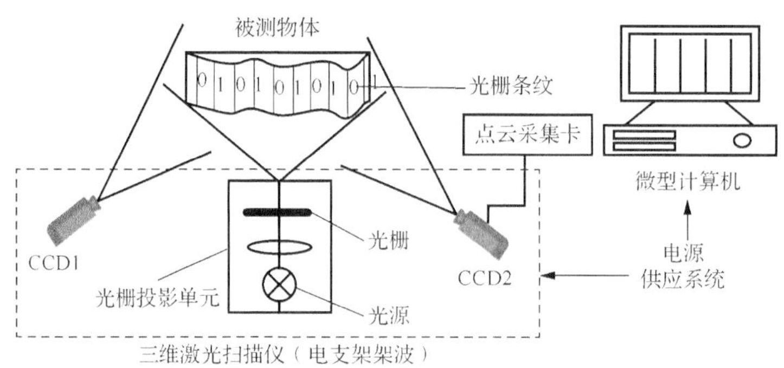

图 2-4　三维激光扫描系统

激光测距技术是三维激光扫描仪的主要应用技术之一。激光测距的原理主要有脉冲测距法、相位测距法、激光三角法、脉冲-相位式测距法 4 种类型。目前，测绘领域所使用的三维激光扫描仪主要是基于脉冲测距法测距，近距离的三维激光扫描仪主要采用相位测距法和激光三角法测距。

1．脉冲测距法

脉冲测距法是指利用高速激光测时测距技术进行测距的方法。脉冲式扫描仪进行扫描作业时，激光器发射出单点激光，通过记录激光的回波信号，计算激光的飞行时间

（time of flight，TOF），利用光速来计算目标点与扫描仪之间的距离。这种原理的测距系统测距范围可以达到几百米到上千米。激光测距系统主要是由发射器、接收器、时间计数器和微型计算机组成。

脉冲测距法也称为脉冲飞行时间差测距法。脉冲式扫描仪采用的是脉冲式的激光源，适用于超长距离的距离测量，测量精度主要受到脉冲计数器工作频率与激光源脉冲宽度的限制，精度可以达到米数量级。

2. 相位测距法

相位测距法是利用相位式扫描仪发射出一束不间断的整数波长的激光，通过计算从物体反射回来的激光波的相位差来计算和记录目标物体的距离。相位式扫描仪主要用于中等距离的扫描测量系统中，扫描范围通常在 100m 内，精度可以达到毫米数量级。

相位式扫描仪采用的是连续光源，功率一般较低，因此测量范围也较小，测量精度主要受相位比较器的精度和调制信号的频率限制，增大调制信号的频率可以提高精度，但测量范围会随其变小，所以在不影响测量范围的前提下为提高测量精度，一般设置多个调频频率。

3. 激光三角法

激光三角法是利用三角形几何关系求得距离。首先，由扫描仪发射激光到物体表面；然后，利用在基线另一端的 CCD 相机接收物体反射信号，记录入射光与反射光的夹角；最后，根据激光光源与 CCD 之间的基线长度，由三角形几何关系推求出扫描仪与物体之间的距离。为了保证扫描信息的完整性，许多扫描仪扫描范围只有几米到数十米，这种类型的三维激光扫描系统主要应用于工业测量和逆向工程重建中，可以达到亚毫米级的精度。

4. 脉冲-相位式测距法

将脉冲测距法和相位测距法结合起来，就产生了一种新的测距方法，即脉冲-相位式测距法，这种方法利用脉冲式测距实现对距离的粗测，利用相位式测距实现对距离的精测。

2.1.2 三维激光扫描仪搭载平台

根据载体不同，三维激光扫描系统可分为地面、车载、机载和船载几类。

1. 基于地面三维激光扫描系统的数据采集

使用地面三维激光扫描设备获取数据时，首先，进行现场的勘察，根据现场的地物情况制订详细的扫描计划；然后，使用全站仪实施控制测量；最后，安置仪器对被测区域实施扫描测量，从而获取被测区域的海量点云数据。地面三维激光扫描系统可用于对建筑物进行扫描测量，以获取其图像资料进行相应的工程应用及档案保存。

根据扫描时仪器是否固定，地面激光扫描测量系统可以分为两种类型：一种是固定式的地面激光扫描系统，即扫描仪被固定在地面上某个位置处进行扫描测量；另一种是可移动式的地面激光扫描系统，即扫描仪可以在地面上进行移动扫描测量。实际测量中，较常用到的是固定式的三维激光扫描系统，这类扫描系统类似于传统测量中的全站仪，如图 2-5 所示。固定式三维激光扫描系统是由一台激光扫描仪、一个内置或外置的数码相机、配套的数据处理软件系统和电源构成。

图 2-5　固定式地面三维激光扫描仪

从外观来看，固定式三维激光扫描仪与全站仪相差不大，但它们的作业原理存在很大差异。全站仪获得被测物体离散单点三维坐标信息；扫描仪获取被测物体表面连续的点云数据，并且利用获取的点云数据在配套软件上可以直接生成三维模型；数码相机所拍摄的相片可以更加详细地反映实体边缘信息，同时点云数据对照相片上的信息，可以获取一些细节信息。

固定式地面三维激光扫描系统主要具有以下优点。

1）普及率比较高。

2）数据扫描精度比较高。

3）应用范围比较广。

4）扫描地点固定，扫描位置不必来回移动，所以扫描过程中不会出现像船载扫描系统的晃动情况。

5）扫描系统得到的数据一般为一个定点扫描的数据，并且不必对姿态进行校准，所以数据的精度较高，这种定点扫描得到的点云数据量大，密度也较大，有着视觉效果良好的特点。在相机的配合下能得到彩色的点云数据。

固定式地面三维激光扫描系统主要具有以下缺点。

1）获得的点云需要通过地理归化后才能使用。

2）工作速率相对较缓慢。

3）对某些物体进行扫描时，需要进行多次设站扫描，通过点云拼接才能得到被测物体的整体模型。

4）该扫描系统大多应用在文物保护和简单地物及建筑物的扫描中，不适用于大规模、大面积的地物扫描。

地面三维激光扫描系统具体扫描流程如下。

（1）资料的收集和分析

外业运行前收集测区及测区周边的控制成果资料，并做适用性分析。

（2）现场勘探

在选择扫描站点的过程中，现场勘探是一个必不可少的环节。通过现场勘探可以深入了解扫描现场的情况。现场勘探主要是确定扫描的范围、扫描的角度、扫描设备站点的预设置等；另外根据测量项目有无控制测量的要求，在现场认真详细勘察各地物之间的空间分布情况，如果有控制测量的要求，还需要在现场考虑估计控制点位置的选取。根据地物空间分布情况、几何结构、光照和扫描精度，确定设站点位置及个数。如果设站位置有安全隐患或可能对激光信号产生干扰等，还需要结合这些因素考虑设站位置及个数。对于前期数据的采集，现场勘探有助于简化扫描工作量，同时获取通透性更好的点云数据。对于后期数据的处理，现场勘探有助于减少点云拼接的工作量。

（3）根据被测物体几何条件确定扫描机位

根据扫描物体几何条件的不同，扫描物体大致可以分为以下 3 类[96]。

1）孤立型，如图 2-6（a）所示。建筑物是典型的孤立型，这种扫描场景往往需要至少 4 个扫描站点围绕被测物体展开布置才能获取全面的点云数据。需要注意的是，这些站点的点云数据在拼接时，最后一站会有较大的误差，甚至会出现拼接后不闭合的现象，此时需要仔细检查误差来源，尽量减小误差。

2）凸型，如图 2-6（b）所示。这类被测物在中间位置往往会出现较大的角度转折。对于这种扫描场景，需要在两端设置扫描站点。需要注意的是，在设置站点时，尽量让两站之间的重合部分多一些，因为在这种有大转角的部位点云质量不高，重复得越多，后期的拼接精度越高。

3）凸凹相间型，如图 2-6（c）所示。这类被测物体往往需要较多的站点，因为转角较多，为了获取完整的点云数据，需要多设置站点以避免出现扫描“死角”。在这种场景的扫描工作中，扫描站点较多，应尽量使每一站的扫描距离相差不大。

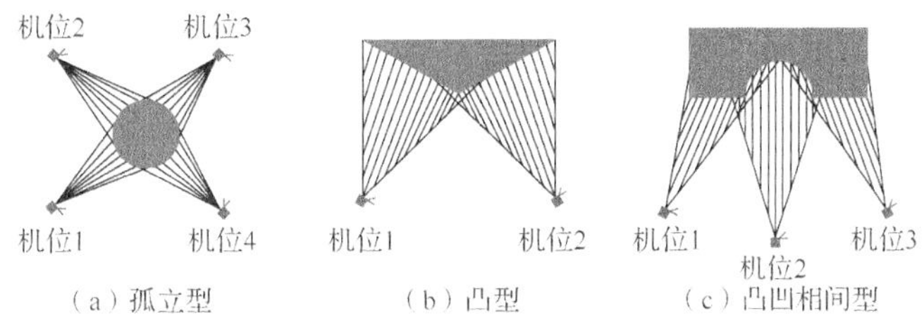

图 2-6　不同类型被测物体的扫描机位图

（4）扫描站布设与标靶布设

放置标靶时需要注意前后扫描站、标靶和观测点位保持通视状态，以保证测站间拼接与数据完整。现在的扫描设备后处理软件一般带有标靶中心点的自动识别功能，在识别完标靶的中心点后，根据中心点可以对点云进行高精度的拼接处理。扫描设备在扫描物体时，同时也会对标靶进行高密度的扫描。由于标靶和被测物体的材质不同，它们反射的激光强度也不同，扫描设备可以自动识别出标靶的点云，从而根据标靶点云的信息拟合出标靶中心点的坐标。

后期点云处理时往往需要进行拼接处理和坐标转换，因此需要在扫描的时候设置标靶以实现该目的。

如图 2-7 所示，根据形状的不同，标靶大致可以分为两类：平面标靶和球形标靶。平面标靶一般采用中心为白色圆圈，周边为黑色的设计，由于白色的反光性较好，黑色的吸光性较强，因此在白色与黑色交界处点云的强度变化巨大，通过这一现象可以勾勒出白色圆圈的圆形边界点云，再基于白色区域点云数据拟合出中心点，即为靶心，图 2-8 详细地表示了该过程。球形标靶的设计较为简单，一般设计为白色的球体，在扫描过程中，可以从任意方位对球形标靶进行扫描，因为对球体而言其中心不会随着方位的改变而改变。但是球形标靶不适用于作为坐标标靶，因为球体的中心点坐标不易测量得到。

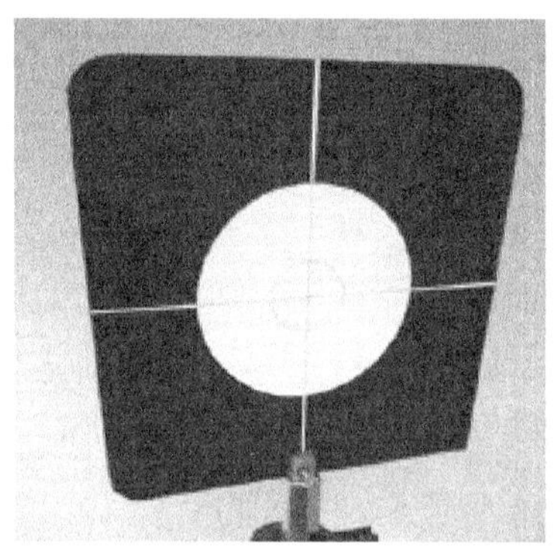

（a）平面标靶

（b）球形标靶

图 2-7　平面标靶和球形标靶

（a）平面标靶放置

（b）平面标靶测量

图 2-8　平面标靶中心点的读取过程

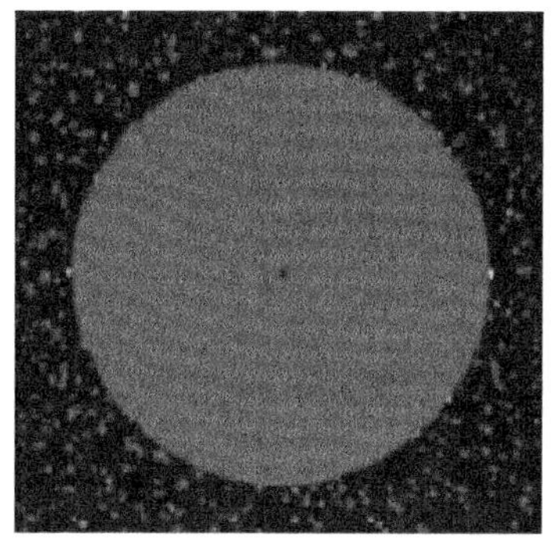

（c）平面标靶识别

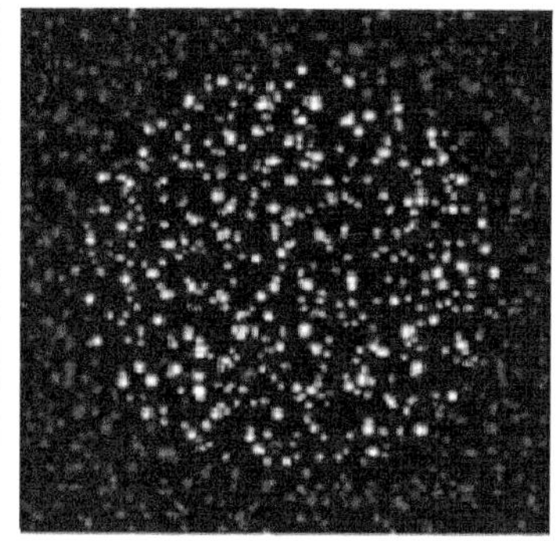

（d）平面标靶提取

图 2-8（续）

（5）通电检查

确保扫描仪和同轴相机处于启动状态且能正常获取数据，检查仪器所剩的电源容量，检查内存卡是否读取正常，并查看其空间容量。

（6）扫描

1）选择配置文件。根据实际的项目作业环境选择配置文件。

2）分辨率/质量参数设置。根据项目需求标准合理地选择分辨率和质量参数，选择的参数的大小将决定后期内业点云数据的疏密程度，分辨率越高、质量越大，点云点数越多，数据越精确，但是所耗费的作业时间与其成正比。一般来说，此参数根据实际项目需要理性分析后来选择。

3）扫描区域的选择。默认的采集范围是以仪器的中心为球心的球形范围，为提高作业的效率，技术人员可以通过区域选择来进行扫描，避免获取不必要的点云。

4）进入仪器的倾角仪界面，根据倾角仪界面信息，对扫描仪进行整平对中。仪器整平后即可返回主界面，单击开始扫描。

5）仪器运行时应尽量避免扫描仪与建筑物目标元素之间有行人来往乃至长时间逗留；作业人员可以根据扫描仪转向、转速，避开激光发射路径，近距离保护仪器；同时也要观察扫描仪激光发射方向与标靶之间是否被遮挡。

6）每一站扫描完，都要查看缩略图，观察布设的标靶是否都采集到了，如果发现有标靶未被采集到，需要重新布设标靶并重新扫描，以保障后期数据处理的顺利进行。技术人员在检查数据完整后便可换站继续扫描，直至采集完毕。

2. 基于车载三维激光扫描系统的数据采集

车载三维激光扫描系统集激光扫描仪（laser scanner，LS）、CCD、GPS、惯性导航系统（inertial navigation system，INS）、里程计等于一体。该系统利用汽车行驶方向作为运动维，并在垂直于行驶方向上做二维扫描，构成三维扫描系统，其中数码相机用来摄影成像，GPS、INS 和里程计用于导航定位[97-98]，如图 2-9 所示。

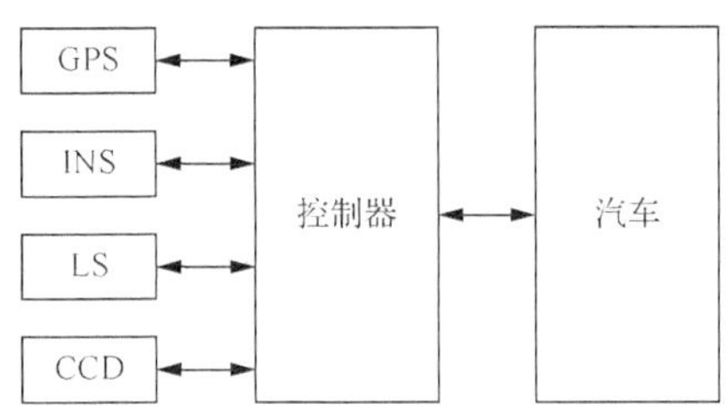

图 2-9　车载三维激光扫描系统

车载三维激光扫描系统具有快速动态测量的优势，但其技术设计难度较大，主要应用于道路和高速公路方面的测量，如进行公路测量、维护和勘察，公路检测，道路变形监测，交通流量分析，驾驶视野和安全分析等。

普通汽车顶部或者专用板上装载三维激光扫描仪的系统传感器称为车载三维激光扫描系统。这类扫描系统主要包括数码相机、激光传感器头及 GPS 天线位置灯。由于其结构稳定，这类扫描系统能够很好地保证导航设备和传感器头的位置关系不变。车载三维激光扫描系统扫描示意图如图 2-10 所示。

图 2-10　车载三维激光扫描系统扫描示意图

车载三维激光扫描系统获取数据时需要经过以下 6 个步骤：建立 GPS 基准站、同步时间与空间配准、组合 GPS/INS 导航系统、获取车载激光扫描点云数据、CCD 相机获取数据及记录数据、数据的处理。车载三维激光扫描系统具体的数据采集流程如下。

（1）建立 GPS 基准站

车载三维激光扫描系统在扫描过程中，GPS 基准站主要为其提供定位服务，扫描区域内应至少具备两个接收机，每个 GPS 基准站都要具备与扫描车同步的 GPS 接收机，由 GPS 的定位系统来确定扫描仪实时、准确的位置信息。为了保证所采集数据的精度，建立 GPS 基准站时在基准站的选址上也有着一定的要求，一般应满足以下 7 点要求。

1）选址开阔，便于设备的安装和操作，视场内障碍物的仰角高度不宜超过 15°。

2）尽量避开大功率无线电发射源，距离不小于 200m，与高压输电线距离不小于 50m。

3）交通便利，便于后续测量工作。

4）地基稳定，可长期保存标识。

5）能合理利用已有资料与数据。

6）能减少各项因素的影响。

7）选站时应尽可能使测站附近的局部环境（地形、地貌、植被等）与周围的大环境保持一致，以减少气象元素的代表性误差。

（2）同步时间与空间配准

车载三维激光扫描系统中，各个传感器在载体车上有着各自的工作区域，分布在不同的位置，需要将采集的数据统一到同一空间坐标系中。采集前，需要对各传感器进行时间同步处理，确保能够在同一时间启动各传感器。

（3）组合 GPS/INS 导航系统

在扫描系统中，姿态参数及大地坐标系中的翻滚角、俯角和偏航角都由 GPS/INS 组合导航来获得，将 GPS/INS 数据与时间基准值相融合，再根据一定的算法计算得到传感器平台的姿态和位置，以确定扫描车的行驶运动路线和实时姿态信息。

（4）获取车载激光扫描点云数据

扫描车的运动方向就是数据获取的方向。扫描车上的激光扫描仪在与扫描车行驶方向垂直的方向进行扫描获取数据，测量得到的初始数据主要包括扫描仪到待测地物的角度及距离、各条扫描线的序号和获得扫描点时的时间等信息。

（5）CCD 相机获取数据及记录数据

点云数据的纹理信息、灰度信息都是由 CCD 相机同步获得的。在数据采集时，扫描系统需要保证实时准确地记录数据。

（6）数据的处理

扫描得到的数据需要进行处理后才能使用。

车载三维激光扫描主要具有以下工作特点。

1）采集数据量庞大。载体车采用低速、近距、高效率的扫描测量方式，所采集数据为地物表面详细密集的三维坐标点。行驶过程中不同类型的多种地物组成了庞大的点集，这些点集可以达到上百万甚至上千万个点云数据。

2）数据所含信息丰富多样。得到的点云数据可提供多种有价值的信息，如可以得到最基本的三维坐标信息，得到可判断地物材质的激光反射强度信息及光谱信息。

3）点云数据分布杂乱且无明显几何分布特征。激光扫描仪获取数据的方式导致数据间不存在拓扑关系。

4）因为车载三维激光扫描系统获得的数据多为地物的立面信息，所以得到的数据在竖直方向分布较密集。扫描时，待扫描地物有可能被其他目标遮挡，使扫描数据不完整。

5）车载三维激光扫描系统不仅可以获取待测物的三维信息和实景照片等参考信息，还可以独立地进行地物的描绘，不需要借助底图来绘制。

车载三维激光扫描系统主要具有以下优点。

1）车载三维激光扫描系统得到的三维点云数据可以与二维数据进行坐标转换，达到数据的综合利用，使数据信息更为丰富。

2）车载三维激光扫描系统可快速采集道路及道路附近的地物三维空间数据。车载三维激光扫描系统采集的信息与实际地物的物理及空间信息是一致的，所以可以将这些信息处理成三维可视化的模型信息。

3）成本低、效率高。固定式地面三维激光扫描系统的工作效率没有车载三维激光扫描系统的工作效率高；车载三维激光扫描系统与机载三维激光扫描系统相比，在作业时不会受到天气或者航空管制的影响。

4）载体比较灵活，可高效率扫描并得到城市街道场景数据，便于数据的快速获取及更新、推进，更方便地推动数字城市的建设。

5）由于车载激光传感器具有近距离获取信息的特点，相对于卫星扫描系统或者机载激光扫描系统，车载激光传感器获得的可测量的地物三维信息更加细致。

6）车载三维激光扫描系统获得的数据较精确，因此广泛应用在街道、桥梁等多种工程的监测中，其数据还可以满足导航行业的需求。

7）多传感器的硬件集成提高了数据获取和数据处理的效率，缩短了生产周期。

车载三维激光扫描系统主要具有以下缺点。

1）受载体车的限制，待测目标的顶部信息无法获得。

2）精确密集的数据导致数据量过于庞大，不方便后期的数据存储、处理及显示。

3）受环境及交通的影响比较大。

4）目前，有关车载三维激光扫描系统的研制还没有达到成熟阶段，即使在国外已经有了该方面的商业产品出现，但在硬件和数据处理软件上还存在各种不足。车载三维激光扫描系统在应用上还不够成熟。

3. 基于机载三维激光扫描系统的点云数据采集

机载三维激光扫描仪也称为机载激光雷达（airborne laser radar）。它是指在飞机上搭载激光雷达、数字相机和定位定姿装置，以获取具有真实感影像的高精度数字表面模型（digital surface model，DSM）和 DEM 的测绘装备，可以代表目前航测技术的尖端。机载三维激光扫描系统最大的特点是，不易受日照和天气条件的限制，能全天候地对地观测，可以高效快速地为数字制图和地理信息系统（geographic information system，GIS）应用提供精确的地面模型数据。

机载激光雷达系统通过扫描装置，沿航线采集地面点三维数据，通过特定方程解算处理成适当的影像值，生成激光雷达数据影像和地面高程模型。激光雷达应用多光束返回原理采集高程［图 2-11（a)］，数据密度可达到常规摄影测量的 3 倍，能够提供理想的数字高程模型，大大提高了正射影像纠正精度。激光雷达数据经过内业处理，可以直接与其他类型要素或影像数据合并，生产出内容更为丰富的各类专题地图。

另外，近年来随着技术的发展，无人机搭载的小型低空激光扫描仪也已面世，如图 2-11（b）所示。航空机载型的激光扫描设备根据飞行航高的不同也可以进行更为细致的划分。

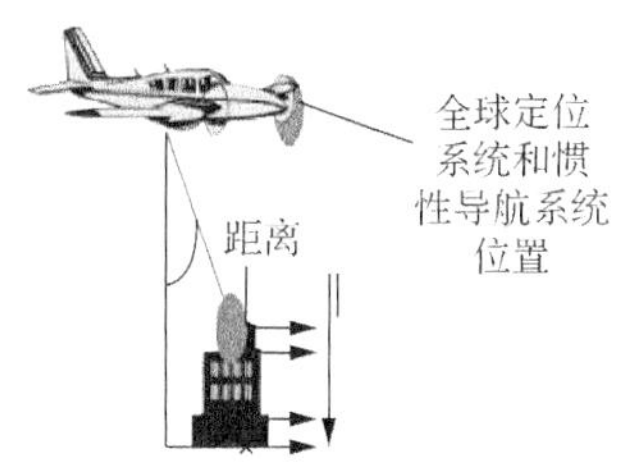

（a）机载三维激光扫描仪

（b）无人机载小型激光扫描仪

图 2-11　机载三维激光扫描仪和无人机载小型激光扫描仪

（1）机载激光雷达系统的工作原理

机载激光雷达系统是激光扫描技术、实时定位技术、姿态测量技术、计算机技术和通信技术的集成。它利用激光测量技术快速获取精确的、高分辨的数字地面模型及地物的三维坐标，通过高速计算机的计算进而获取地物的垂直结构形态，增强目标的识别能力。

机载三维激光扫描系统是将激光扫描器安置在飞机上，通过记录激光脉冲从发射经地面目标物体反射到接收的时间，再乘以光速，就可以精确测定发射点到地面反射点之间的距离；与此同时惯性导航系统测定飞行器在空间的姿态参数（倾斜角、仰俯角和航偏角），GPS 提供飞行器精确的位置信息。在后续内业处理过程中，以惯性测量单元（inertial measurement unit，IMU）确定的姿态信息，GPS 测定的飞行器航迹信息及激光测定的斜距可求出每个脉冲激光脚点的精确三维空间直角坐标，通过航行扫描器就可以获得具有一定带宽的大量地面点的坐标。最后经过相应的系统软件进一步处理，可获取目标地物表面三维坐标系统，从而即可进行各种量算和建立三维模型。

航飞设计需要遵循安全、经济、周密和高效的原则，综合考虑测区的地形、地貌、扫描设备的参数、气候条件、航空重叠度及点云密度，最终设计高效、低成本的，满足精度要求的航线[99]。

一般来说，飞机起飞前 30min 左右，应打开地面基准站上 GPS 接收机，为保证机载 GPS 系统处于最佳工作状态，张煜等提出了一种航飞计划，即在飞机飞到测区之前，先打开机载 GPS 系统，静止一段时间，接着按 8 字形飞行，飞完之后再直飞 5min 左右，然后开始数据采集。在数据采集时，飞机按设计航线自动飞行，扫描仪及相机、GPS 系统按设置的参数进行数据采集。数据采集完后，依次直飞 5min，倒 8 字形飞行、静止几分钟、关掉 GPS 系统，待飞机关掉 GPS 系统 30min 左右，再关闭地面 GPS 接收机。如果机场距离测区较远，就无须采用倒 8 字形飞行，这种航飞设计可以达到很好的效果[100]。

（2）机载激光雷达的数据采集过程

1）航飞前的准备工作。制订飞行计划，主要包括航带划分，确定飞行的高度、速度、激光脉冲频率、航带宽度、数码相机方位元素及定位、相机拍摄时间间隔和激光反射镜转动速度等。

2）GPS 基站的设定。为保证飞机飞行各时刻的坐标数据的精度，需要沿航线在地面上布设一定数量的 GPS 基准站，在航测飞机上安置 GPS 流动站。

3）三维激光扫描测量。飞机起飞时，三维激光发射器向扫描镜上不停地发射红外激光。当激光束遇到其他障碍或到达地面时，被反射回来，光电接收器接收并将其转换成电信号，根据激光从发射至接收的时间间隔，乘以激光速度即可测出传感器至地面的距离。

4）惯性测量。飞机飞行时，惯性导航系统测定飞机的飞行姿态参数，并把姿态参数和激光有关的数据、扫描镜的扫描摆动角度一起记录在存储器中。

5）数码相机拍摄。在用高精度数码相机进行拍摄时，需要用 GPS 系统对拍摄时间间隔和拍摄位置进行控制。

6）数据传输。数据采集结束后，需要将所有的扫描测量数据、数码相片数据、GPS 数据及惯性测量数据传输到计算机中，以进行后续的点云数据处理。

（3）机载三维激光扫描系统的特点

1）离散随机性。形式上，机载激光雷达点云数据呈离散分布状态，其中离散并不意味着点云之间彼此独立存在，而是指点云的位置、点云之间的间隔等在空间中的不规则分布，允许相同平面坐标对应几个不同高程值。每个点云是随机获取的，没有考虑地表的特征点和特征线，具有一定的盲目性。点云一般只有空间坐标信息，不包括所属类别信息，因此在进行地物自动识别和提取方面存在阻碍。

2）分布不均匀性。机载激光雷达作业一般是通过扫描带进行的。扫描时，受飞行状态的起伏、系统参数变化和地形起伏的影响，扫描带两侧数据密度大，中间数据较稀疏。例如，在相同的飞行条件和系统参数条件下，山区的点云数据密度由于地形的起伏会比平坦地区的点密度要低。

3）存在数据空白或过度冗余。造成数据空白的原因主要有两个方面：一是水体对激光有吸收作用，在水体区域不会接收到回波信息；二是在数据获取过程中，系统故障或者空中物体遮挡等原因会导致局部数据缺失。数据的空白对该区域真实地形信息的获取有影响，给高质量的数字地面模型生产带来困难，所以必要时可以进行数据修补。

当激光经过建筑物时，朝向激光器一侧的建筑物侧面的数据量很大，数据冗余过多，这对建筑物模型重建不利，必要时可以进行数据抽稀。

4）多次回波。机载激光雷达系统可以接收单次回波或者多次回波。当激光信号遇到地物反射回波时，若此时信号能量未消耗殆尽，则可以继续传播，从而接收器可以得到多次回波信息。这种现象一般发生在森林地区和高程变化较大处。

5）噪声污染明显。产生机载激光雷达点云噪声的因素较多，主要包括 GPS/INS 组合姿态确定误差、激光扫描测距误差、飞鸟遮挡和随机误差等。噪声点对后续的点云自动分类等处理带来一定的困难，一般在数据预处理过程中应进行剔噪。噪声点主要分为低点噪声和高点噪声两类。虽然两类噪声点分布比较随机，但是与周边点的高程值有明显的差别，比较容易去除。

机载三维激光扫描系统以飞机为载体，扫描路线在空中，因此在飞行扫描过程中信号良好，空中视野开阔，待测目标不会被建筑物所遮挡，扫描得到的数据不会出现数据缺失的现象，点云数据相对而言较完整，所以机载三维激光扫描的点云数据分布比较均匀。载体机在飞行过程中，扫描仪和地物有着相对较远的距离，在扫描频率相等的前提下，所得到的点云分布没有那么密集，飞机飞行的速度高于车载扫描系统运动的速度，所以机载扫描系统扫描数据的效率和范围要高于车载激光扫描系统。

4. 基于船载三维激光扫描系统的点云数据采集

船载三维激光扫描系统在点云数据获取上相对独特，因为载体船只能运动在水面上，在船只行驶过程中容易造成船上的扫描系统随之上下晃动。船载三维激光扫描系统中造成数据不精准的因素，主要来自扫描船在水中行驶时俯仰角带来的误差。激光扫描仪主要通过接收发出激光的返回波来获得数据，水面容易发生镜面反射，扫描系统接收不到返回的信号，就不能采集到水面的相关数据。船载数据在获取点云数据时有着自动化、高效率的特点。水域面积较开阔通透，所以扫描数据一般不会有缺失，激光扫描仪可以清楚地扫描到水面上的目标待测物。

5. 不同平台获取的点云数据对比

不同平台获取的点云数据对比如表 2-1 所示。

表 2-1　不同平台获取的点云数据对比

项目	优点	缺点
地面激光扫描	1）普及率比较高 2）数据扫描精度较高 3）应用范围比较广 4）扫描地点固定，精度较高	1）获得的点云需要通过地理归化后才能使用 2）工作速率相对较缓慢 3）某些物体需要进行拼接才能得到完整模型 4）不适用于大规模、大面积的地物扫描中
车载激光扫描	1）数据信息更为丰富 2）采集的信息与实际地物的物理及空间信息是一致的 3）成本低、效率高 4）载体比较灵活 5）测量地物的三维信息更加细致 6）获得的数据较精确，提高了数据获取和数据处理的效率	1）数据量过于庞大 2）受环境及交通的影响比较大 3）技术不成熟
机载激光扫描	数据不易被覆盖、相对完整，分布相对均匀	1）只得到地物顶面信息 2）数据受飞行带限制
船载激光扫描	1）数据不易缺失 2）处理容易 3）采集效率高	数据易受水面镜面反射和通信信号的影响

2.1.3 三维激光扫描技术误差分析

虽然相较于传统的测量手段三维激光扫描技术拥有种种优势，但是同其他测量方法一样，它也存在误差。误差的主要来源有仪器本身的缺陷、外业环境的影响以及内业数据处理时产生的误差。这些误差的存在，有时甚至会导致点云模型和真实物体出入比较大。

三维激光扫描技术的误差大致可以分为外业误差和内业误差。外业误差主要包括仪器本身自带的误差、环境误差和扫描物表面的反射误差，内业误差主要包括点云的拼接误差和两期点云的匹配误差。

1. 外业误差来源

外业误差指的是在前期采集点云数据的过程中所产生的误差。由于外业工作环境复杂，影响外业误差的因素也比较多，因此本节将对其进行分类分析。

（1）仪器误差

仪器误差是指使用的仪器本身不够精密导致的测量结果和真实结果的偏差。仪器误差一般是指测距误差和测角误差。

1）测距误差。

三维激光扫描仪测量距离是通过接收反射激光实现的，但是发射出去的激光在到达被测物体时会产生一个光斑，并且光斑的直径会随着测量距离的增大而增大。理论上来说，激光所测的距离是光斑中心到扫描仪中心的距离，但是扫描仪测距往往是根据反射回来的第一个点测量的，光斑越大，这种不确定性就会越大，这种随着测量距离增大而增大的误差称为比例误差。设备本身的激光发射器和反射器也有一定距离，也会产生误差，而且这个距离往往是固定的，称为固定误差。仪器误差可以用式（2-1）来表示。

$$\sigma_{\mathrm{s}} = \pm\sqrt{\sigma_{固定}^2 + \left(S \times \sigma_{比例}\right)} \tag{2-1}$$

式中，σ_{s}表示与距离有关的误差；$\sigma_{固定}$表示仪器本身的固定误差；$\sigma_{比例}$表示和测距有关的比例误差；S表示测距。

2）测角误差。

三维激光扫描技术的测角误差主要包括水平测角误差和竖直测角误差。导致该误差的因素有反射镜的振动、反射镜面平整度和扫描电机不均匀转动[101]。此外，测角误差和激光光斑的大小也有关系。测角误差的计算公式如下：

$$\tan\sigma_{\theta} = \frac{d}{2S} \tag{2-2}$$

图 2-12 是测角误差产生示意图，可以看出σ_{θ}的值非常小，因此可以将式（2-2）写成$\sigma_{\theta}=d/2S$的形式。

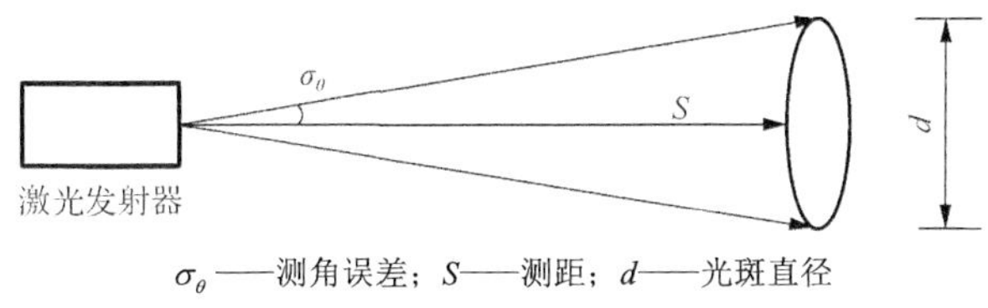

σ_θ——测角误差；S——测距；d——光斑直径

图 2-12　三维激光扫描设备测角误差原理

（2）多路径误差

一般情况下，设备只会接收到从单一物体反射回来的激光，但是当有障碍物出现时，激光如果打在障碍物和待测物体的交界处 *A/B*（图 2-13），就会反射回来两束激光，此时它们互相干扰，导致测距不准，产生多路径误差。

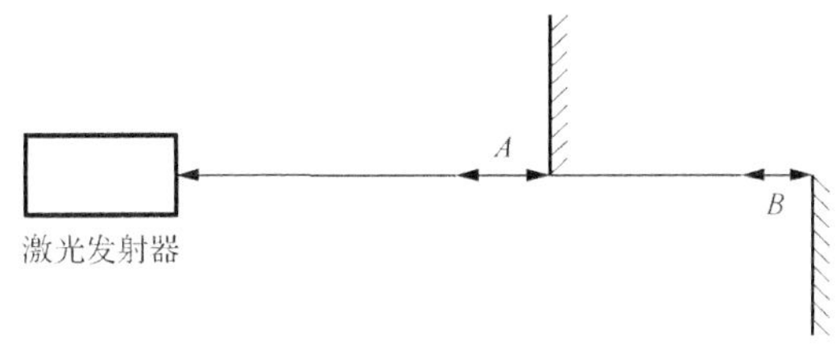

图 2-13　多路径效应

（3）被测物体表面的反射误差

激光测量主要是靠反射回来的激光进行分析，因此被测物体表面的粗糙度、反射率及表面的倾斜角度都会直接影响激光的反射情况，从而影响测距误差和测角误差。

1）待测物体表面倾斜引起的误差。

如图 2-14 所示，如果被测物体的表面发生倾斜，那么反射回来的激光和未倾斜表面反射回来的激光会有一个夹角，假设此时测得的距离为 S''，那么被测物体的表面倾斜度 β 与以上各物理量之间的关系式如下所示：

$$\tan\beta = \frac{d_s}{S''\times\sin\gamma + D/2} = \frac{S - S''\times\cos\gamma}{S''\times\sin\gamma + D/2} \tag{2-3}$$

激光发射孔径和测距比非常小，因此可以忽略不计，式（2-3）可以改写成如下形式：

$$\tan\beta = \frac{S - S''\times\cos\gamma}{S''\times\sin\gamma} \tag{2-4}$$

又因为 γ 比较小，可以将 $\sin\gamma$ 近似看作 γ，那么由被测物体表面倾斜引起的误差可以表示为

$$d_s = S'' - S = \frac{S}{\gamma\tan\beta + \cos\gamma} - S \tag{2-5}$$

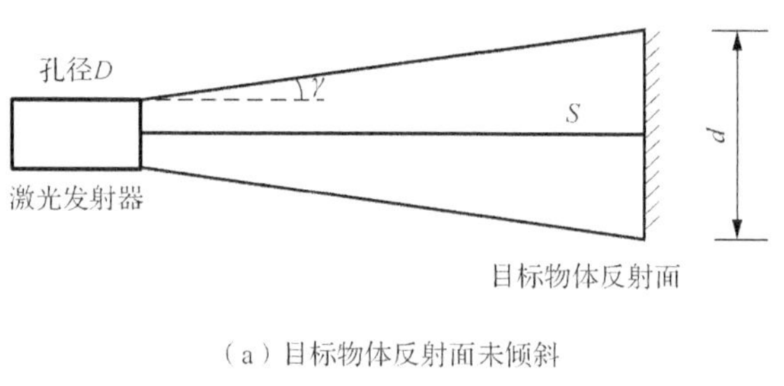

（a）目标物体反射面未倾斜

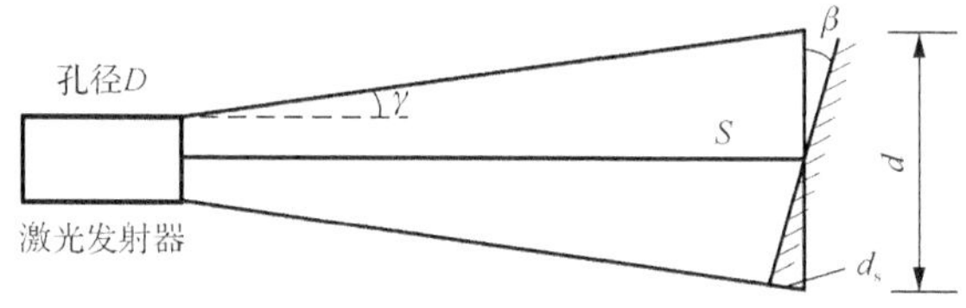

（b）目标物体反射面倾斜

图 2-14　待测物体表面倾斜引起的误差

2）待测物体表面粗糙度引起的误差。

由于三维激光扫描技术是依据反射回来的激光进行距离测量的，如果被测物体表面粗糙，而发射出去的激光正好打在粗糙表面的凸处或者凹处，则会产生测量误差，如图 2-15 所示。

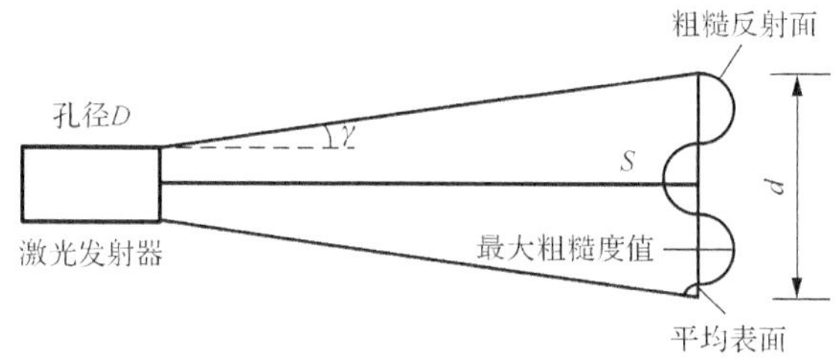

图 2-15　被测物体表面粗糙度引起的误差

由图 2-15 可知，被测物体表面的粗糙度越大，测量误差越大。一般来说，误差值取最大粗糙度值的 1/2。当然，如果有部分点远超出粗糙度的平均值，可以认为该点是噪声点，需要剔除该点。

3）待测物体表面反射率引起的误差。

待测物体可以反射的激光数量和待测物体本身的颜色、粗糙度、电容率、导磁性等都有关联。其中，最明显的是白色物体比深色物体的反射率要高得多，从而产生的误差也会小得多。

4）周边环境条件引起的误差。

周边环境条件引起的误差主要是由温度、湿度、空气质量等引起的。其中，温度和气压等主要影响设备内部的结构及激光传播的方向。恶劣的气象条件也会导致激光的传播方向发生变化。另外，空气中的灰尘或者水雾会扰乱激光信号的返回路径，这也是噪声点产生的重要原因，这种噪声点在后期去噪的过程中会被剔除掉。

2. 内业误差来源

在获取点云数据后要进行点云数据的处理工作。点云数据的处理工作主要包括点云的拼接、点云的过滤及不同期点云之间的匹配，其中主要的误差来源于点云的拼接和点云的匹配工作。

（1）点云拼接误差

在获取被测物体点云数据的过程中，往往不能通过一站扫描达到目的，此时需要设置几个扫描站点，即从不同的角度对待测物体进行扫描。然而，每一站扫描都是以扫描仪中心为原点的局部坐标系，因此所获取的点云数据实际上并不在一个坐标系中，此时需要将每一站的点云数据放到统一的坐标系下，这个过程称为点云的拼接。

点云拼接方法大致可以分为 3 种：第一种是根据两组点云之间的特征点进行拼接，第二种是根据扫描时架设的标靶进行拼接，第三种是根据架设站点和后视点的三维坐标进行转换拼接。值得说明的是，无论采用哪种方法，都会产生误差，但是标靶拼接带来的误差最小，现在很多扫描设备的拼接误差在 2mm 以内。

（2）不同时期点云配准误差

在使用点云数据进行变形分析时，通常采用的方法是两组点云之间的对比，具体包括点和模型之间的对比及模型和模型之间的对比。无论采用哪种对比方式，都需要对两组点云进行匹配。匹配时，一般基于特征点或者特征面进行配准，但是对于精度要求比较高的变形监测，这种方法误差比较大，建议使用扫描设备自带的标靶进行配准。

2.2　点云数据的处理

2.2.1　点云数据降噪方法

三维激光扫描仪获取数据时具有速度快、精度高、点云数据量庞大等特点，在获取过程中会受到外部各种因素的干扰，使点云数据中存在一些噪声点。一般来说，所产生的噪声点大多是不属于待测范围内的点，多数点是由于空气震动、飞鸟、尘埃及温度变化等原因产生的。在扫描过程中，噪声产生的原因多种多样，对于接触式测量和非接触式测量，产生噪声的原因也不相同：①对于接触式测量，产生噪声的原因主要归结于工作人员及扫描设备的灵敏度，表现为系统误差和随机误差带来的噪声；②对于三维激光扫描测量，由于其是非接触式的，不受操作人员的人为影响，主要是外界环境及被扫描测量物体的位置和表面反射特性等影响造成的噪声，此类噪声产生的噪声点，会导致数据量增加，并会影响点云数据在后面工作中的使用，因此需要对点云数据进行去噪光顺。

根据噪声点的空间分布情况，可将噪声点大致分为以下 4 类。

① 飘移点：明显远离点云主体，飘浮于点云上方的稀疏、散乱点。

② 孤立点：远离点云中心区，小而密集的点云。

③ 冗余点：超出预定扫描区域的多余扫描点。

④ 混杂点：与正确点云混淆在一起的噪声点。

对于①～③类噪声点，通常可用现有的点云处理软件通过可视化交互方式直接删除，而对于④类噪声点，必须借助点云的去噪算法才能剔除。

从点云的排列组织形式来看，点云数据分为有序点云数据和无序点云数据两大类，而这两类点云数据的去噪方法也是不同的：对于有序点云数据来说，其去噪方法主要包括中值、均值和高斯滤波算法，维纳滤波算法，以及卡尔曼滤波算法；对于散乱无序点云数据来说，其直接去噪方法主要包括拉普拉斯算法、双边滤波算法、平均曲率流算法和均值漂移算法。

1. 无序点云数据去噪算法

下面主要介绍拉普拉斯算法和双边滤波算法。

（1）拉普拉斯算法

拉普拉斯算法是点云数据去噪中较常用的一种方法。该算法使用较早，也相对简单。该类算法是将拉普拉斯算子应用到点模型的采样点中，其中采样点为 $P_i(x_i, y_i, z_i)$，拉普拉斯算子的计算公式为

$$\Delta = \nabla^2 = \frac{\partial^2}{\partial x^2} + \frac{\partial^2}{\partial y^2} + \frac{\partial^2}{\partial z^2} \tag{2-6}$$

对于某一个采样点 P_i，将其扩散到该点的邻域中，则有

$$\frac{\partial P_i}{\partial t} = \lambda L(P_i) \tag{2-7}$$

将式（2-7）对时间进行积分，则得到拉普拉斯算法的扩散过程。通过多次迭代，最终可以达到曲面平滑的目的。假设采用欧拉积分法，则有

$$P_i^{n+1} = (1 + \lambda \mathrm{d}t - L)P_i^n \tag{2-8}$$

每一个点都会逐渐移动到其邻域的重心处，即

$$L(P_i) = P_i + \lambda \left\{ \frac{\sum_{j=1}^{k} \omega_j q_j}{\sum_{j=1}^{k} \omega_j} - P_i \right\} \tag{2-9}$$

式中，q_j 为 P_i 的第 j 个邻域点；λ 为较小的正数；ω_j 为权重系数。

图 2-16 所示为运用拉普拉斯算子去噪原理示意图。其中，点沿法向 N 运动代表光顺噪声，沿切向 S 运动代表顶点漂移。由此可知，拉普拉斯算法针对分布均匀的点云数据去噪能够达到比较理想的效果。对点云模型特征信息多的部分进行去噪处理时，非噪声点移动会偏向点云密度大的地方，多次迭代可能会造成表面扭曲现象及特征信息损失的问题。

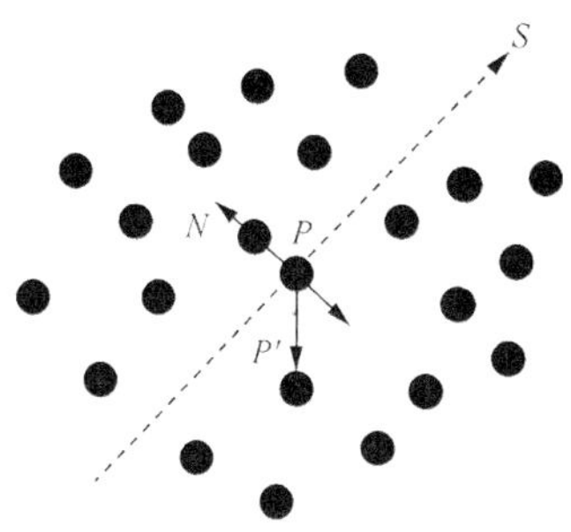

图 2-16　运用拉普拉斯算子去噪原理示意图

虽然拉普拉斯去噪法在使用上简单、快速，但是也存在一些不足，如所需去噪曲面会因为迭代次数的增加而过于光顺，数据细节产生模糊等。

（2）双边滤波算法

Tomasi 和 Manduchi 提出了双边滤波算法，该算法被广泛应用在点云数据去噪中[102]。双边滤波算法将图像的空间邻近度和像素间灰度的相似度结合考虑，对邻域的像素点赋予较大或较小的权值，以达到保边去噪的结果。这种方法不需要进行迭代，可局部进行，并且操作简单。该方法可得到点云数据的坐标与法向量，即

$$\boldsymbol{P}_i = (x_i, y_i, z_i) \quad i = 1, 2, 3, \cdots, m$$

$$\boldsymbol{n}_i = (Nx_i, Ny_i, Nz_i) \quad i = 1, 2, 3, \cdots, m \ \{\boldsymbol{n}_i \in \mathbf{R}^3\}$$

式中，m 为采样点个数；$\boldsymbol{n}_i$ 为对应的法向量。

滤波权因子的计算公式如下所示：

$$\mathrm{BF} = \frac{\sum_{\boldsymbol{P}_j \in N(\boldsymbol{P}_i)} W_s\left(\left\|\boldsymbol{P}_j - \boldsymbol{P}_i\right\|\right) W_s\left(\left|\left\langle \boldsymbol{n}_j, \boldsymbol{n}_i \right\rangle - 1\right|\right) \left\langle \boldsymbol{n}_i, \boldsymbol{P}_j - \boldsymbol{P}_i \right\rangle}{\sum_{\boldsymbol{P}_j \in N(\boldsymbol{P}_i)} W_c\left(\left\|\boldsymbol{P}_j - \boldsymbol{P}_i\right\|\right) W_s\left(\left|\left\langle \boldsymbol{n}_j, \boldsymbol{n}_i \right\rangle - 1\right|\right)} \tag{2-10}$$

式中，$\boldsymbol{n}_j$ 为测点 $\boldsymbol{P}_i$ 的近邻域点 $\boldsymbol{P}_j$ 的单位法向矢量；W_c、W_s 分别为邻域内切平面和法向量的高斯滤波值。

双边滤波算法在点云数据去噪中解决了边缘模糊问题，鉴于双边滤波法的这一特点，近年来广泛应用在纹理分离、数据去噪等领域。

2. 有序点云数据去噪算法

（1）中值滤波算法

中值滤波的主要思想是将某一点的值用其一定邻域范围内各点值的中值代替，具体的做法是将某一点一定范围内的所有点值按升序或者降序的方式进行排序，排序后用处在中间的值作为该点的输出值，再进行下一个点的处理。循环此过程直到遍历完点云所有点数据。中值滤波最终应用的值是该范围内所有点值的统计中值，采用这种方法可以消除数据中比较尖锐的值，在该过程中可以对一些噪声点进行平滑处理从而达到去噪的目的。但是这种方法对混杂在物体表面的噪声点是不能消除的[103]。

（2）均值滤波算法

均值滤波算法也称为 N 点平均滤波，原理与中值滤波算法类似，中值滤波是将范围内的所有点值的中间值作为该中心点的输出值，而均值滤波是对范围内所有点值求取平均值，将得到的平均值作为该中心点的输出值。重复此过程直到遍历完整个点云数据。这种做法使点云的位置发生了改变，从平滑点云的角度达到去噪的效果，但是这种平滑方法易让点云边缘数据平滑过度，最终导致模型失真。

（3）高斯滤波算法

高斯滤波算法是将范围内所有点值进行加权平均并将最终计算的数值代替中心点值，从而起到平滑去噪的效果。因为高斯滤波在处理数据时平均效果较弱，数据的原貌得到了较好的保持，所以使用频率较高。

（4）维纳滤波算法

维纳滤波器又称为最小二乘滤波器或最小平方滤波器。该方法基于均方差最小的基本原则，从既包含有效点云信息又包含无效的噪声信息的点云数据中提取出有效的点云信息，从而达到去噪的目的。假设输入一个包含有效点云信息及无效噪声信息的点云数据，期望输出的有效点云数据与实际输出的点云数据存在一定误差，对该误差求均方误差。均方误差越小，去噪效果就越好。要使均方误差最小，关键在于求冲激响应。如果能够满足维纳-霍夫方程，那么可使维纳滤波器达到最佳。根据维纳-霍夫方程，最佳维纳滤波器的冲激响应完全由输入自相关函数及输入与期望输出的互相关函数所决定[104]。

（5）卡尔曼滤波算法

维纳滤波的前提是信号和噪声都处于平稳条件下，而卡尔曼滤波不要求信号和噪声都是平稳过程的假设条件，只需要对噪声进行一些基于统计性质的假设，通过对含有噪声的观测信号进行处理，可以在平均的意义上求得误差为最小的真实信号的估计值。实际上，卡尔曼滤波算法就是根据与被提取信号有关的观测值去推测出最符合系统状态真值的一个最优估计。卡尔曼滤波的基本方程组为式（2-11）～式（2-14）。

滤波方程：

$$\begin{aligned}\hat{\boldsymbol{X}}(k/k) &= \boldsymbol{\varphi}(k,k-1)\hat{\boldsymbol{X}}(k-1/k-1)\\ &\quad + \boldsymbol{K}(k)[Z(k)-\boldsymbol{H}(k)\boldsymbol{\varphi}(k,k-1)\hat{\boldsymbol{X}}(k-1/k-1)]\end{aligned} \tag{2-11}$$

增益方程：

$$\boldsymbol{K}(k)=\boldsymbol{P}(k/k-1)\boldsymbol{H}^{\mathrm{T}}(k)[\boldsymbol{H}(k)\boldsymbol{P}(k/k-1)\boldsymbol{H}^{\mathrm{T}}(k)+\boldsymbol{R}(k)]^{-1} \tag{2-12}$$

验前方差矩阵：

$$\begin{aligned}\boldsymbol{P}(k/k-1) &= \boldsymbol{\varphi}(k,k-1)\boldsymbol{P}(k-1/k-1)\boldsymbol{\varphi}^{\mathrm{T}}(k,k-1)\\ &\quad + \boldsymbol{\Gamma}(k,k-1)\boldsymbol{Q}(k-1)\boldsymbol{\Gamma}^{\mathrm{T}}(k,k-1)\end{aligned} \tag{2-13}$$

验后方差矩阵：

$$\boldsymbol{P}(k/k)=[\boldsymbol{I}-\boldsymbol{K}(k)\boldsymbol{H}(k)]\boldsymbol{P}(k/k-1) \tag{2-14}$$

式中，$\hat{\boldsymbol{X}}(k/k)$ 为状态向量 $\boldsymbol{X}(k)$ 在 k 时刻的最佳估计向量；$\boldsymbol{\varphi}(k,k-1)$ 为状态转移矩阵；

$\hat{\boldsymbol{X}}(k-1/k-1)$ 为 $k-1$ 时刻最佳估计向量；$\boldsymbol{K}(k)$ 为 k 时刻的最佳估计的增益矩阵；$\boldsymbol{R}(k)$ 为当前观测噪声的方差矩阵；$\boldsymbol{\Gamma}(k,k-1)$ 为干扰转移矩阵；$\boldsymbol{H}(k)$ 为观测矩阵；$\boldsymbol{Q}(k-1)$ 为对称非负定矩阵；$\boldsymbol{I}$ 为单位矩阵。

卡尔曼滤波基本方程组可以分为两个部分：一部分是卡尔曼滤波方程，即式(2-11)；另一部分是卡尔曼滤波的增益矩阵递推式，即式（2-12）～式（2-14）。基于这种理解方式，可以将卡尔曼滤波的求解过程分为滤波值的计算与增益矩阵递推式的计算这两大部分。

滤波值计算，对上一次滤波值的预估：

$$\hat{\boldsymbol{X}}(k/k-1)=\boldsymbol{\varphi}(k,k-1)\hat{\boldsymbol{X}}(k-1/k-1) \tag{2-15}$$

式中，$\hat{\boldsymbol{X}}(k/k-1)$ 为当前预估向量。

增益矩阵递推式的计算：计算验前方差矩阵 $\boldsymbol{P}(k/k-1)$，如式（2-13）所示；求解增益矩阵 $\boldsymbol{K}(k)$，如式（2-12）所示；计算验后方差矩阵 $\boldsymbol{P}(k/k)$，如式（2-14）所示。

在 k 时刻结束前，要更新 $\hat{\boldsymbol{X}}(k/k)$ 对应状态下的协方差，即完成该时刻的增益矩阵递推式的计算，使其作为 k+1 时刻的计算参数。这样，就完成了卡尔曼滤波的自回归。

2.2.2　点云数据空洞修补

1. 点云空洞修补的研究背景

空洞修补通常是在准确提取空洞边界的基础上，依据空洞边界附近点集的特征信息恢复空洞处的点云数据。文献资料检索结果表明，空洞边界的提取主要有以下 3 种方法。

1）基于三角格网结构提取边界。依据遍历的所有三角形面片的点线拓扑关系寻找边界点。但该方法判断边界点的计算量过大，算法执行效率低，对噪声点非常敏感。

2）基于投影面提取边界。该方法首先建立点云索引结构，然后根据邻域点最小二乘拟合法建立微切平面，再将邻域点投影至微切平面，计算角度标准差判别边界点。

3）基于空间点特征提取边界。该方法大多是通过采样点及其邻域点计算采样点曲率、法矢和局部密度等特征来判别该点是否属于边界点。因此可直接在三维空间进行边界点提取。

对于空洞的修补方法，国内外学者相继提出了多种算法。Davis 等提出了一种通过体素扩散方法进行空洞修补的算法，并通过对修补后空洞面的整体性分析，验证了该算法在复杂空洞的修补中具有良好的修补效果[105]；Wang 等利用基于移动最小二乘曲面拟合的方法，对点云空洞采用插值的方法进行填充，并通过在空洞区域选取样本分析，验证修补方法精度的可靠性[106]；李海亮和李宏利用近景摄影测量方法对点云空洞区域拍摄的数码照片进行处理，从而拟合出空洞区域的点云，并通过与原始点云数据对比分析，验证该方法的可靠性[107]；陈相和童小华提出了一种基于三角网格的空洞修补算法，并通过将修补后拟合的点云所构建的三角网与原区域构建的三角网进行抽样配对检测，验证其高精度性[108]；钱伯至和蓝秋萍提出了一种基于断面几何轮廓的隧道点云空洞修复方法，并在实际工程应用中取得了良好的效果[109]。以上修补和精度检验的方法主要运用于小区域范围和表面相对规则的对象，而在山地测绘中因地表的复杂性，在其空洞修补和精度评价中需要结合不同地形特征的几何因素加以分析。2020 年，林松等提出了一种基于不同 K 邻域内重心坐标变化提取边界缓冲区点云数据的方法：首先基于不同 K 邻域内点集重心变化粗提取空洞边界缓冲区点集，并基于密度聚类精确提取空洞缓冲区点集；其次依据提取的点集进行坐标转换[110]；然后沿两正交的方向切片，对通过切片得到的点集进行曲线拟合，补充空洞内点；最后建立格网，并利用两个方向新增的点集内插格网点坐标，进而完成空洞的修补工作。

2. 点云的空洞修补方法

（1）实地补测法

实地补测法就是用三维激光扫描仪或全站仪对点云空洞的区域再进行扫描或测量，把获得的数据配准到点云数据中，从而完成对空洞的修补。常见的散乱点云孔洞如图 2-17 所示。实地补测法过程如下：首先把孔洞边界特征点识别出来，然后把孔洞的边界识别出来，之后新建一个对应的曲面片，根据孔洞周围的局部离散点，再在曲面片上根据取采样点的法则来填充孔洞，最后得到完美的孔洞点云。该方法对空洞修补比较准确，获得的数据精度较高，但因其需要到现场进行补测，耗费人力、物力较大，经济效益较低。

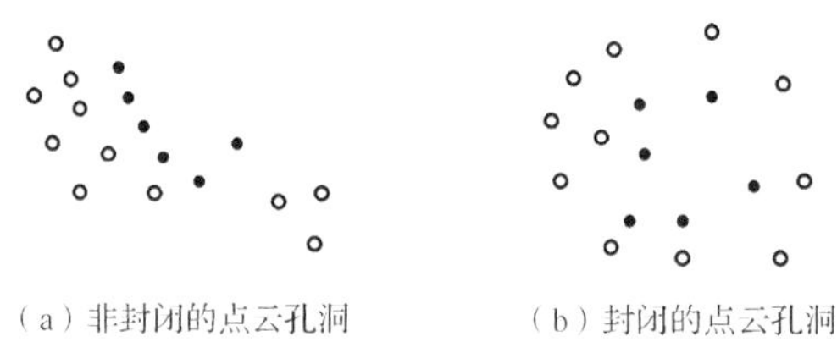

（a）非封闭的点云孔洞　　（b）封闭的点云孔洞

图 2-17　常见的散乱点云孔洞

（2）点云内插法

点云内插法是指按照空洞周围点云数据值，结合现场照片，在计算机上运用数据处理软件中的算法，对空洞进行内插修补的方法。需要注意的是，要结合实际地形和空洞区域地形，选择软件中合适的算法进行内插处理。该方法只是在室内计算机上进行修补，不需要到现场进行补测，能够节省一定的人力、物力，并且结合实际空洞地形选择合适的算法进行修补，修补精度较高。此类方法常用于空洞面积较小、地形较平坦、精度要求不高的情况。

（3）基于摄影测量的点云空洞修补法

在空洞较多且大、空洞地形较复杂、精度要求高的情况下，一般使用基于摄影测量的点云空洞修补法。基于摄影测量的点云空洞修补法的基本原理是：用数码相机补拍若干存在点云空洞的地形数码相片，按照摄影测量航片的方法对相片进行处理，得到基于相片生成的三维数据，将这些数据配准到三维激光扫描点云坐标系中，从而实现基于影像生成的扫描地形的点云空洞的修补。

3. 基于摄影测量的点云空洞修补的数据处理过程

（1）基于影像的三维点云的生成

假设对被扫描地形同时拍摄了具有一定重叠度的序列数码影像，并且点云空洞区域至少在两张相片上同时可见，则生成三维点云的具体步骤如下。

1）摄影机定标。摄影机的几何模型决定相片上的点与空间物体表面相应点的几何位置。摄影机几何模型的参数称为摄影机参数，通过实验而计算出这些参数的过程称为摄影机定标。

2）影像匹配。影像匹配是提取地形三维信息的基础，基于影像生成的点云是由匹配得到的同名点前方交会而得到的。影像匹配的主要过程就是识别同名点的过程。

3）恢复点云序列影像间相对位置和姿态。对得到的三维点云，恢复其序列影像间的位置和姿态是通过相对定向和模型连接来实现的。相对定向的目的是恢复摄影时相邻两影像摄影光束的相互关系，使同名光线对对相交。模型连接是将所有序列影像的位置和姿态纳入统一的辅助坐标系。

（2）基于影像三维点云与激光扫描点云配准

由于基于影像生成的三维点云是在辅助坐标系下的，若想利用这个点云数据对空洞进行修补，需要将这个点云配准到激光扫描点云的坐标系下。配准的过程是以激光扫描点云的坐标系为基准，将影像点云数据转换到基准坐标系下，从而得到一个完整的、连续的点云。

两者的转换可以用旋转矩阵、3 个平移分量和 1 个模型缩放尺度分量来描述。设控制点在激光扫描点云坐标系和影像辅助坐标系下的坐标分别为(x_1, y_1, z_1)和(x_2, y_2, z_2)，需要解算的参数是旋转矩阵中的 9 个方向余弦、3 个平移分量，以及 1 个模型缩放尺度分量，即 13 个未知参数。利用旋转矩阵的正交特性可以列出 6 个条件方程，选取 3 个以上的控制点能够得到 9 个以上的条件方程，按附有条件的间接平差来进行解算，可以获得 13 个未知数的解。

（3）基于三角网格模型的点云孔洞修补

基于三角网格模型的点云孔洞修补过程实际上是一个孔间多边形的三角剖分问题。如图 2-18 所示三角网格模型，图中虚线的边界就是孔洞边界。

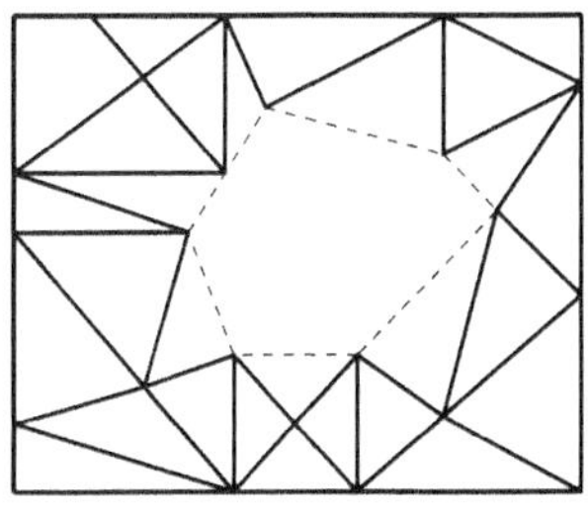

图 2-18　三角网格模型

国内外许多学者对三角网格模型的点云孔洞修补进行了研究：张丽艳等提出了一种空间多边形孔洞的修补算法，根据此算法可以获得三角片形状较为优化的修补结果，避免了狭长及错误三角片的出现，实践证明该算法是稳定可靠的[111]。Barequet 和 Sharir 对三角网格模型中孔洞修补进行了创新性的研究[112]。李根等研究三角网格模型孔洞修补算法时，首先建立一个最小二乘平面，然后将孔洞边界投影到建立的最小二乘平面上，得到一个投影特征多边形。当特征多边形有边相交时，通过边扩展算法对相交的边进行处理，处理后形成新的三角面片，这样就把复杂的孔洞分成很多子孔洞。每个子孔洞重复上述过程，当所有孔洞都变成简单孔洞后，采用平面三角化技术对生成的简单孔洞进行填充修补[113]。

基于三角网格模型点云孔洞修补的一般步骤如下：首先寻找出孔洞边界；其次对提取的孔洞边界进行三角剖分，对识别的边界点与其周围的点进行拟合，拟合结果为一个曲面方程；再次在曲面上取采样点，即将曲面点云化；最后将点云三角化成曲面，完成三角网格孔洞的修补，如图 2-18 所示。

基于三角网格模型的点云孔洞修补的优点是孔洞边界的识别简单操作，识别易于实现，新增的填充点很好地与原模型链接起来。缺点是上述点云孔洞修补完美完成是基于正确的三角网格模型，若三角网格模型本身有漏洞和严重缺陷，孔洞边界识别和填充将会受到很大影响。基于三维散乱点云的孔洞修补的算法首先建立构造局部曲面，对所增加点进行调整，这样可以使新增加点与孔洞边界点进行光滑过渡，散乱点云的孔洞特征点的检测与识别链接是首要的一个难点，目前的算法适应性、鲁棒性不强，对阈值比较敏感。

4. 点云孔洞边界识别

面对散乱的点云和孔洞，首先需要进行孔洞边界的识别。孔洞边界的识别也是后续孔洞填充的基础，即无论是基于三角网格模型的孔洞修补，还是散乱点云的孔洞修补，孔洞边界的识别和提取都是必要的基础环节。

5. 点 K 邻域搜索

在阅读众多文献的基础上，通过计算散乱点云中每个点的 K 邻域点来分析其均匀性，从而判断孔洞边界的特征点。散乱点云本身就缺乏明显的拓扑几何关系，可以通过计算点的 K 邻域点来反映曲率和法矢等特性。K 邻域的搜索效率对逆向建模有着重要的意义[114]。

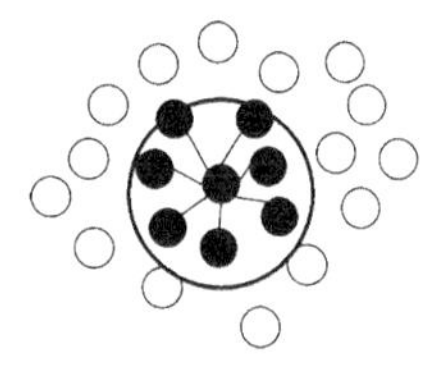

图 2-19　K 邻域点示意图

在三维和二维散乱点云数据中，某点的 K 邻域点的定义如下：在数据集合 $H=\{p_i, i=1,2,\cdots,n\}$ 中找到某点与其他点欧氏距离最近的 K 个点，这 K 个点就是该点的 K 邻域点。如图 2-19 所示，中间黑色点的邻域为四周的黑点及圆之内的点。K 邻域点搜索一般应用在插值计算、曲面重建及数学等研究领域。

通常情况下，计算一个点的 K 邻域点的方法是，首先求出该点与周围其余 $n-1$ 个点的欧氏距离，然后从小到大进行排序。数据中最前面的 K 个点即为该点的 K 邻域点。这种方法简单易懂，但是需要真实测量的数据很大，数据量大时求取某点的 K 邻域的效率将很低。K 邻域搜索一直是热点，国内外学者对此进行了不同的研究，提出了很多效率高的新算法。这些研究可归结如下：基于树的层级数据结构进行 K 邻域点的搜索；基于立方体小栅格的方法寻找 K 邻近点。基于树的研究很复杂，基于立方体小栅格的方法研究比较成熟，本节使用的搜索算法就是借用前人的一种基于二次分割的方法[115]。

该算法的中心思想如下：首先建立一个长方体包围盒子，根据点的总数，即 K 值大小，进一步求解出栅格边长 L_1；其次把包围盒平均划分为大小一样的小栅格，通过非空栅格的数目和点的个数估算平均点距 S；再次利用 S 计算出最终的栅格边长 L，重新对包围盒划分计算，使每个数据点归属于相应的栅格内（每个点对应且仅对应唯一一个栅格）；最后在候选点周围栅格内进行 K 邻域搜索。图 2-20 所示为某平面点云中某点的 K 邻域，其中 K=8 中间红色圆圈为被检测点，周围的 8 个三角形点为其 K 邻域。

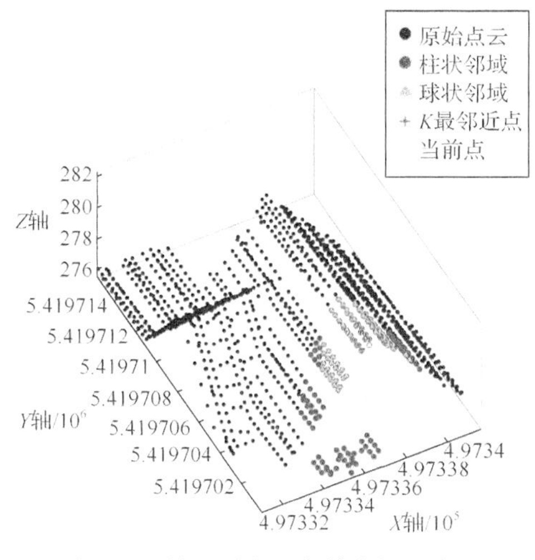

彩图 2-20

图 2-20　某平面点云中某点的 K 邻域

2.2.3　点云数据压缩算法

激光扫描技术飞速发展，如今的扫描设备能够更高精度、更快速地扫描目标物体表面，扫描得到的数据点多达几亿个。如此海量的数据如未经过处理，直接导入计算机中进行操作，将会给运算和存储带来负担。除此之外，有很多冗余数据不必参与到后续的建模工作中，冗余数据的存在一方面会使计算速度减慢，另一方面可能会混淆一些特征点，使操作人员错误判断，造成干扰，影响后面的建模工作。上述问题归因于海量的点云数据，为在后续工作中能够精确地建模并保持目标物体的几何特征，需要对海量的点云数据进行精简处理，以提高数据处理的效率。

对点云数据进行简化压缩处理，重要的原则是要尽可能多地删除对表面重构工作作用小的点云数据，用最少量的点云数据表示最多的目标物信息，并且加快数据处理速度。

点云数据的精简压缩处理，并非保留原有点云数据信息越多越好，而是要将密度较大的点云数据精简成能够保持目标物的几何视觉特征的点云集。

点云数据的简化问题可具体表述如下：给定一点集 $P=\{P_1,P_2,\cdots,P_n\}$ 来描述一个三维空间中的二维光滑流形表面 *S*，在精度要求控制范围下，将 P_n 精简为 P_m 。其中，$m<n$，P_m 表述的三维空间中的二维流形表面 S'与 *S* 有相同的拓扑关系，并且形状近似。精简的最终目的是减少点云数据数量的同时突出模型的特征，提高后续建模与绘制的速度和效率等。

1. 海量点云数据压缩的准则

理想的点云压缩算法要做到以最少的数据量来表达最必要的信息，在实际应用中多基于以下准则来衡量点云压缩算法的优劣。

1）压缩率高，即在保证失真较小的情形下，最大限度地压缩点云数量。

2）在限差范围内简化点云数量，即点云的简化结果能满足应用的精度要求。

3）算法简捷，执行效率高。

4）不具有特殊性。

关于点云数据的精简和压缩算法有很多，不同类型的点云精简的方式可以采取不同的方法。

2. 基于三角网格的精简算法

（1）包络网格法

包络网格法是 Cohen（科恩）提出的，该算法的基本思想是利用给定的距离误差 ε，分别构造一个偏离原始网格 $\varepsilon/2$ 的外包络网格和一个偏离原始网格 $-\varepsilon/2$ 的内包络网格，通过删除点或多边形对夹在两个包络网格之间的原始网格进行简化，生成一个既不与两个包络网格相交也不自交的简化网格。该算法能对网格进行自适应简化，有效地保持了特征边，但其不适用于具有自交现象的网格，当检测到原始网格存在自交时，算法停止处理[116]。

（2）顶点聚类法

基于顶点聚类的网格简化方法是由 Rossignac（罗西尼亚克）提出的，该方法的基本思想如下：①用一个包围盒包围原网格模型；②将包围盒等分为若干个小长方体，使原模型的所有顶点分别落在这些长方体内；③检测这些长方体，判断某个长方体内是否有顶点，如果有，则删除该长方体内的所有顶点，并根据长方体内原顶点的加权均匀值生成一个新顶点，从而达到简化的目的。但是，当原网格模型点的空间分布不均匀时，利用该方法可能导致等分对某些部分过度简化，并且该简化方法受噪声点影响较大[115]。

（3）区域合并法

Kalvin 和 Taylor 于 1996 年提出了区域合并算法，该方法大致流程如下：首先选择一个三角形表面作为基准平面，根据研究人员设定的区域大小阈值合并周围的三角面片，重新进行三角剖分，形成一个大的超三角面片，减少三角网格，达到精简数据的目的。但是，采用这种方法时要对网格重新三角化，易引起误差传播，而且生成超三角面片的过程中容易产生孔洞，导致模型几何特征的丢失[117]。

3. 基于点云的精简算法

（1）比例精简算法

比例精简算法是一种简单易行的数据简化方法，由用户设定一个精简比例，针对在空间中的点，每隔 n 个点采样，其余点删除。该算法简洁明了，但适用性不强，适合扫描线点云。对于其他类型的点云数据，尤其是散乱点云，不能很好地保留模型的几何信息特征；对于由复杂曲面组成的模型，该方法会丢失很多特征点，使三维重建的模型和原始模型大相径庭。

（2）基于距离的压缩算法

1）空间距离压缩算法。

首先确定采样的距离阈值 ε_{d}，如果某一数据点和它排序方向上的下一个数据点的空间距离大于阈值 ε_{d}，该点被保留，反之该点被删除。

空间距离压缩算法适用于曲面曲率变化缓慢的情况，对于曲率变化剧烈的曲面，可能会误删除一些曲面重构所必需的关键点。但是，空间距离压缩算法考虑了扫描空间的距离变化，优于比例精简算法。

2）基于均匀距离的立方体压缩。

扫描的点云数据都存在于有限的空间范围内，即该空间是点云密集的地方，点和点之间的平均距离较小。根据这一原理，通过比较在点云空间范围内，一个点与另一个点之间平均距离值的大小来判断三维激光扫描点云数据的密度，再根据一定的规则，删除多余的数据点。平均点距值法的主要步骤如下：①确定扫描点云的有限空间范围，在有限范围内确定采样的立方体边长 d 和根据需求要精简的数据百分比 θ；②在采样立方体中，确定平均点距立方体，如图 2-21 所示；③分别计算点 P 到点集内任意一点 Q_i 的距离，则有

$$\left|PQ_i\right| = \sqrt{(P_x - Q_{ix})^2 + (P_y - Q_{iy})^2 + (P_z - Q_{iz})^2} \tag{2-16}$$

④求平均距离，则有

$$\bar{D} = \frac{\sum_{i=1}^{n}\left|PQ_i\right|}{n} \tag{2-17}$$

⑤实现点云数据的精简处理，根据需求定义的数据精简百分比 θ，删除平均点距值最小的数据点。

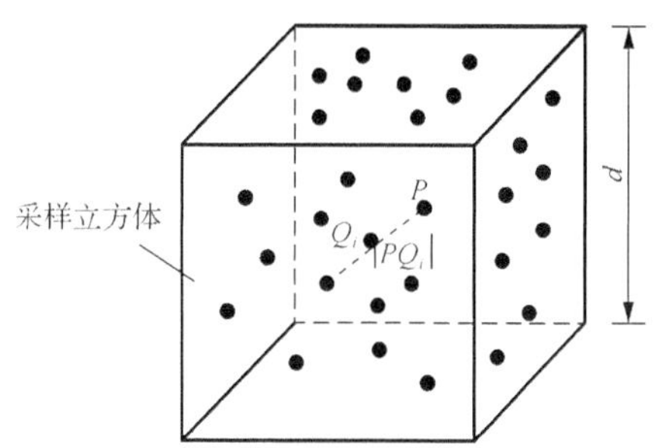

图 2-21　平均点距值法示意图

这种平均点距值精简数据的算法适用于扫描数据为大量的散乱点云的情况，但其也存在不足，即在点云密度变化很大的情况下，精简效果较差。

4. 基于曲率的压缩算法

曲率可以反映物体表面的弯曲程度，模型表面的某区域曲率越大，表明在该区域周围，模型弯曲程度越厉害，几何特征越明显；反之，模型表面某处曲率越小，表明在该区域模型越平坦。基于曲率的压缩算法在曲率大的地方可以保留更多的点，以突出模型的几何纹理细节，而在曲率小的地方则删除大多数点，达到简化点云的目的。基于曲率压缩点云能有效地保留模型中的细节特征信息，并能有效减少数据量，其缺点是在曲率小的平坦区域会去除过多的数据点易造成局部孔洞现象。

（1）基于圆的均匀曲率简化

基于圆的均匀曲率简化方法如下：首先计算点云数据中某条扫描线上各点的曲率，然后设置曲率的阈值或计算出各曲率的均匀值，只保留大于阈值或均匀曲率的点。利用三点画圆计算曲率的方法如下：

在一条扫描线上的数据点中取 3 个点 P_1、P_2 及 P_3，求 P_2 点的曲率。如图 2-22 所示，P_2 点的曲率计算公式为

$$k = 1/r = 1/\sqrt{(x_0 - x_2)^2 + (y_0 - y_2)^2} \tag{2-18}$$

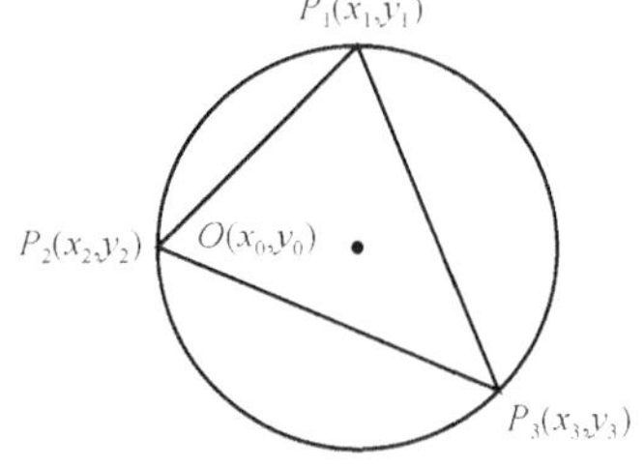

图 2-22　点的曲率计算

遍历这条线上的所有点，即可求出所有点的曲率值（除两个端点外）。根据曲率值的变化趋势，求曲率的算数均匀值 K，提取出曲率大于均匀值 K 的数据点（两端点保留），即可完成对整个点云数据的精简。

（2）混合曲率采样简化

基于圆的均匀曲率简化方法虽然简单，但是不适用于复杂模型表面。混合曲率采样简化算法适用性较强，能针对复杂模型进行曲率精简，它的算法思想如下：首先对点云数据以随机模型函数进行采样；然后对获取的采样点进行曲面拟合和曲率计算，并根据曲率大小精简点云；最后从曲率采样删除的点中均匀选取部分点云保留，对曲率较小处可进行孔洞插值。

5. 基于信息量的压缩算法

为了充分保留模型的细节特征，点云模型的数据采集多采用过采样方式，因此不可避免地引入冗余点，这里的冗余点是指对物体模型提供几何信息量较小的点。基于信息量的压缩算法主要通过点的信息量剔除点云中的冗余点，从而最大化地压缩点云模型数据量。测点 P_i 的信息量 $M(p_i)$ 可以通过下式估算[118]：

$$M(P_i)=\lambda_{\mathrm{d}}M_{\mathrm{d}}(P_i)+\lambda_{\mathrm{p}}M_{\mathrm{p}}(P_i)+\lambda_{\mathrm{c}}M_{\mathrm{c}}(P_i)+\lambda_{\mathrm{u}}M_{\mathrm{u}}(P_i)+\lambda_{\mathrm{color}}M_{\mathrm{color}}(P_i) \tag{2-19}$$

式中，$M_{\mathrm{d}}(P_i)$、$M_{\mathrm{p}}(P_i)$、$M_{\mathrm{c}}(P_i)$、$M_{\mathrm{u}}(P_i)$、$M_{\mathrm{color}}(P_i)$ 分别表示测点 P_i 与它的近邻域点 $N(P_i)$ 的空间位置的测度、局部曲面的平坦度测度、法向偏差的测度、法向矢量方向变化的非均匀性测度及颜色系统（red green blue，RGB）色差测度；λ_{d}、λ_{p}、λ_{c}、λ_{u}、λ_{color} 分别为对应的权重系数。

6. 均匀网格压缩算法

均匀网格压缩算法是空间包围盒压缩算法的扩展，最早是由 Martin（马丁）提出来的，它首先在垂直扫描方向的平面内建立一个大小相同的均匀网格；其次根据压缩比确定网格尺寸，将点云数据逐一分配到相应的网格中；再次比较各个网格中所含有的分配点；最后选择其中的中值点代表存在于这个单元网格中的所有点[119]。

7. 非均匀网格压缩算法

非均匀网格压缩算法是在均匀网格的思想基础上提出来的[120]。由于大部分激光扫描是线扫描，每次扫描的点基本上都能保证在同一个扫描面上，也就是说这些点都是共面的，并且存在明显的先后顺序。因此，可以依据扫描线上点的曲率大小（或角度偏差的大小）来分割网格，并且分割的大小不固定，从而能够保留模型的曲率特征，克服均匀网格压缩算法不能保证物体形状准确的局限性。

2.2.4 点云数据配准方法研究

地面激光扫描仪由于工作视野的限制，很难一次性获得建筑物的完整点云模型数据，需要从不同视点进行多次激光扫描来完成场景表面三维数据的采集。为构建场景的整体点云模型，需要将不同视点采集得到的点云数据进行统一的坐标转换，这项工作称为点云数据的整体配准。最常用的配准方法依托于扫描系统配套的特征标靶，通过系统自动计算圆盘形或者球形特征标靶的法向量值与几何中心坐标，并将其作为公共控制点，可以解算相邻两幅点云数据的坐标转换参数。在研究领域，主要从相邻两幅点云重叠区域特征点集相似性搜寻的角度进行分析，进而进行迭代收敛计算，获得点云模型之间的坐标转换参数，其核心内容是快速、准确地确立待配准点云数据重叠区域的同名特征对应关系。在基于点云数据的网格模型广泛应用于生产实际的背景下，针对同名特征关系在配准工作中不易自动建立的问题，以特征点集的自动搜索为研究内容，提出了一种基于网格顶点特征的点云自动配准算法。

三维点云配准又称为三维点云对齐或注册、数据配准等，其功能是将从不同视角下采集到的实物的部分三维点云（又称为多视角三维点云）进行拼接，得到一个统一坐标系下的、完整实物的三维点云。在对实物进行数据采集时，许多因素决定了无法通过单个测量设备一次完成整个实物的数据采集。例如，采集复杂形面数据时存在投影盲点或视觉死区，采集大型零件数据时受采集范围限制，也需要多次、分块进行。因此，为完成整个实物的数据采集，常把实物表面分成多个局部相互重叠的子区域。这样从不同角度分别进行数据采集，即可得到多个既独立、又部分重叠的部分三维点云。若将每一部分的三维点云看作一个刚体，则三维点云配准问题可归结为三维刚体的坐标变换问题，即根据一些预先指定的最佳匹配规则，通过坐标变换把部分重叠的三维点云配准。

三维点云的配准过程由此可以等价于在六自由度的无限连续空间内点的整体搜索问题，其求解也就可归结为相应变换关系的求解问题。根据计算得到的变换关系，可以将这些多视角三维点云对齐，从而反求出实物的整体几何形状。

综上所述，三维点云配准不仅是三维点云数据处理的核心技术，也是逆向工程中非常关键的技术之一，可以为逆向工程后序的模型重构提供基础；同时，面对体量不断增长的三维点云，研究一种快速且高效的自动配准方法，以满足实际应用的不同需求，成为三维点云配准研究的方向。

1. 三维点云配准技术研究现状

目前，根据需配准的三维点云的数量，点云配准可分为成对配准（pairwise registration）和多视角配准（multi-view registration）[121]。其中，成对配准也称为两两配准，每次只对一对三维点云进行配准；多视角配准是对多个三维点云同时进行配准，每个三维点云均为部分点云，即实物的部分视图。在实际应用中，多视角配准往往也可以通过两两配准的方式来实现，因而成对配准是三维点云配准技术的核心内容。

三维点云配准过程大致可分为两个阶段——粗配准（coarse registration）和精细配准（fine registration）[122]：①粗配准又称为全局配准（global registration），主要研究任意初始位置的一对三维点云间的全局最优配准；②精细配准又称为局部配准（local registration），研究初始位置较好的一对三维点云间细化的配准。粗配准可为精细配准提供良好的初始位置（也称为初始变换估计、初始变换参数或初始变换矩阵，通常包含一个旋转矩阵和一个平移向量），而精细配准则进一步优化了粗配准的配准结果，两者缺一不可。

基于特征的配准方法是通过一对三维点云上的几何特征量（又称为特征描述子或描述子）来进行配准，几何特征相同的点被认为是对应点，前提是用于建立对应的特征量必须在刚体变换下保持不变[123]。几何特征量可以分为全局特征和局部特征[124]。全局特征是对整个三维点云的几何属性进行编码形成一个特征集合，局部特征则只针对特征点的局部邻域的信息进行编码。

在基于全局特征的配准方面，Rusu 等提出了视点特征直方图（viewpoint feature histogram，VFH）特征量，将单位化的视点与三维点云质心的连线作为整个三维点云在质心处的法向量，依次针对三维点云内的每一个点与质心点构建 Darboux（达布）坐标系，计算出质心与任一点的几何特征，并形成直方图[125]；Aldoma 等在视点特征直方图的基础上提出了聚集视点特征直方图（clustered viewpoint feature histogram，CVFH）特征量，利用区域生长算法将整个三维点云分割为若干个子点云，然后分别针对各子点云计算 VFH 特征量，形成 CVFH 特征量[126]。

在基于局部特征的配准方面，Huber 等提出的基于旋转图像（spin image）法特征量的配准方法比较具有代表性[127]。基于该特征量的配准方法，不需要任何姿态测量硬件或手动干预，也不需要假设任何初始位置或数据集重叠的先验知识，即可完成三维点云的配准。依托于旋转图像法对遮挡、杂乱的健壮性和旋转平移不变性，该方法对杂乱且存在遮挡三维点云的配准，也能得到比较满意的效果。

根据对扫描系统自携标靶的依赖程度来划分，多视点地面激光点云数据的配准工作主要分为两种——标靶配准和基于几何特征的配准。①标靶配准主要是通过预知规则标靶的几何形态和反射特性，根据扫描得到的点云数据自动进行标靶几何中心的搜索和坐标解算，从而得到配准所需的起算数据。目前，标靶主要分为球形和圆形两种，球形标靶由于从任何角度都可以进行观测，因而应用最为广泛。②基于几何特征的配准方法不依赖标靶数据，主要是根据一定的判定准则，在原始点云数据中搜索可能的同名几何特征，并分步进行初始精确配准工作，进而得到可行度较高的配准结果。

2. 点云数据配准方法

（1）基于平面的配准

基于平面的配准是指依据相邻两个测站点云数据中距离最近的对应点求解转换参数，通过不断迭代使两个测站点云数据坐标系趋于同一坐标系的方法。该方法是目前使用最为广泛的配准方法，并且该配准方法先后被不同研究人员进行改进，适用于地形起伏较小，无大面积遮挡与自遮挡对象且相邻测站具有较高重叠率的点云数据。在外业采集时，首先选择适当的扫描位置，整平仪器，选择适合的扫描等级进行扫描，第一站作为后续配准的基准需严格整平，其余测站只需粗略整平即可。

（2）基于目标的配准

基于目标的配准分为两种：基于标靶的配准和基于点云本身特征的配准。其中，基于标靶的配准要求在相邻两测站点云数据的公共区域布设 3 个或 3 个以上的标靶，作为配准的同名点对。标靶布设的空间分布尽可能形状不规则，避免 3 个标靶位于同一直线、4 个标靶在同一平面的情况。配准过程简述如下：在 Realworks10.0 软件中，选择基于目标的配准，该配准过程可全自动配准，也可人机交互进行半自动配准。庞大的点云数据配准时间较长，若同名点对识别错误，将导致配准失败，因此建议采用手动提取标靶的半自动配准。首先对每一测站的每个标靶进行拟合建模并解算中心坐标；然后对标靶进行编号，编号原则为同一标靶在不同测站的编号相同；最后利用不同测站中的同名点对解算出转换参数，通过旋转、平移完成不同测站的点云数据正确配准。两个不同的空间坐标系相互转换需要 7 个参数，在其求解过程中，先假设基准测站和待配准测站的坐标分别为 (x',y',z') 和 (x,y,z)，则表达式为

$$\begin{bmatrix} x \\ y \\ z \\ 1 \end{bmatrix} = \begin{bmatrix} r_{11} & r_{12} & r_{13} & t_1 \\ r_{21} & r_{22} & r_{23} & t_2 \\ r_{31} & r_{32} & r_{33} & t_3 \\ 0 & 0 & 0 & 1 \end{bmatrix} \begin{bmatrix} x' \\ y' \\ z' \\ 1 \end{bmatrix}$$

式中，t_i 为平移参数；r_{ij} 为旋转矩阵的元素，i、$j=1,2,3$。

由于点云数据配准属于刚性转换，缩放因子为 1，旋转矩阵的具体形式为

$$\begin{bmatrix} r_{11} & r_{12} & r_{13} \\ r_{21} & r_{22} & r_{23} \\ r_{31} & r_{32} & r_{33} \end{bmatrix} = \begin{bmatrix} \cos\beta\cos\gamma & \cos\beta\sin\gamma & \sin\beta \\ -\cos\alpha\sin\gamma - \sin\alpha\sin\beta\cos\gamma & \cos\alpha\cos\gamma - \sin\alpha\sin\beta\sin\gamma & \sin\alpha\cos\beta \\ \sin\alpha\sin\gamma - \cos\alpha\sin\beta\cos\gamma & -\sin\alpha\cos\gamma - \cos\alpha\sin\beta\sin\gamma & \cos\alpha\cos\beta \end{bmatrix}$$

式中，α、β、γ 分别为扫描仪自身坐标系绕 x、y、z 轴的旋转角度。待配准点云通过绕 x、y、z 轴平移 t_1、t_2、t_3 和旋转 α、β、γ 可以将本测站的点云数据转换至基准点云数据坐标系下。

Realworks10.0 软件在基于目标的配准中，可以求出每个标靶的拟合误差、标靶到扫描仪的距离及在每个方向的残差，以作为标靶提取精度的衡量指标。具体操作流程如下：将所有测站的标靶提取出来并编号，检查配准报告，查看标靶的拟合精度、残差是否满足数据要求，并着重检查相邻测站公共标靶的匹配是否对应，若同名标靶匹配错误将引起配准的失败。基于点云本身的配准与基于目标的配准原理相同，但要求在相邻测站的公共区域具有明显的特征点，以便能够精确地手动选取同名点，依据配准报告可以查看手动选取同名点的配准精度，配准误差不满足要求时可以重新选取同名点，直至满足要求为止。

上述两种方法都是三维激光扫描仪多测站点云数据配准的主要方法，配准精度相对

较高，但在实际工程应用中，会受到建筑物形状复杂、地形起伏较大等因素影响。对于基于平面的配准方法，很难选择合适的扫描基准点，因为不仅要考虑与上一测站具有公共区域，还要确保与下一测站也有一定的重叠部分，并且重叠区域较小或无重叠区域将无法配准。基于点云的配准方法，不仅要求具有重叠区域，还要求重叠区域中要有明显的特征点，单纯地依靠目视解译较难评价同名点的配对精度。

（3）基于测站的配准

基于测站的配准外业数据采集需要在每测站布设不少于 3 个平面标靶，同时利用全站仪测得标靶的中心坐标，并且标靶中心坐标的采集次数不少于 3 次，以确保最优的数据质量。基于测站的配准与基于目标的配准原理类似，区别在于前者是借助碎部测量的方法测得每测站中标靶中心的点位坐标，然后与各站点云自身拟合的标靶坐标完成同名点的配对，从而求取转换参数，并且通过旋转、平移使每站点云数据都配准在事先建立的控制网坐标系下；后者则是以其中一站点云数据为基准，利用相邻测站的公共标靶构建同名点对，将待配准点云数据配准到基准点云数据坐标系下，完成点云数据的整体拼接。

基于测站的配准优点如下：不需要相邻测站间的高重叠度，可以有效地降低数据量；配准完成后点云数据所在的坐标系已转换至工程需要的坐标系，方便利用周围地形地物对点云数据质量的检查；有利于和其他形式的点云数据相结合。

（4）基于 ICP 的点云精确配准

最邻近点迭代（iterated closest point，ICP），配准方法研究工作始于 1992 年，由 Besl 和 Mckay 提出。该方法基于刚体转换模型，通过搜寻两幅点云上同名区域最近数据点集并以两点间几何距离作为目标函数对其进行反复迭代（如牛顿迭代法）计算直至收敛，以估计出相邻点云模型转换的最佳参数，从而实现相邻点云模型配准的方法[128]。张晓娟等通过定义搜寻距离对该方法进行了改进，新方法在处理点云模型中边缘点及遮蔽点时稳健性有所提高[129]。之后的研究人员尝试用自适应距离变量估计的方法来实现刚体转换模型的稳健估计，或者通过将邻域曲面法线方向作为新增阈值条件，对原有方法进行改良。

为进一步提高配准的准确性，也有学者将特征点的二阶曲率特征值和法向量共同用于构造目标函数，兼顾点和点、点到面之间的函数特征，用于改善收敛计算的准确性。ICP 方法的思路是在不考虑模型尺度的前提下，对刚体转换的 6 个参数进行估算，但有时候也会用到估算相似变换 7 参数的方法。

在 ICP 配准中，对待配准点云数据 P 、Q ，分别从中提取模型轮廓点集，设为$\{p_i\}$、$\{q_j\}$，其具体步骤如下。

1）初始设定。设定最少和最大迭代次数 n_i、n_{i+N} 收敛平均距离阈值目标函数 ε 满足最小二乘准则，以及点云模型初始坐标转换矩阵 $\boldsymbol{T}_0$ 。令 n_i 初始值为 0，此时有 $P_0 = \boldsymbol{T}_0(p_i)$，$P_0$ 为 p_i 经初始变换后的点云。

2）计算步骤。①对 P_0 中每个点 p_i 搜索其在 Q 中几何距离最近的点，建立同名点集 $P_n \Rightarrow Q_n$ 的映射关系，其中 n 表示迭代的次数；寻找互换最邻近点 P_n 和 Q_n（即同时互为最近点且距离小于 ε 时才被标注）。②根据最近点集 $P_n \Rightarrow Q_n$，计算出第 n 次迭代后两者的均方距离 D_n，进而计算得到 $P_{\varepsilon 0}$ 和 $Q_{\varepsilon n}$ 之间最小二乘意义下的三维相似转换矩阵 $\boldsymbol{T}'$。③根据转换矩阵 $\boldsymbol{T}'$，变换当前扫描坐标系下的数据点至模板点云模型坐标系下，即 $P_{n+1} = \boldsymbol{T}'(P_0)$。④计算 $P_{\varepsilon n+1}$ 和 $Q_{\varepsilon n}$ 间的均方距离 D_n'，如果 $D_n - D_n'$ 满足收敛条件或者超过设定的最大迭代次数，则停止计算，根据转换矩阵 $\boldsymbol{T}'$ 对点云模型进行配准。如果计算结果不满足收敛条件，则返回第②步，继续进行以最小二乘平均距离函数为目标的转换参数求解计算。

ICP 配准模型主要针对各种几何要素特征集（包括点、线及自由形态的参数曲面等），将距离尺度作为约束条件，通过迭代计算搜寻同名特征之间的最优几何变换关系。对于点云数据，在确立待配准两幅点云数据重叠区域的同名特征点集的对应关系后，通过在对应点集中搜索最近距离点，建立同名点之间的坐标转换关系，进而用于点集之间的坐标系转换，经过多次循环上述步骤的计算，直至点集之间的坐标转换参数满足点集之间平均距离的阈值条件。在初始估值不佳时，ICP 算法易陷入局部最优解，因此初始估值 $\boldsymbol{T}_0$ 的确定对计算结果有着重要影响；实际计算时，为加快速度，通常可以取 $\{q_j\}$ 中的全部点，取 $\{p_i\}$ 中的部分点。

ICP 方法的优点在于算法简单，缺点是配准结果对点云数据中的噪声敏感、对初始点集的选取有较高的要求，并且计算任务繁重。为加快计算进度，一些科研人员引入并行计算方法，尝试从硬件升级的角度来改进 ICP 法，并提出将点云数据分成不同的层级，通过抽稀的方法逐层减少点的数量，配准工作首先在点最少的一层进行，得到估算结果后，再利用其他层的相关数据进行更加精确的计算，以此提高迭代计算的效率，但这个方法并不能很好地处理表面结构复杂的点云数据。

潘伟等提出了一种点到面的精确配准方法，该方法是以目标点集中的点到其参考点集中对应点的切平面距离最小为条件，建立目标函数，求解转换参数[130]。这种方法可以解决不严格对应点集之间的配准问题，但该方法计算复杂，速度较慢。Besl 对 ICP 算法进行了改进，提出了一种快速 ICP 算法，新算法能够很好地实现点集之间的匹配[131]，但是该方法每一次迭代都需要计算目标点集中的点到参考点集构成三角面的最短距离，因此计算复杂，速度慢。根据 ICP 配准算法的思想，Li 和 Griffiths 提出了基于线的最近迭代算法和基于面的最近迭代算法，这两种算法首先对两个数据点集进行构线或构建三角面处理，然后根据一定的准则找到两个点集中对应的线段或对应的三角面，建立目标方程，求解旋转矩阵[132]。这两种算法对于两幅视图初始位置无任何要求，但无法实现准确配准，并且该算法的稳定性还有待于进一步验证。

张瑞乾提出了多目标多参数优化方法，与传统方法相比，可以提高数据的拼接精度[133]。孙世为等提出了基于 ICP 算法局部相对整体的拼合算法，该方法可实现任意点云的拼合，相对于传统的点对点拼合，它的效率和精度更高[134]。此外，胡少兴等对 ICP

算法进行了改进，通过渐进的方式实现大型文物三维数据快速拼接[135]。戴玉成和张爱武根据激光扫描数据的分布特点和在对 ICP 配准算法研究的基础上，提出了一种新的点云配准的方法，具体如下：首先选择特征点对点云进行粗配准；然后根据特征点确定出点云重叠区域的子集，在重叠区域子集上利用 ICP 算法进行点云精确配准；最后实现点云数据的快速精确配准。经试验验证，该方法能够快速精确实现大场景中多视点云扫描数据配准[136]。

2.2.5　点云数据拼接

利用三维激光扫描技术扫描被测物体时，由于扫描角度等因素影响不可能一次性获取被测物体完整的点云数据，需要设置多处扫描仪站点进行扫描工作。但是扫描设备在每一个站点扫描时，都是以扫描仪中心为坐标系的，因此获取的点云数据都是相对坐标系下的三维坐标。

在实际测量中，受以下客观条件的影响，对同一物体测量得到的多片数据具有不同的基准，在建模之前需要进行点云拼接。

1）物体的几何形状复杂，测量仪器不能一次完成整个表面的测量工作，需要从多个角度实现对物体表面的完整测量。

2）物体测量过程中需要固定或夹紧，因此仅通过一次测量不能获取物体表面的全部数据，需要单独对固定或夹紧的部分进行测量。

3）物体尺寸庞大，超出测量仪器的测量行程，需要进行多次分片测量。

点云拼接技术按拼接过程可分为粗拼接和精确拼接。其中，粗拼接将不同坐标系下点云大致对准到同一坐标系下，主要应用于对精度要求不是很高的场合，或是为精确拼接提供初始值；精确拼接通过迭代优化一组坐标变换参数，实现拼接误差的最小化。精确拼接最佳效果不仅要求拼接误差尽量小，而且拼接后点云重叠区域应当尽可能地均匀渗透，即有很好的曲面质量，以利于后续的曲面建模。

因此，点云的拼接工作是点云数据处理中不可或缺的一部分，高精度的拼接点云对点云的质量有着直接的影响。点云的拼接一般包括点云的旋转、平移等操作。拼接方法一般为标靶拼接或者特征点拼接，其中标靶拼接的精度远远大于特征点拼接。

标靶拼接是点云拼接方法中精度较高的一种，通过在不同组点云中放置标靶，实现点云拼接的目的。标靶拼接要求在扫描时两组点云都有标靶，且至少有 3 个。在点云拼接过程中，一般扫描设备自带的软件可以自动识别标靶的中心点，因此具有很高的拼接精度。

本章以 Leica C10 激光扫描仪为例，来介绍标靶拼接的过程。图 2-23 所示为某厂房角落标靶在两站点云中的放置图。由图可以看出，现场在指定位置安放了 4 个球形标靶，分别是 S1、S2、S3 和 S4。后期点云处理软件 Cyclone 可以自动识别点云数据中的球形标靶，实现不同站点数据的全自动拼接，并且拼接精度为 0～2mm。图 2-24 所示为某厂房两站点云的标靶拼接完成图。

图 2-23　某厂房角落标靶在两站点云中的放置图

彩图 2-23

彩图 2-24

图 2-24　某厂房两站点云的标靶拼接完成图

2.2.6　特征提取

为了降低冗余数对数据管理、认知与后处理等操作所带来的不良影响，同时也为了在数据认知过程中尽可能发挥人的主观判断能力的作用，国内外学者在基于点云数据的特征提取方面做了大量的工作。

根据各方法所采纳的特征提取策略的不同，现有的基于点云的特征提取算法可以分为以下 3 类：基于边、面的方法及基于边和面的混合方法。

1）基于边的特征提取方法认为采样点的法矢或曲率的突变是一个区域与另一个区域的边界。这方面的研究成果主要如下：王永波和盛业华提出基于曲率极值和邻域边链的特征提取算法[137]；Zhang 等提出基于邻接图的点云数据特征提取算法[138]；Pauly 等提出基于主成分分析和最小生成树的点云数据特征提取算法[139]，该算法通过相邻顶点数目实现对特征进行多尺度分析的操作算子，加强了算法的抗噪声能力。

2）基于面的特征提取方法将具有相似几何特征的采样点划分为同一区域，在区域划分的基础上实现采样点边界特征的提取，根据误差度量准则的不同，又可进一步细分为基于曲面法矢、曲率相似性的方法[140]和基于拟合误差控制的方法[141]。这方面的研究成果主要如下：Koh 等提出基于自组织特征映射（self-organizing feature map，SOFM）神经网络的点云数据边界特征提取算法[142]；Alrashdan 等认为法矢方向发生突变的点就是边界点，并利用神经网络方法实现边界特征点自动提取[143]；刘雪梅等针对 SOFM 用于数据分区时需要预先指定分区数目的局限性，提出基于多层自组织特征映射神经网络实现点云数据分区算法[144]；杨客等提出基于八叉树分割成相互覆盖的子域的提取算法[145]；单东日和柯映林提出基于曲面拟合误差控制的点云数据二次曲面特征提取算法[146]；柯映林和范树迁通过建立基于空间栅格的边界提取模型，研究具有线性时间复杂度的种子边界栅格识别和生长算法，基于空间拓扑构型推理算法实现了从点云数据中直接获取边界信息[147]。

3）Yokoya 和 Levine 提出了基于边与面混合特征的提取方法，其主要思想如下：利用双二次曲面拟合测量数据点集，计算采样曲面在各采样点处的高斯曲率和平均曲率，通过这两个参数进行初始区域分割，并用基于边的方法对初始分割区域进行边界提取[148]。

2.2.7　曲面重构

元宇宙概念的提出让人们对数字化的世界充满了期待，三维重建技术作为“现实世界的数字化工具”，显得尤为重要。从重建的规模来看，三维重建技术主要应用于小型三维物体重构和大规模三维场景重建，而目前的难度主要集中在室外大规模的重建。从获取的信息类型来看，三维重建技术获取几何信息的方式主要是二维图形图像和三维点云数据，相比图像而言点云数据更能表征真实空间。点云的精细度和准确度决定着三维模型的质量，因此点云技术与三维重建密不可分。

点云技术在三维重建中扮演着模型主体搭建的重要角色，同时三维建模也离不开后期精细化的处理。以 RGB 深度图像（RGB & depth map，RGB-D）相机采集点云数据为例，对点云三维重建流程简单总结如下。

1）将 RGB-D 相机获取的空间点云数据和色彩强度数据进行整合并以工程化的方式管理和输出。

2）利用点云库（point cloud library，PCL）技术（一个用于三维点云处理的模块化跨平台开源 C++编程库）对点云数据进行预处理，包括去噪、分割、滤波、配准、采样等操作，输出特征明显、数据精简的点云。

3）点云数据网格化，即使用一系列的网格来近似拟合点云，一般使用三角网格和四边形网格，这一步骤实现了三维表示形式上点云到网格的转化。

4）全景纹理贴图，将 RGB-D 相机采集的色彩和纹理信息映射到网格模型上，进行精修美化，输出逼真的三维模型。

在生成的网格数据的基础上，拟合生成曲面，完成对象的曲面重构。曲面造型较常用的有贝塞尔曲面、非均匀有理 B 样条曲面等。图 2-25 所示为网格数据生成的 NURBS 曲面模型。

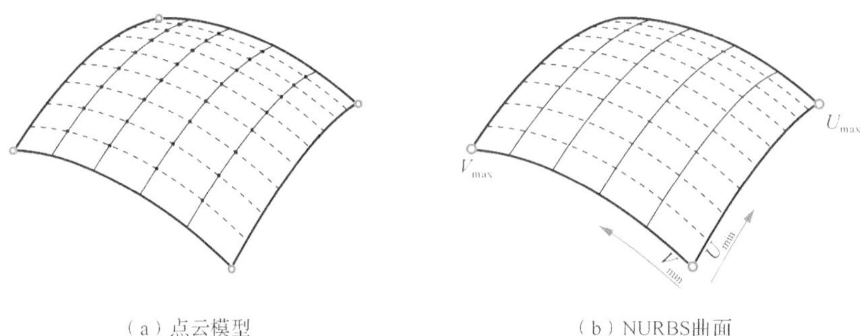

（a）点云模型　　（b）NURBS曲面

图 2-25　网格数据生成的 NURBS 曲面模型

在点云的数据处理方面，国际上已研究出较成熟和商业化的软件，如 Geomagic Studio、Imageware、UG 及 Pro/E 等。上述软件有各自的处理模块，用户可根据需求在软件中实现对点云数据的配准、压缩、格网生成及优化、NURBS 曲面生成等一系列处理，还可以生成多种格式的数据文件。后述内容中，将应用较广的一种商业软件和一种开源软件加以介绍，并结合实例介绍点云数据处理功能。

第 3 章　点云数据处理的常用软件

3.1　Leica Cyclone 软件

3.1.1　Leica Cyclone 简介

Leica Cyclone 是由德国徕卡公司开发的图像模型渲染类软件，软件携带了多样化的模型样式基底，可以比较迅速地转换流程。对接计算机系统的图形处理器不仅可以加快成品模型图像的内容输出，还会对相关数值做进一步的改良测试，是一款综合应用性很强的点云数据处理软件；同时可以兼容扫描仪、无人机、移动测量、手持扫描仪等多种来源的数据，其强大的点云引擎和丰富的 CloudWorx 插件，为数据在不同领域的灵活应用提供有力保障。Leica Cyclone 整套方案广泛适用于文化遗产保护、考古、刑侦、交通、电力、测绘等领域。

3.1.2　Leica Cyclone 功能及基本操作

Leica Cyclone 初始界面如图 3-1 所示。启动 Leica Cyclone 导入数据后，用户界面如图 3-2 所示。

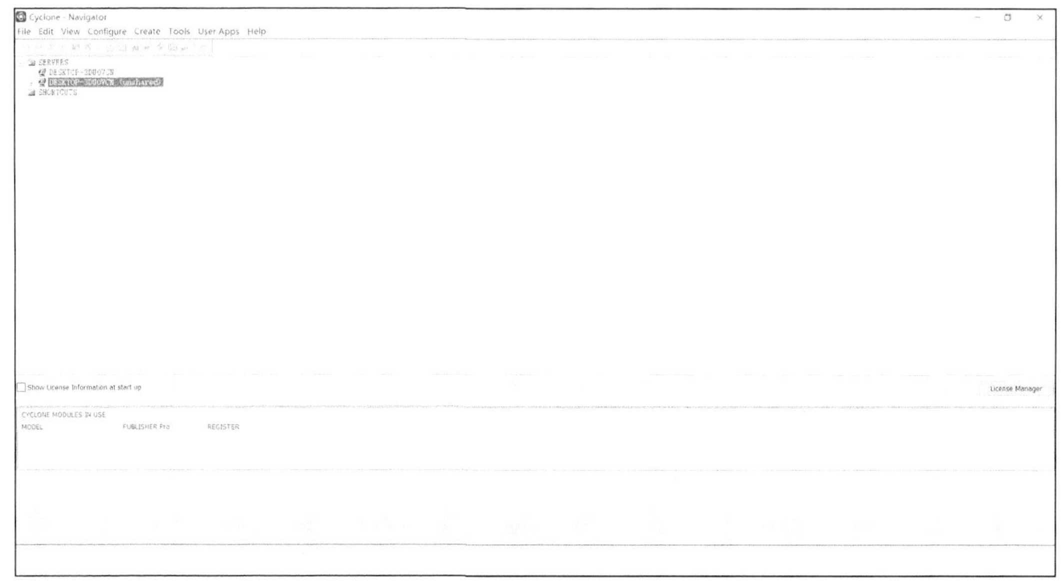

图 3-1　Leica Cyclone 初始界面

图 3-2　用户界面

Leica Cyclone 软件的工具栏中自动加载了常用的点云查看及选择等命令，见表 3-1。

彩图 3-2

表 3-1　常用命令

图标	名称	功能
	视图模式	控制点云的浏览状态
	搜索模式	设置点云浏览的旋转中心
	选择/多选工具	选择点云及其他属性对象
	正交/透视/全景浏览视图	转换视图
	着色选项	使用真彩色点云
		假彩色点云/灰度点云（图 3-3 和图 3-4）
	像素值选项	增大/减少像素值（图 3-5 和图 3-6）
	加载点云数量选项	减少点云数量（图 3-7 和图 3-8）
	显示扫描仪设站位置选项	显示扫描仪设站位置（图 3-9）

图 3-3　假彩色点云图

图 3-4　灰度点云图

彩图 3-3

彩图 3-4

图 3-5　像素值增大后的点云

图 3-6　像素值减少后的点云

彩图 3-5

彩图 3-6

图 3-7　点云数量全部加载

图 3-8　点云数量加载 40%

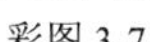
彩图 3-7

彩图 3-8

图 3-9　基于扫描站点的浏览模式

1. 点云的拼接与预处理

彩图 3-9

（1）点云的拼接

点云的拼接是通过一定的约束条件将多站点扫描数据配准到统一坐标系中的过程，拼接完成后将得到一个项目的完整点云。

在 Cyclone（飓风）初始界面中，选择“Creat（创建）”→“Registration（配准）”命令；如图 3-10 所示，或者选择工程文件，右击，选择“Creat”→“Registration”命令，如图 3-11 所示。

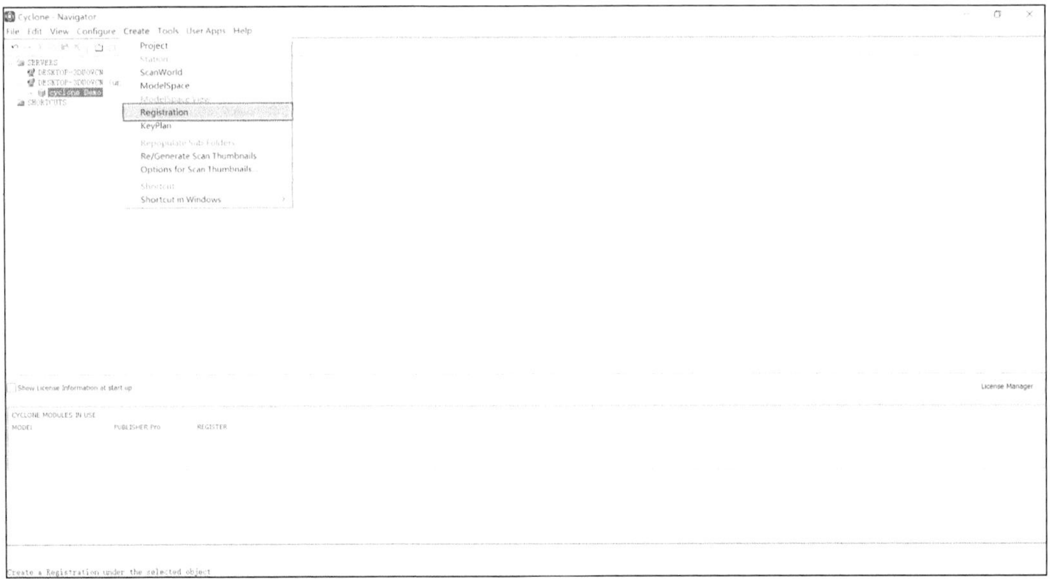

图 3-10　通过菜单栏选择“Registration”命令

（a）右击工程文件选择“Registration”命令

（b）建立 Registration 1 文件

图 3-11　右击工程文件选择“Registration”命令并建立 Registration 文件

Registration 是把多个不同的 ScanWorld（扫描单站）拼合在一起，生成一个单一的坐标系统的过程。初始的坐标系统是由指定的其中某一个独立的扫描仪的位置和方向决定的。当拼接完成后，多个 ScanWorld 被合并到一个新的 ScanWorld 中。

双击创建的拼接，进入拼接主页面，如图 3-12 所示。

执行“ScanWorld”命令，在下拉菜单中选择“Add ScanWorld（添加扫描单站）”命令，或单击 按钮进入扫描单站（ScanWorld）添加界面，选中需要进行拼接的单站扫描文件，单击“OK”按钮，如图 3-13 所示。

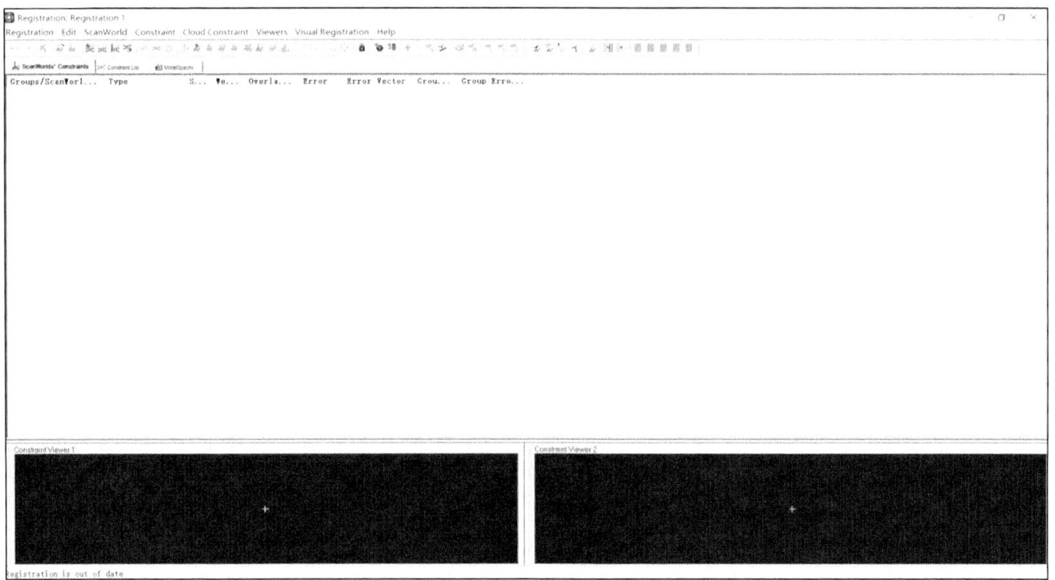

图 3-12　拼接主界面

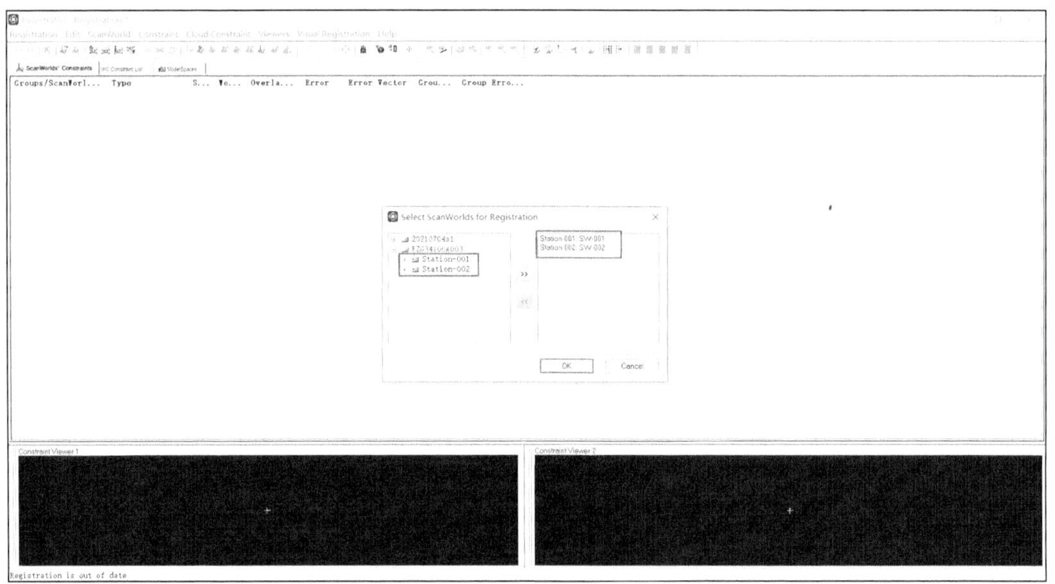

图 3-13　扫描单站添加界面

1）基于标靶的拼接。

需要进行拼接的所有单站数据会在“Registration”菜单的“ScanWorlds’ Constraints”选项卡中显示（图 3-14）。其中，“Station-001: SW-001(Leveled)”为黑体加粗显示，是本次拼接中的主页扫描（Home Scan），即所有其余站点的数据均以此站数据为基准进行拼接。如需更改主页扫描，选中需要进行设置的扫描站点，在菜单栏中选择“ScanWorld”→“Set Home ScanWorld（设置主页扫描单站）”命令，如图 3-15 所示。

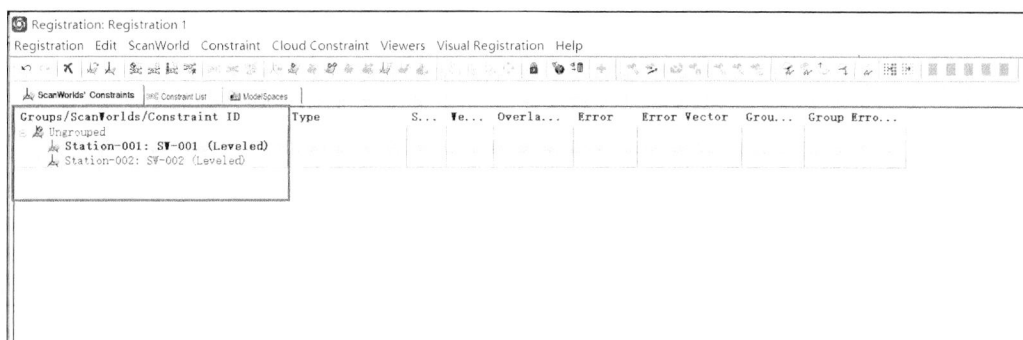

图 3-14　单站数据显示界面

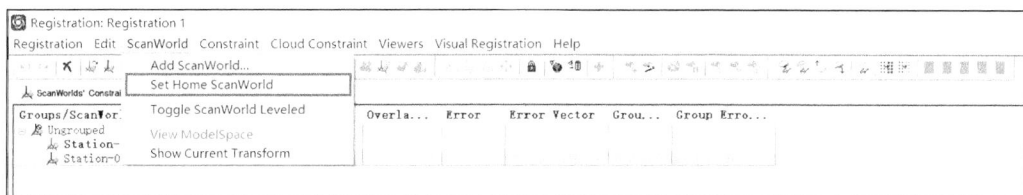

图 3-15　设置主页扫描单站界面

在 Registration 1 文件中导入扫描站点，并设置完成 Home Scan，在菜单栏中选择“Constraint（约束）”→“Auto-Add Constraints（Target ID only）[添加约束（仅目标 ID）]”命令。如图 3-16 所示。

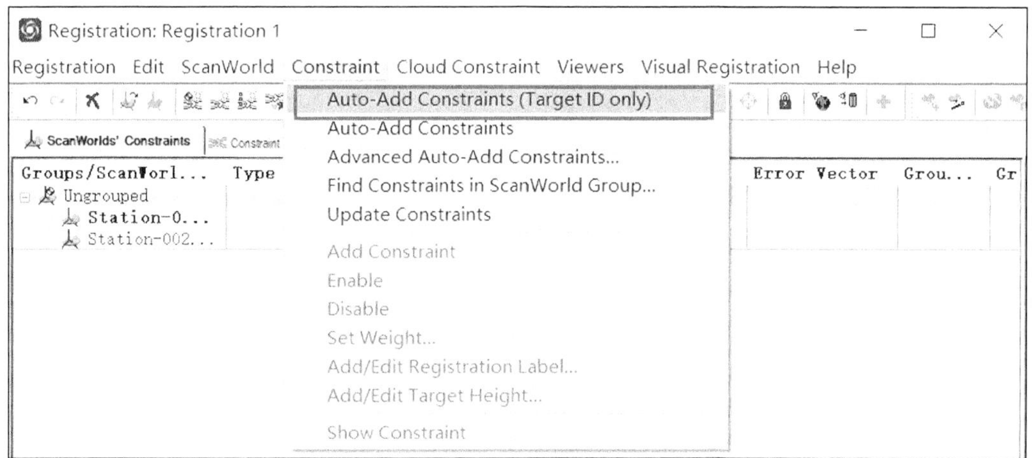

图 3-16　创建约束条件界面

选择完毕后，在“Constraint List（约束列表）”选项卡中会显示通过公共标靶自动创建的站点与站点之间的约束条件，如图 3-17 所示。

完成上述操作后可进行标靶的自动拼接，选择“Registration”→“Register（配准）”命令，将完成拼接并显示站与站之间所有约束条件下的整体误差及在各方向上的误差，如图 3-18 所示。在此状态下选中所有的约束条件，右击，选择“Show Diagnostics（显示诊断）”命令，可将拼接报告以文本的形式进行统计并导出。

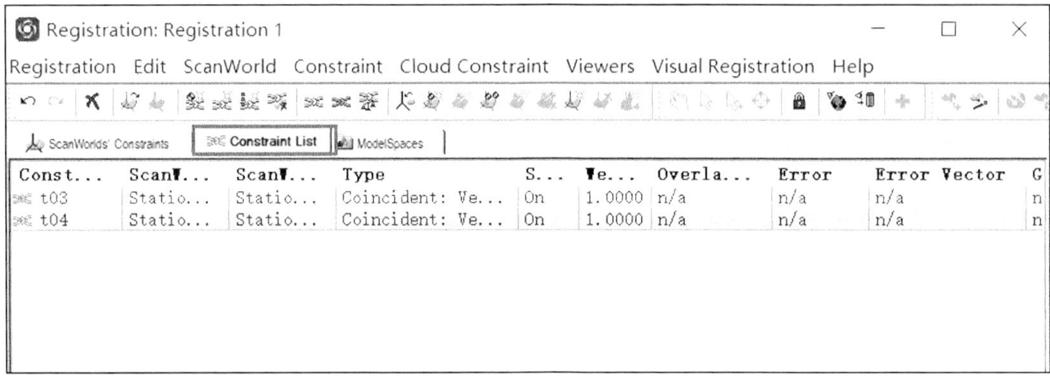

图 3-17　约束条件结果

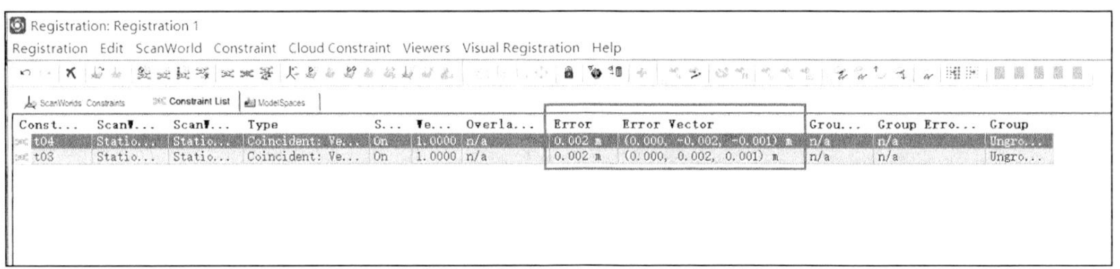

图 3-18　整体误差及在各方向上的误差结果

在接受显示的误差后，选择“Registration”→“Create ScanWorld/Freeze Registration（创建扫描单站/冻结注册）”命令，创建基于拼接的新 ScanWorld，并对拼接进行冻结，如图 3-19 所示。

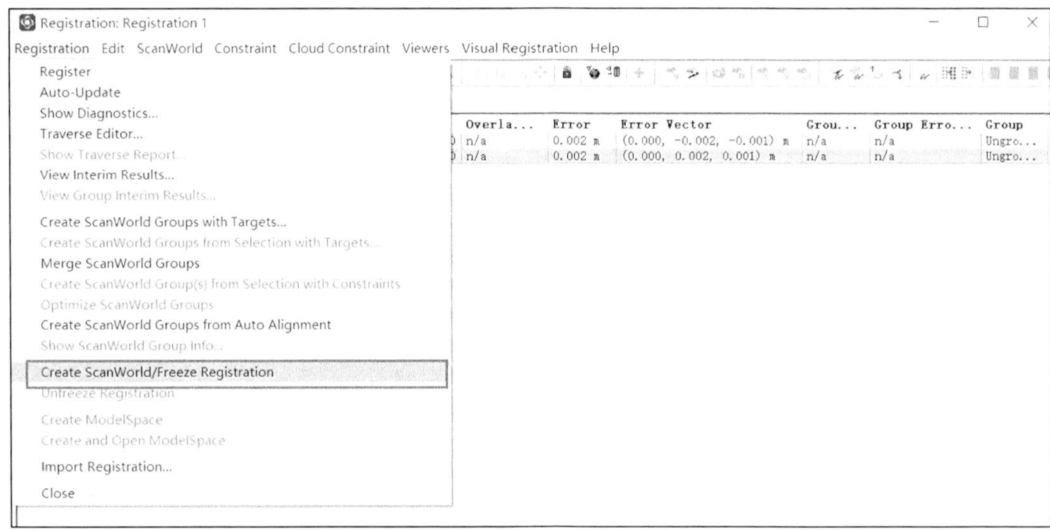

图 3-19　执行创建扫描单站/冻结注册命令界面

继续选择“Registration”→“Creat and Open ModelSpace（创建和开放模型空间）”命令，如图 3-20 所示，打开视图，即为拼接完成的点云，如图 3-21 所示。

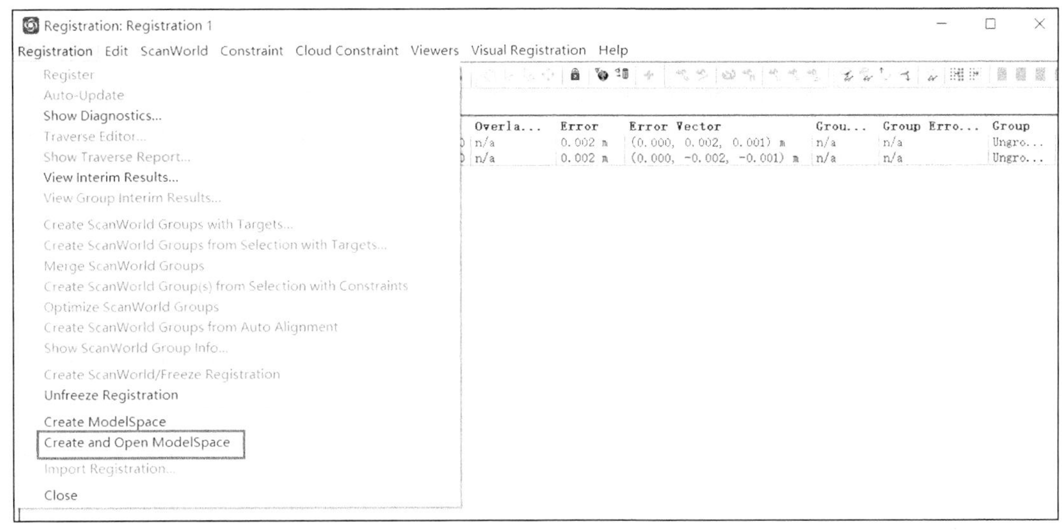

图 3-20　执行创建和开放模型空间命令界面

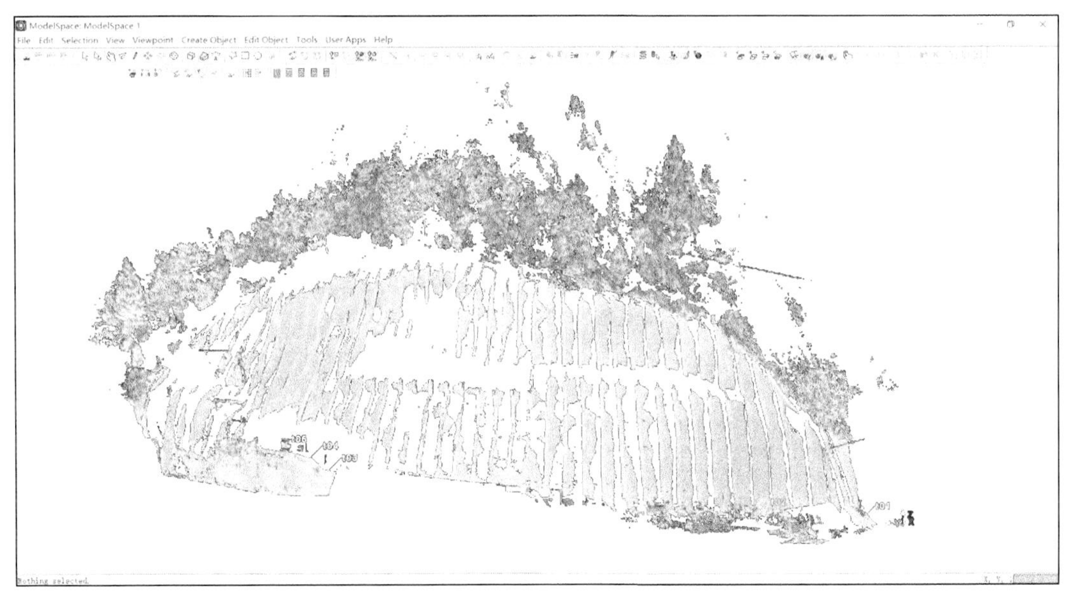

图 3-21　拼接完成的点云视图

2）基于点云的视图拼接。

彩图 3-21

基于点云的视图拼接是指利用站点之间扫描的公共区域进行的半自动拼接。在新建的 Registration 1 文件中导入扫描站点，设置好 Home Scan，选中 Station-001 与 Station-002，选择“Visual Registration（视觉配准）”→“Visual Alignment（视觉配饰）”命令（图 3-22），进入两站的虚拟对齐操作界面，如图 3-23 所示。

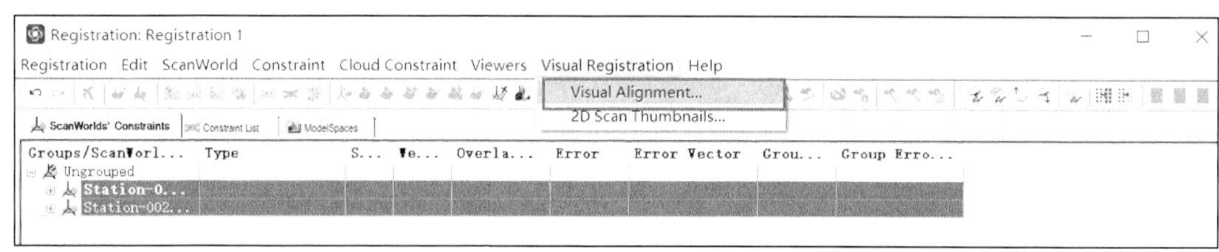

图 3-22　执行视觉配饰命令界面

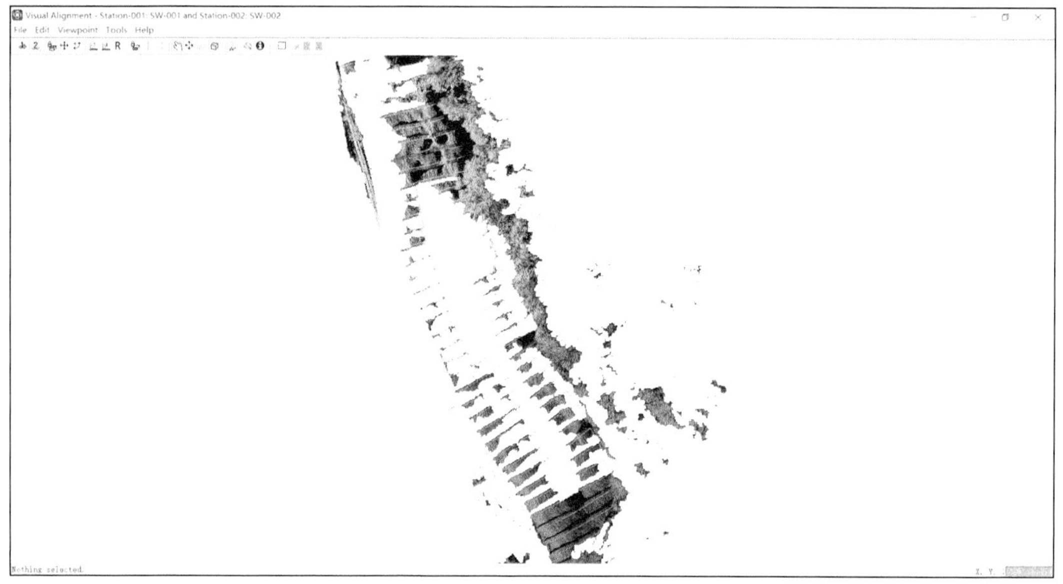

图 3-23　两站虚拟对齐操作界面

该界面的浏览方法与 Cyclone 点云浏览界面一致，界面中的蓝色与黄色两组点云代表需要进行拼接的两站数据，其中黄色点云为基准数据，蓝色点云为需要进行配准的数据。表 3-2 为该界面工具栏的说明。

彩图 3-23

表 3-2　Visual Alignment 界面常用命令说明

图标	功能
	俯视图锁定
	俯视图状态下的平移
	俯视图状态下的旋转
	侧视图锁定
	侧视图状态下的上下移动
	透视视图与正交视图
	优化约束条件
	视图拼接英文帮助文件

在俯视图状态下，找到一处两站扫描数据的公共点，通过平移的方式将蓝色点云平移，并与黄色点云同一位置重合，检查完毕，单击“Optimize Constraint（优化约束）”按钮，优化约束条件，得出优化误差，如图 3-24 所示。

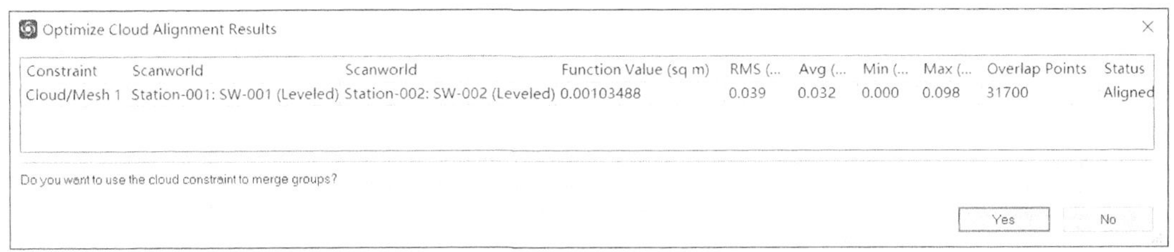

图 3-24　优化误差结果

这样在 Station-001 和 Station-002 之间就创建了一个通过点云视图对齐得到的约束条件，如图 3-25 所示。

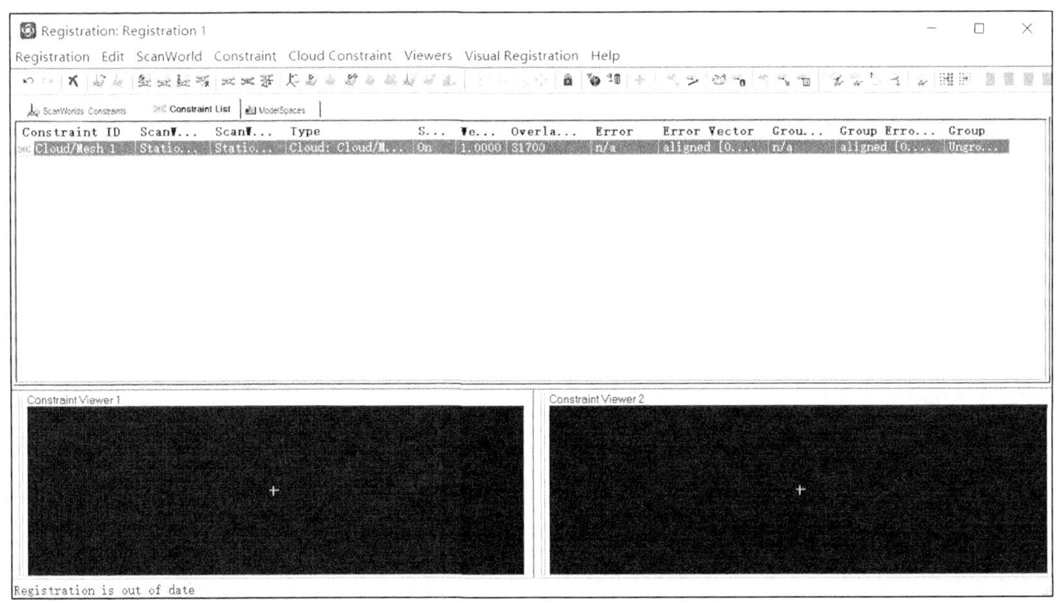

图 3-25　创建约束条件界面

（2）点云的预处理

1）点云的分割与合并。

点云的分割本质上是将一片完整的点云划分为若干个点云的子集，便于后期基于点云的成果处理和数据的分类、导入、导出。

打开 ModelSpace 1 View 1（模型空间 1 视图 1），在 Pick Mode（选择模式）下选中一块点云，选择 Fence Mode（栅栏模式），框选一块点云，如图 3-26 所示。选择“Create Object（创建目标）”→“Segment Cloud（点云切割）”→“Cut by Fence（栅栏分割）”命令，如图 3-27 所示。点云切割完成后的效果如图 3-28 所示。

需要注意的是，精确地切割点云的前提是需要从多个不同的视角中进行操作点云的选择，以免意外删除前面或背后的有用点云。

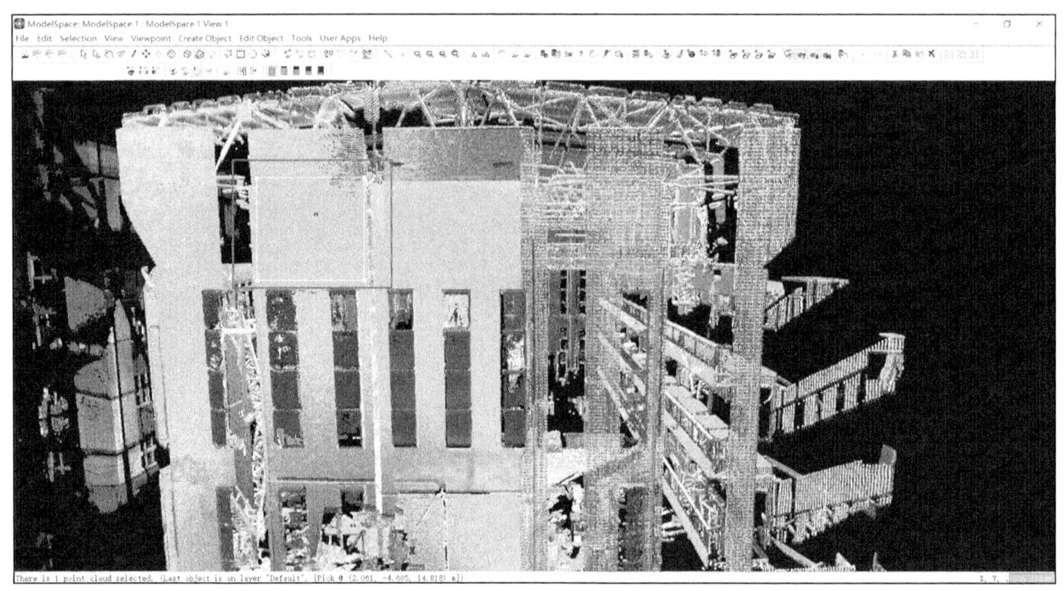

图 3-26　框选切割点云

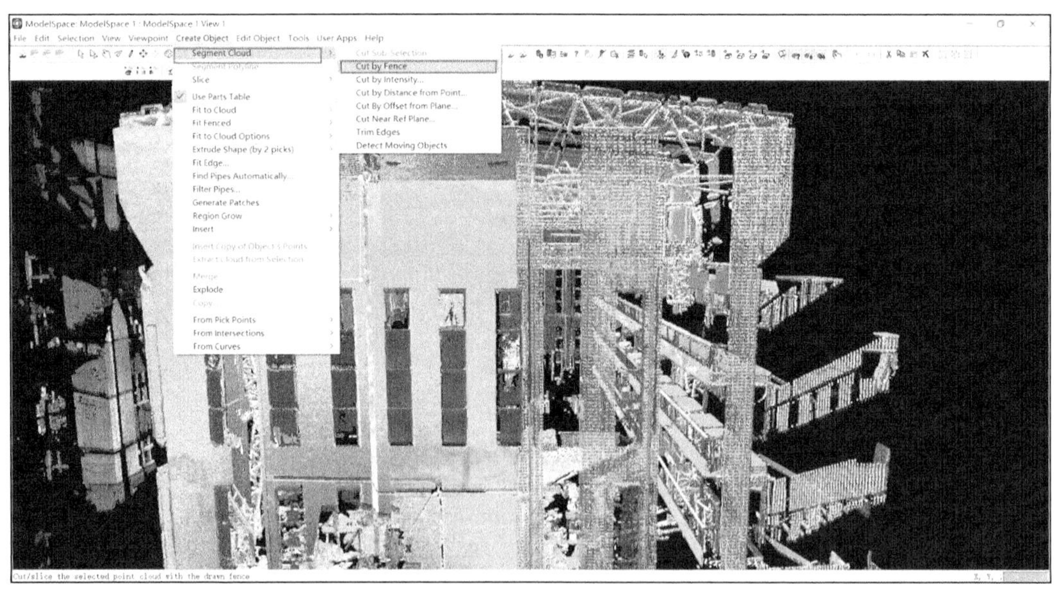

图 3-27　执行点云切割命令界面

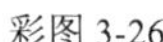
彩图 3-26

彩图 3-27

图 3-28　点云切割效果图

彩图 3-28

选择“Multi（多种）”→“Pick Mode（选择模式）”命令，选中各独立的点云，选择“Create Object（创建项目）”→“Merge（合并）”命令，进行点云的合并，如图 3-29 所示。

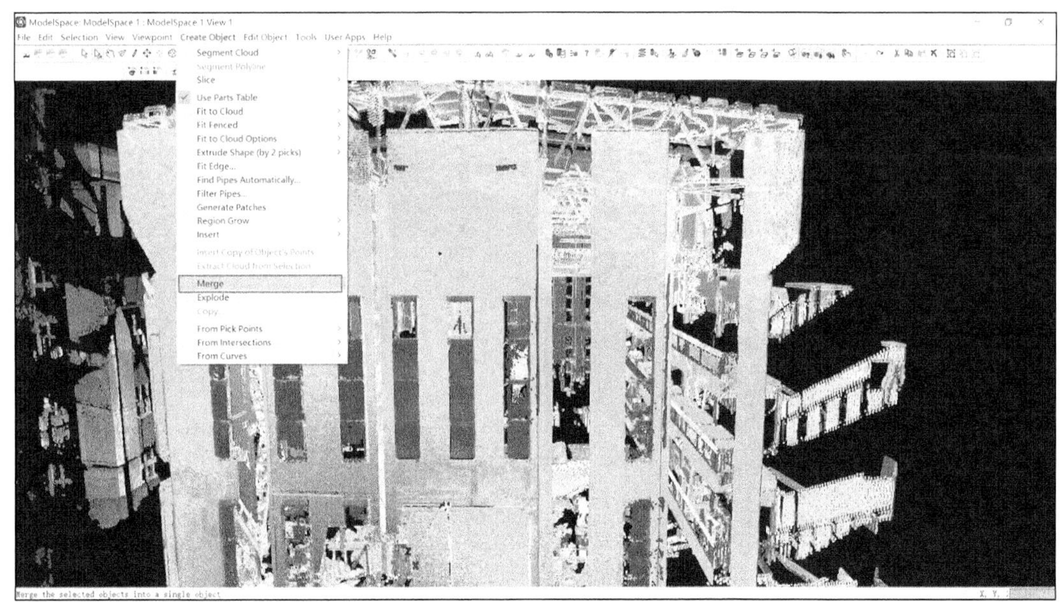

图 3-29　执行点云合并命令界面

彩图 3-29

2）点云去噪。

点云去噪是点云的一种优化过程。扫描仪的原始点云中往往包含若干对于成果处理有不良影响的点，去噪就是通过一定的处理手段，使有效点保留、无效点删除的过程。

利用框选工具选中需要进行删除的点云，右击，选择“Delete Inside（内部删除）”命令，如图 3-30 所示。删除后的效果如图 3-31 所示。

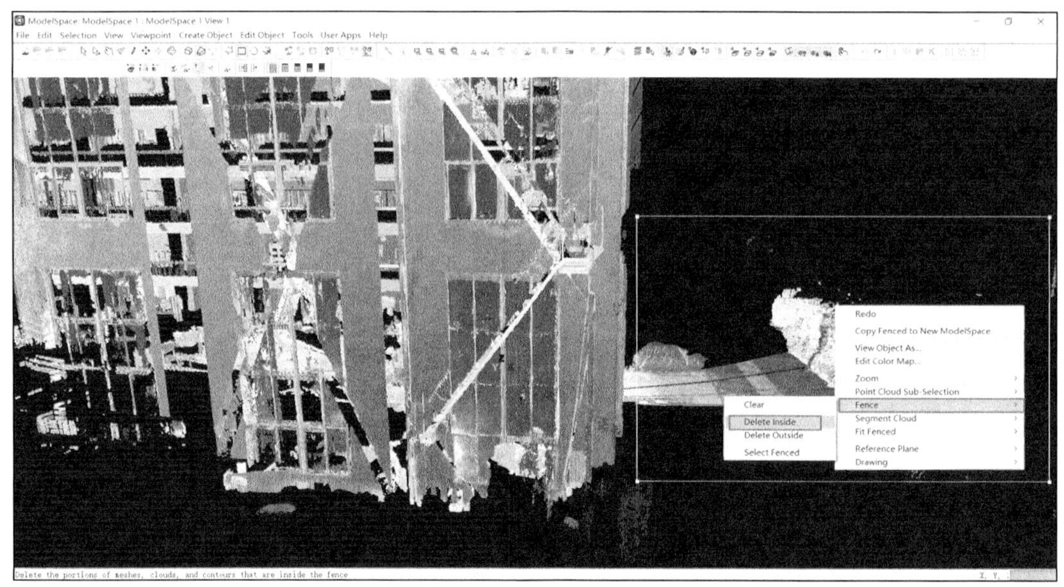

图 3-30　执行删除部分点云命令界面

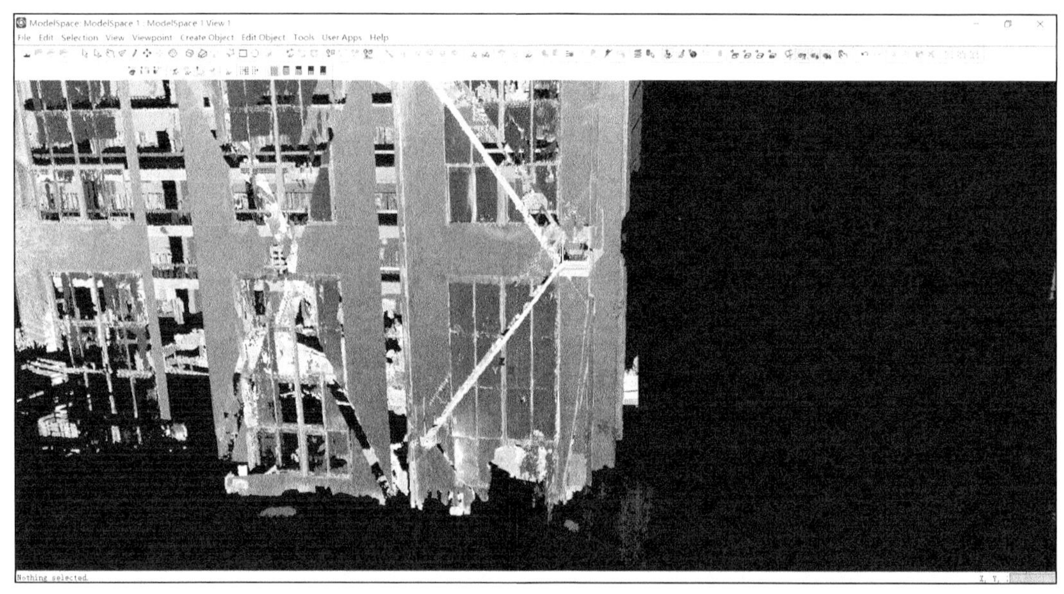

图 3-31　删除部分点云后的效果图

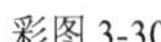

彩图 3-30

彩图 3-31

对于一些角度或位置特殊的点云，采用 Limit Box（限制盒）进行细部数据去噪，利用“Set Limit Box by Fencing（通过围栏设置限制盒）”命令进行设置，如图 3-32 所示。选中需要去噪的中心位置，向外拖动鼠标，此时点云只显示 Limit Box 中的部分，如图 3-33 所示。利用框选工具选中后，右击，选择“Delete Inside”命令，删除完毕，选择“View”→“Limit Box”命令，回到删除后的 ModelSpace 1 View 1 页面，如图 3-34 所示。

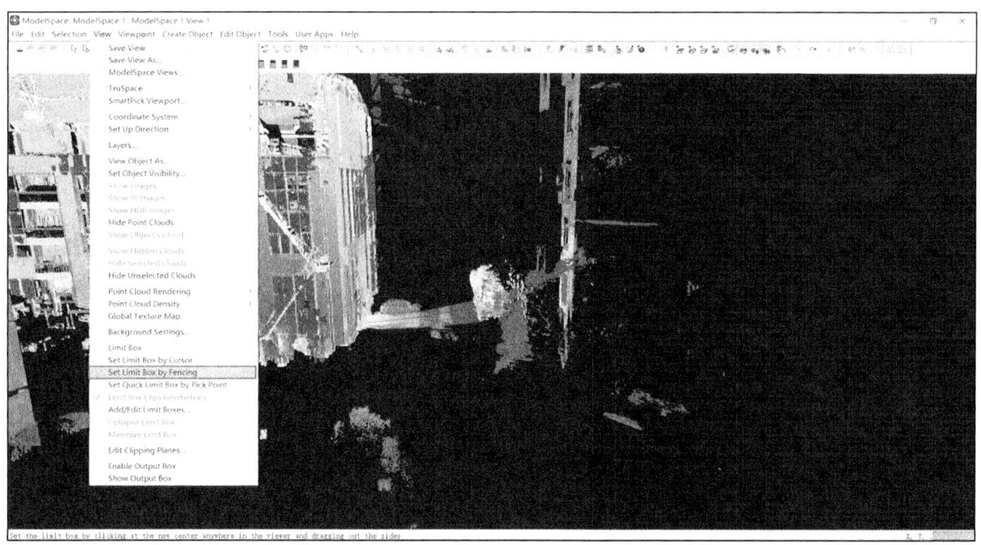

图 3-32　执行“Set Limit Box by Fencing”命令界面

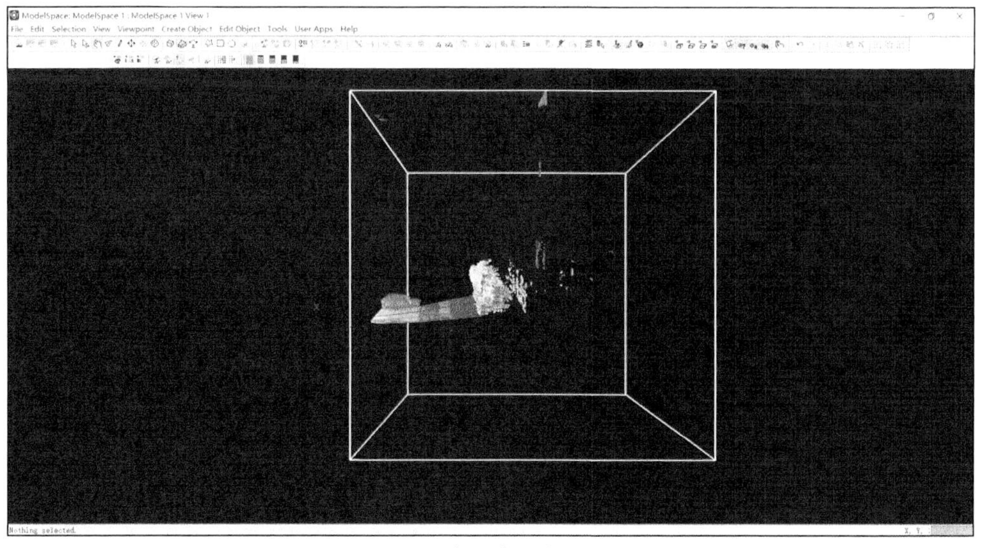

图 3-33　去噪中心位置视图

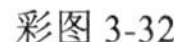

彩图 3-32

彩图 3-33

图 3-34　去噪后模型空间视图

彩图 3-34

2. 点云建模与编辑

建模是指将 3D 的点云数据转换成 CAD 模型的过程。在 Cyclone 软件中，建模是指利用点云进行精确计算、拟合的过程，即通过不同的点云选取和定义方式，使用拟合或者人工定义的方法进行模型的创建。例如，选择一个管道的表面点云，执行软件中的命令，可以自动拟合管道，生成 CAD 格式。

（1）点云的模型拟合

彩图 3-35

对选中的正片点云进行拟合，经计算得出理论上最精确的模型成果，该过程可以利用内嵌的选项生成实现。拟合点云首先需要选取特定位置的点云数据，以图 3-35 所示拟合地面为例，首先使用点云框选工具

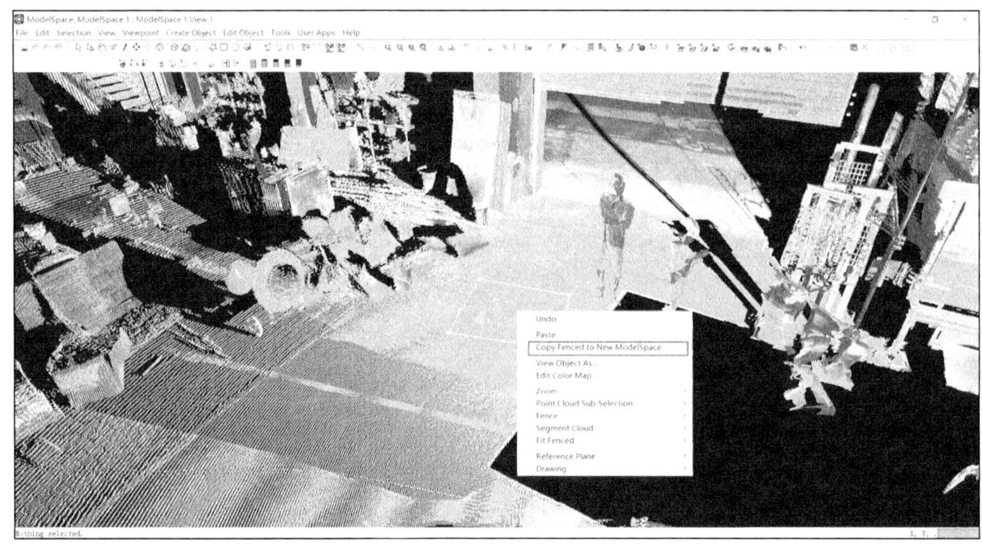

图 3-35　点云框选

，框选地面点云数据，并复制到新的 ModelSpace 中，选择“Patch”命令，即可根据点云生成平面。图 3-36 所示为拟合生成的平面。

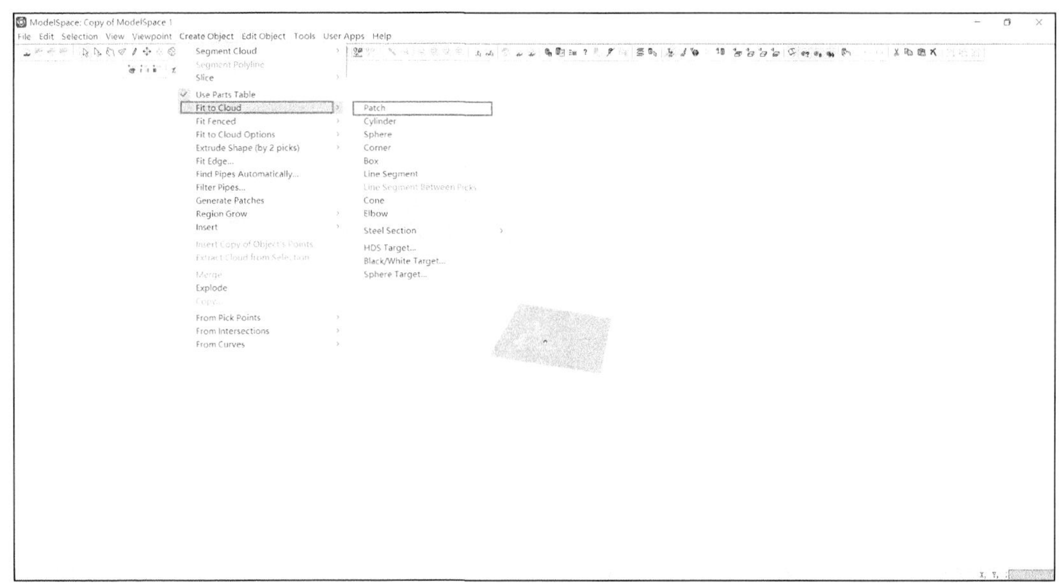

（a）执行“Patch”命令界面

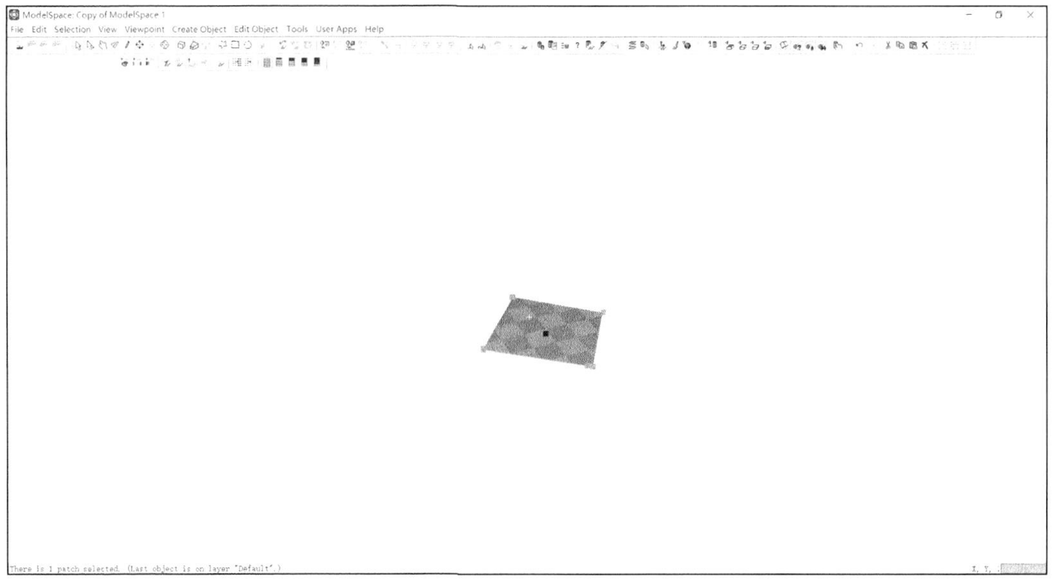

（b）拟合生成的地面

图 3-36　拟合生成地面过程

关闭新的 ModelSpace，并在弹出的“Closing ModelSpace Viewer（关闭模型空间视图）”对话框（图 3-37）中删除此 ModelSpace，然后将所做的修改融合到原有的 ModelSpace 中，如图 3-38 所示。

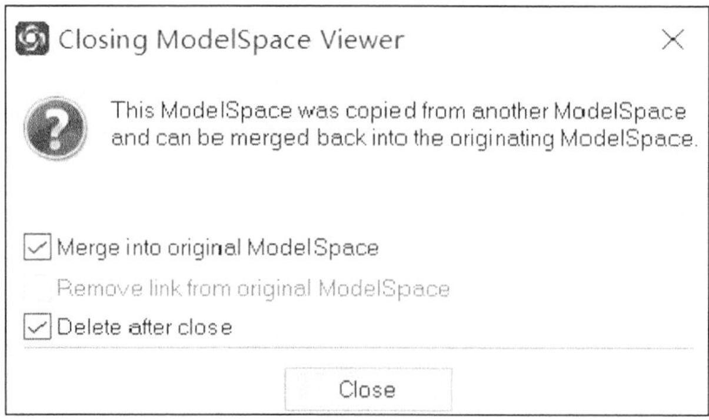

图 3-37　“Closing ModelSpace Viewer”对话框

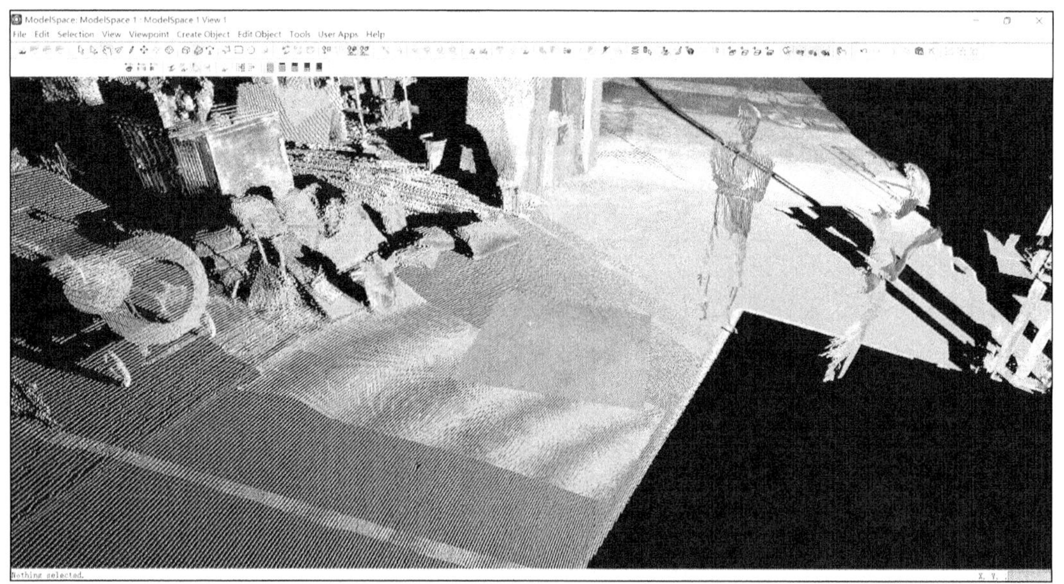

图 3-38　将所做修改融合到原有的 ModelSpace

（2）区域生长

彩图 3-38

区域生长是点云拟合的另外一种过程，通过单选或多选工具选中需要创建对象的数据点，执行软件命令会根据选择的范围拟合需要创建的属性模型，一个片面或一个圆柱的区域生长不是点云优化的过程，只是沿点云计算的过程。即使在不同的点云块上选取点，区域的生长也会通过所有选择的点来计算，寻找区域内关联的点。以图 3-35 所示的地面为例，选中地面上的点云。在弹出的对话框中设定平面拟合参数，如图 3-39 所示。一般情况下，使用默认设置，其中“Thickness Tolerance（厚度公差）”用于定义拟合为物体时需要的点云的厚度；参数“Maximum Gap to Span（最大间隙跨度）”用于定义生成模型时，点云越过的最大值。图 3-39 所示为区域生长后的点云，图 3-40 所示为地面平面模型。

图 3-39　区域生长后的点云视图

图 3-40　地面平面模型

（3）模型插入

模型插入是指脱离于点云的模型创建，利用软件功能在指定的位置插入对象。以 Cylinder（圆柱体）为例，也可以选取不同属性对象，进行其他模型的创建。选中需要插入模型位置的点云（图 3-41），在弹出的对话框中修改大小、位置等参数，建立模型（图 3-42）。

彩图 3-39

彩图 3-40

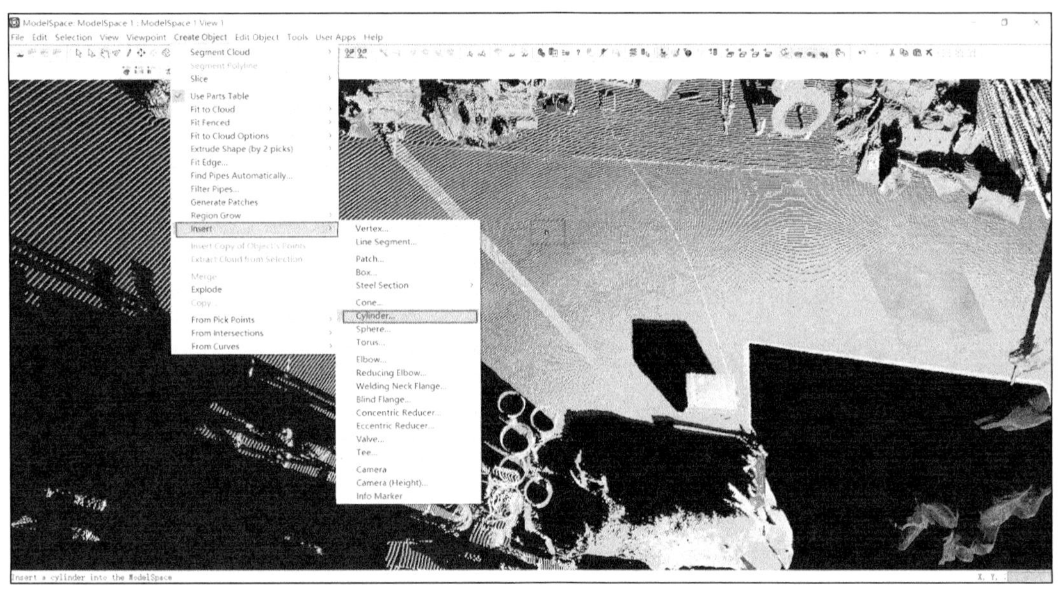

图 3-41　模型插入命令界面

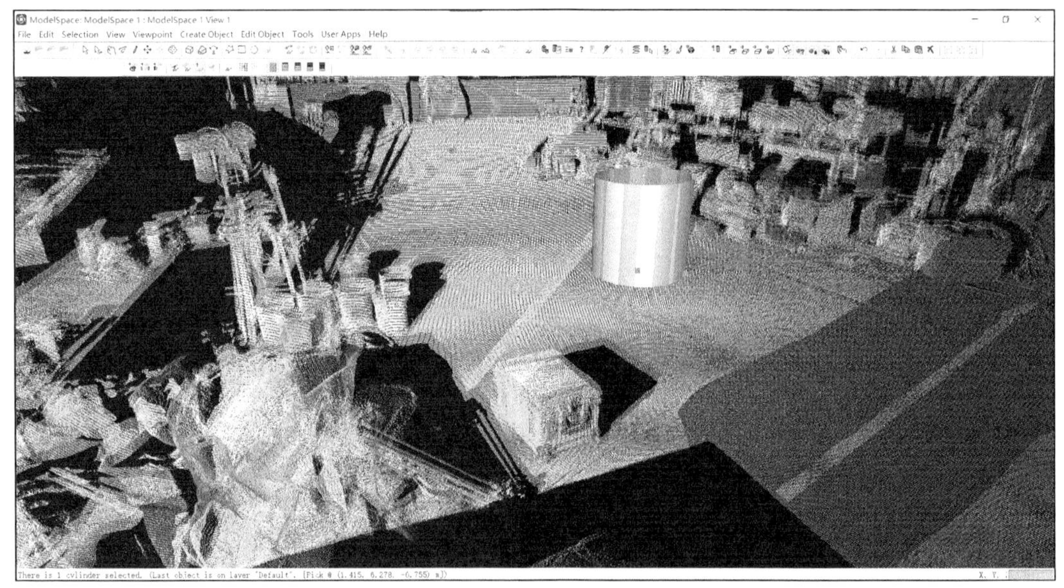

图 3-42　模型插入完成后的效果图

（4）模型编辑

使用菜单栏中的“Edit Object（编辑目标）”菜单对创建好的模型进行颜色、尺寸、位置等参数的修改。

1）模型的属性设置。选中模型后，选择“Edit Object”→“Properties（属性）”命令，弹出“Object Properties（目标属性）”对话框，在其中对模型属性进行设置（图 3-43）。

彩图 3-41

彩图 3-42

图 3-43　模型属性设置对话框

彩图 3-43

2）模型的颜色及材质编辑。选中模型后，选择“Edit Object”→“Appearance（外观）”命令，在“Color and Material Editor（颜色和材质编辑）”对话框中编辑模型颜色和材质（图 3-44）。

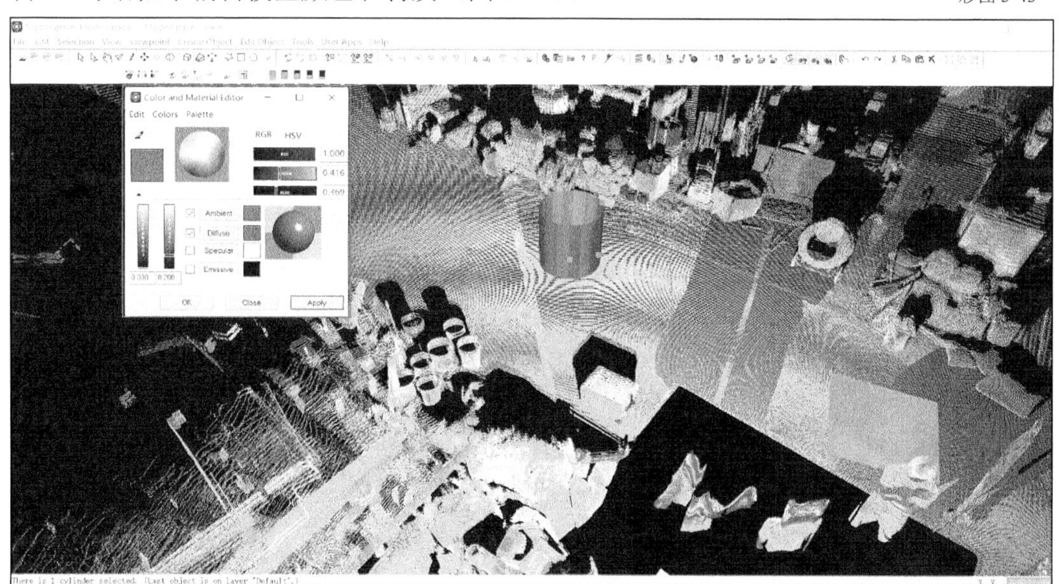

图 3-44　模型颜色和材质编辑对话框

彩图 3-44

3）模型的移动与旋转。选中模型后，选择“Edit Object”→“Quick Move（快速移动）”或“Move/Rotate（移动/旋转）”命令，可对模型进行移动和旋转，以更改模型的位置（图 3-45）。如果使用“Quick Move”命令，先用多选命令选中模型，再选中模型需要移动到的位置的顶点，即可快速移动模型（图 3-46）。

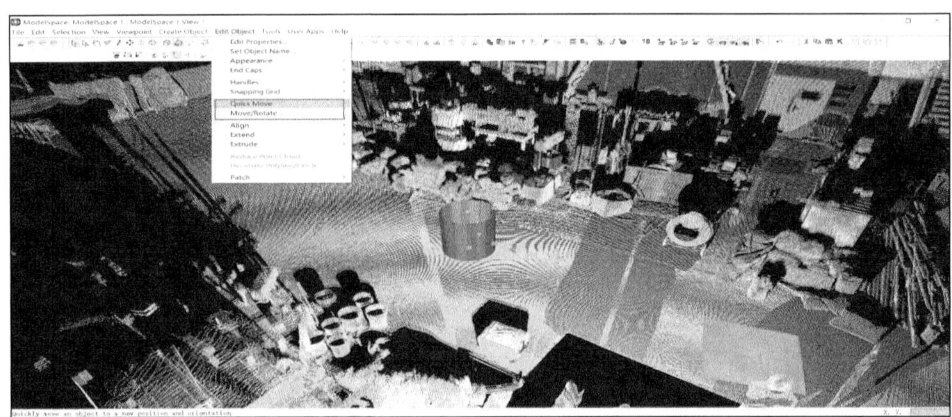

图 3-45　执行快速移动或移动/旋转命令界面

（a）选取需移动的模型和要到达的顶点位置

（b）完成模型的快速移动

图 3-46　模型的快速移动

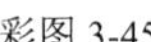
彩图 3-45

彩图 3-46

（5）模型的挤压与延展

模型的挤压与延展是特定模型从二维到三维的过程，可通过“Extrude（拉伸）”功能实现。“Extrude”命令用于从面片或拉伸对象的面创建拉伸对象，拉伸是以指定的厚度创建的，可以沿着指定的轴，沿着面片的法线朝向视点，也可以朝向拾取点。例如，可以使用拉伸命令从面片创建长方体，以地面为例，当地面平面创建好以后（图 3-47），以地面为基础创建房屋轮廓。

彩图 3-47

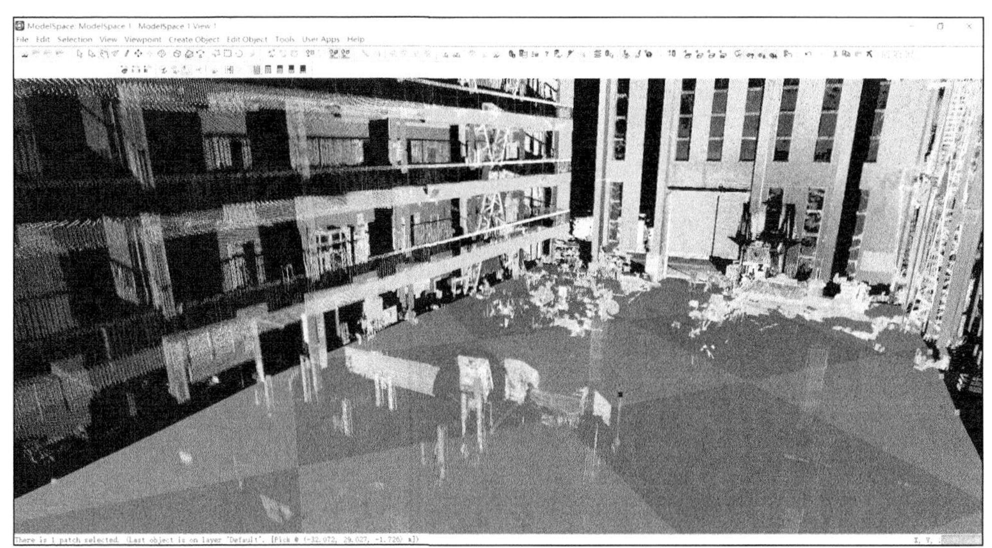

图 3-47　地面平面创建完成后的效果图

1）选中地面模型和房屋顶点，选择“Edit Object”→“Extrude”→“Extrude to Last Pick（拉伸到最后选择的对象物体）”命令（图 3-48）。

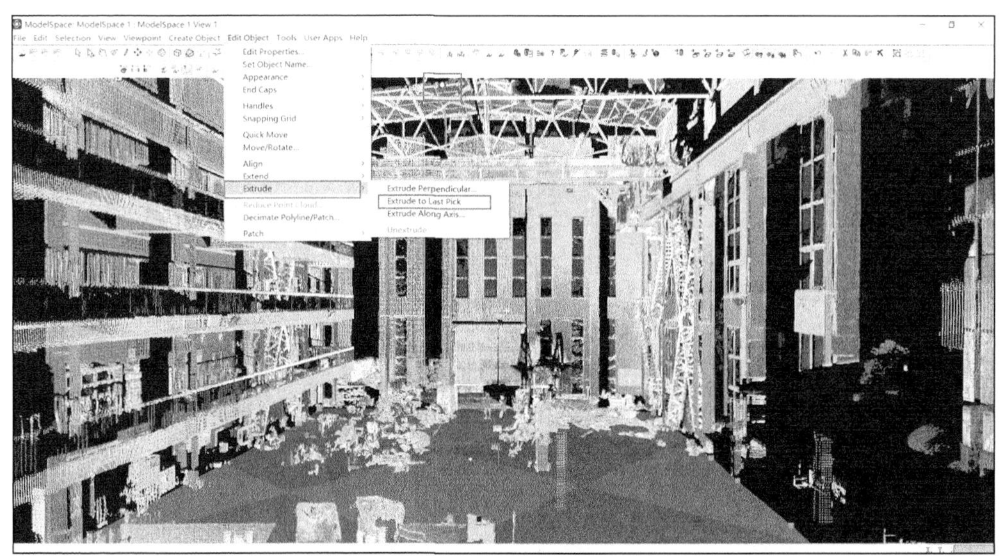

（a）选择“Extrude to Last Pick”命令

图 3-48　拉伸到最后选择的对象物体

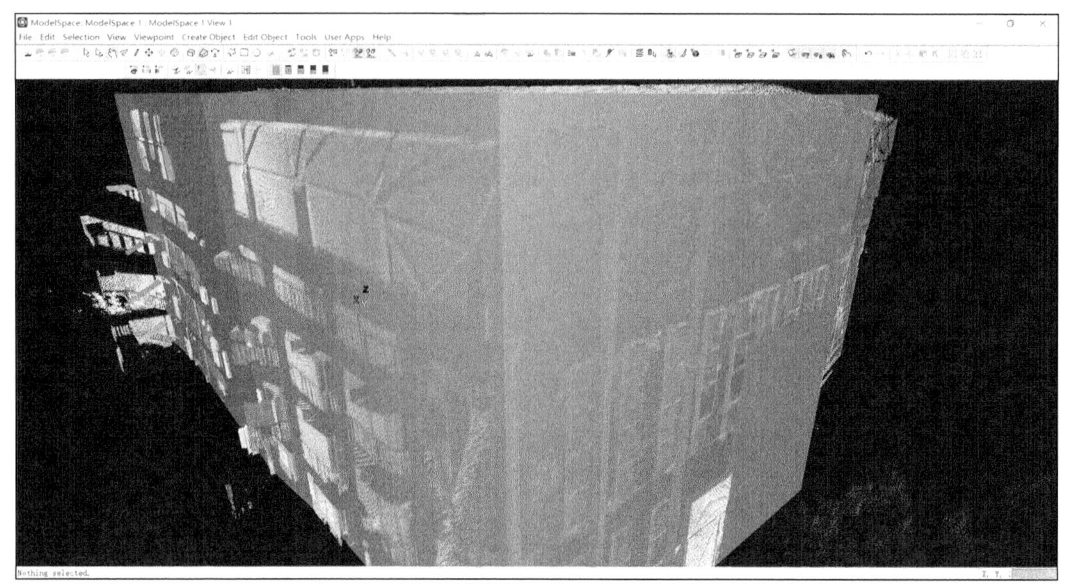

（b）拉伸后的效果

图 3-48（续）

2）如果需要固定的尺寸信息，可在上述操作中选择“Extrude Perpendicular（垂直拉伸）”命令（图 3-49），在弹出的对话框中选中需要拉伸的长度，以 2m 为例。拉伸效果如图 3-50 所示。

彩图 3-48

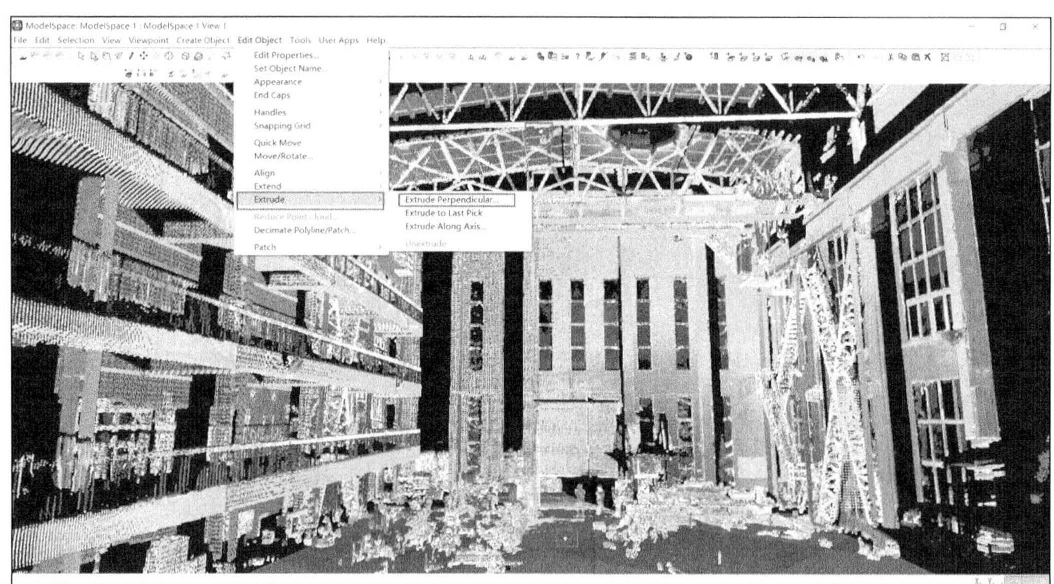

（a）选择“Extrude Perpendicular”命令

图 3-49　根据固定尺寸信息拉伸长度

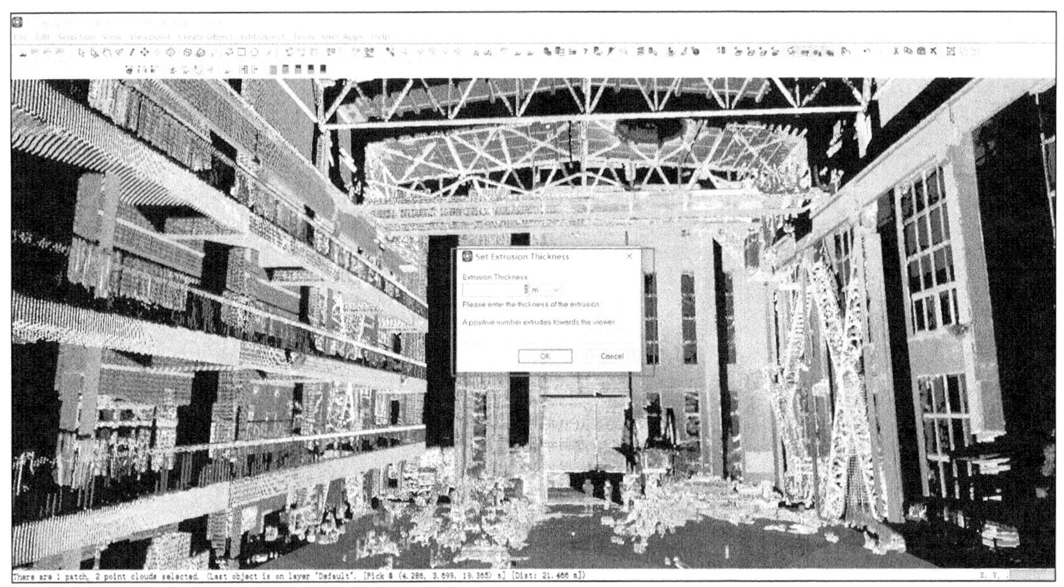

（b）在对话框中选择需要拉伸的长度

图 3-49（续）

图 3-50　修改拉伸长度后的效果

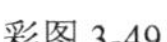
彩图 3-49

彩图 3-50

3.2　CloudCompare 软件

3.2.1　CloudCompare 简介

CloudCompare 是一个三维点云（三角形网格）编辑和处理软件，最初它是被设计用来对密集的三维点云进行直接比较的，较依赖于一个特定的八叉树结构，在执行点云对比类任务时，该结构能够提供出色的性能[149]。CloudCompare 可以在笔记本电脑上处理超过 1000 万个的点云。2005 年后，CloudCompare 可以实现点云和三角形网格之间的比较，随后其他点云处理算法（配准、重采样、颜色/法向量/标量场管理、统计计算、传感器管理、交互式或自动分割等），以及显示增强工具（自定义颜色、全局平移和缩放）、法向量处理、校准图片处理、OpenGL（open graphics library，开放式图形库）着色器、插件等功能相继实现。

CloudCompare 将几乎所有的 3D 实体视为点云。通常，三角形网格是一个具有关联拓扑（与每个三角形对应“连通”点的三联）的点云。这解释了网格总是有一个名为“顶点”的点云作为同级或上一级（取决于它们被加载或生成的方式）。虽然 CloudCompare 会让用户直接在网格结构（如三角形）上应用一些工具，但有些工具只能应用于网格顶点，开始时会较为烦琐，但不能忽略 CloudCompare 主要是一个点云处理软件。另外，CloudCompare 的作用是进行变化检测（如形变监测），并且三角形网格是表示参考形状（如建筑物）的一种常见的方法，因此它非常有用，不能忽视。

3.2.2　CloudCompare 功能及基本操作

启动 CloudCompare 软件后，用户界面如图 3-51 所示。

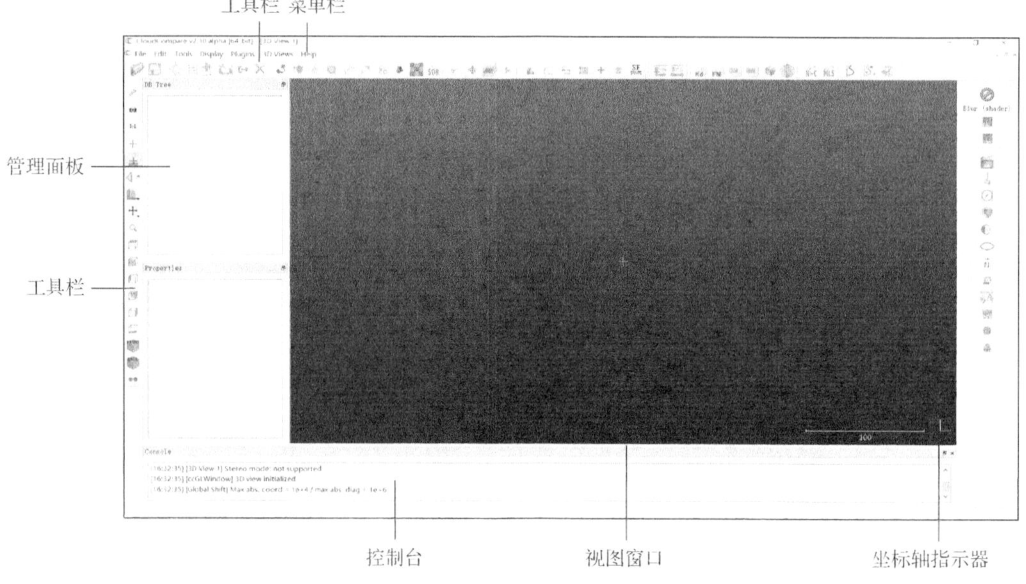

图 3-51　用户界面

1. “File（文件）”菜单

（1）Open（打开）

选择“File”→“Open”命令或单击工具栏上的按钮可从一个或多个文件中加载实体，如图 3-52 所示。

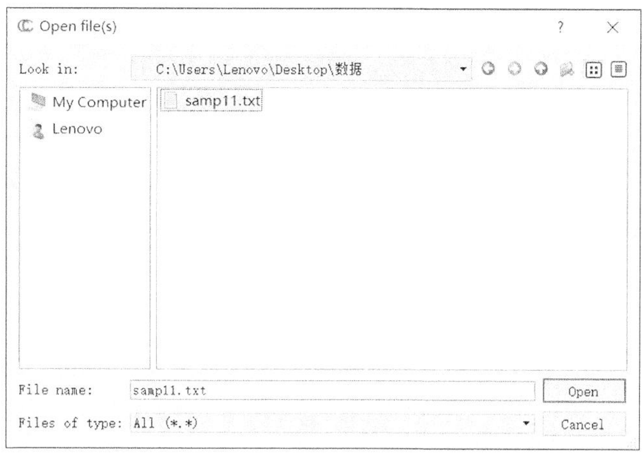

图 3-52　实体文件加载

（2）Save（保存）

选择“File”→“Save”命令或单击主工具栏上的按钮保存文件。该工具允许用户保存/导出一个或多个实体到一个文件中，如图 3-53 所示。

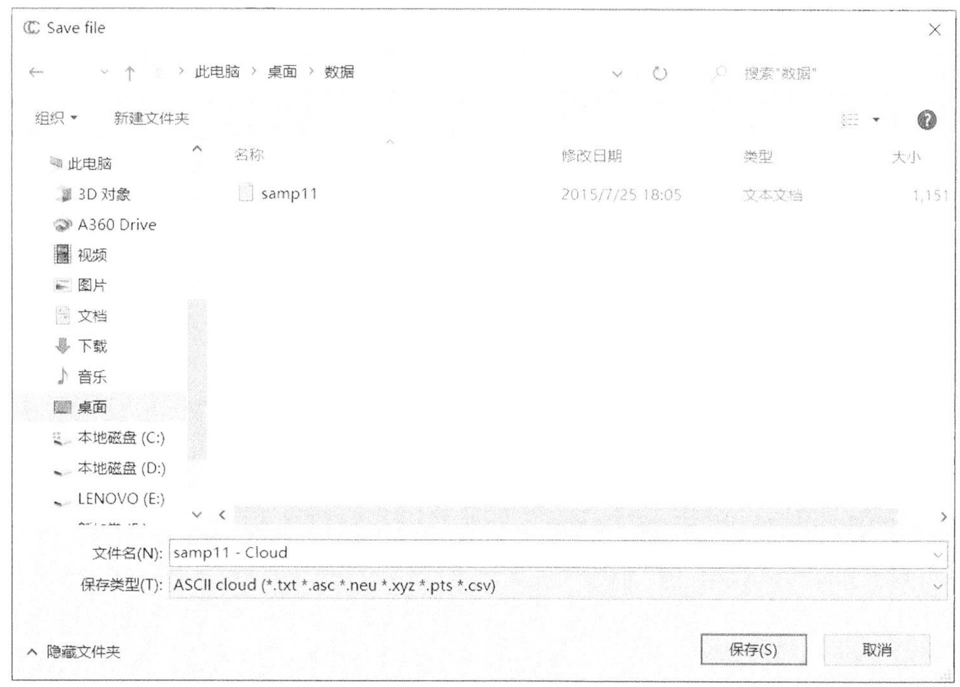

图 3-53　文件保存

需要注意的是：①确保在“Files of Type（保存类型）”下拉列表中选择正确的文件类型；②根据实体的数量和类型，可用的文件类型可能会改变；③有些文件类型不支持非 ASCII（美国信息交换标准码，American standard code for information interchange）字符（重音符号、非西方字符等）。

（3）Primitive Factory（创建标准体）

选择“File”→“Primitive Factory”命令或单击工具栏上的按钮可创建标准体（平面、球体、立方体等）。

可以通过选择右键选项（平面、立方体、球体、圆柱、锥体、环面和盘）来选择基本类型（图 3-54）。在“Primitive factory”对话框中可对创建的标准体进行参数（主要是维度）设置，设置完成后单击“Create”按钮即可。这个过程可以重复多种类型（也可以更改标准体类型），创建完成后单击“Close”按钮即可。

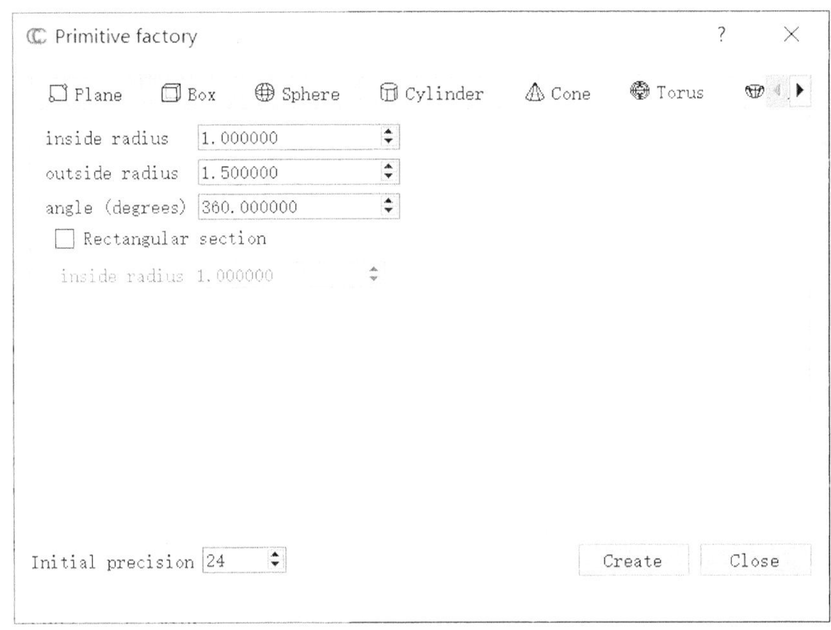

图 3-54　原始工厂参数设置

（4）3D Mouse（3D 鼠标）

3D Mouse 工具可通过选择“File”→“3D Mouse”命令或单击工具栏上的按钮访问。如果 3Dconnexion 设备已连接到计算机端，可以通过此菜单项启用或禁用它。

（5）Close all（关闭所有窗口）

Close all 工具可通过选择“File”→“Close all”命令或单击工具栏上的相应按钮访问。

（6）Quit（退出）

Quit 工具可通过选择“File”→“Quit”命令或单击工具栏上的相应按钮访问。

2. “Edit（编辑）”菜单

（1）Clone（克隆）

Clone 工具可以通过选择“Edit”→“Clone”命令或单击工具栏上的 按钮访问。克隆选定的实体的所有数据都是重复的。

（2）Merge（合并）

Merge 工具可以通过选择“Edit”→“Merge”命令或单击工具栏上的 按钮访问。合并两个或多个实体，当前可以合并点云或网格。但是，合并点云时，原始点云将被删除（可以预先保存或复制原始点云）。合并网格时，原始网格不会被修改或删除。CloudCompare 将创建一个新的复合网格结构，还会为每个输入网格创建子网格，以便保留原始结构。

值得注意的是，所有三角形都是复制的，但在拓扑结构上并没有真正合并，即它们不会共享相同的顶点。

（3）Subsample（子采样）

Subsample 工具可以通过选择“Edit”→“Subsample”命令或单击工具栏上的 按钮访问。对点云进行子采样即减少点的数量。CloudCompare 提供了 3 种子采样方法：随机抽样、空间抽样和八叉树抽样。

首先选择一个或几个点云，然后启动该工具，在弹出的对话框中修改相应参数，如图 3-55 所示。

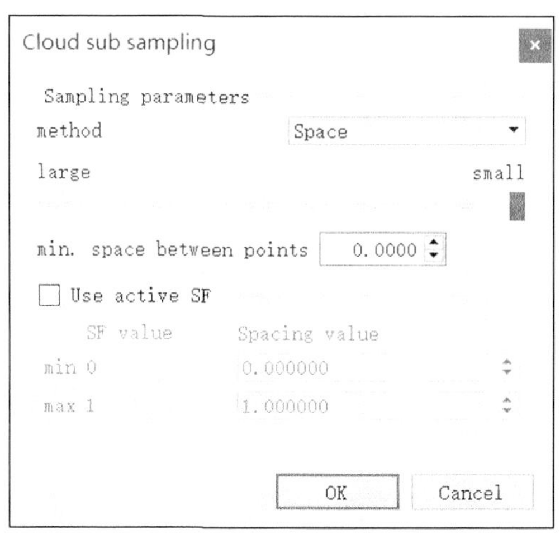

图 3-55　点云子采样参数设置对话框

1）随机抽样（Random）。在随机抽样模式（图 3-56）下，CloudCompare 将简单地随机选择指定数量的点。

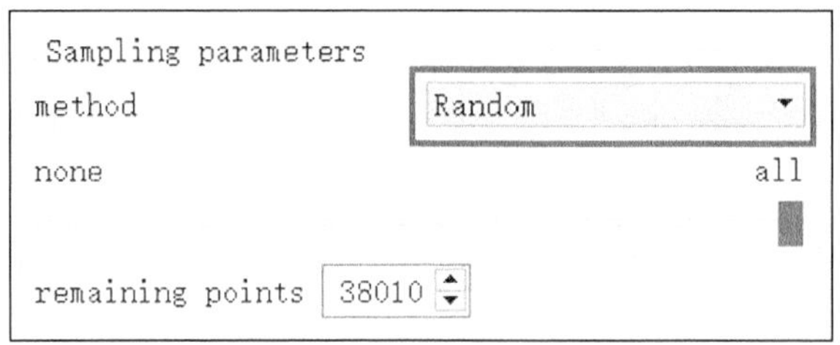

图 3-56　随机抽样模式

2）空间抽样（Space）。在空间抽样模式（图 3-57）下，用户必须设置两点之间的最小距离，然后 CloudCompare 将从原始点云中选取点，这样输出点云中的任何点与另一个点的距离都会比指定的值大。指定的值越大，保留的点越少。

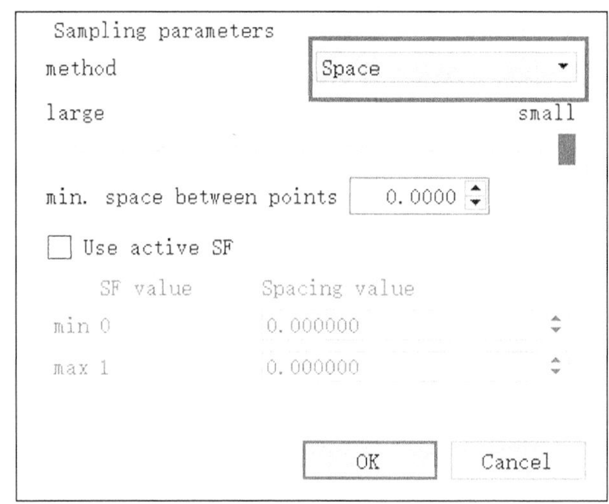

图 3-57　空间抽样模式

3）八叉树抽样（Octree）。在八叉树抽样模式（图 3-58）下，用户可以选择一个八叉树的细分层次[149]，在这个层次上点云将被“简化”。在八叉树的每个单元中，距离八叉树单元中心最近的点被保留。

此外，需要注意以下几点：①级别越高，单元格越小（可以保留更多的点）；②CloudCompare32 位版本的最大八叉树级别是 10，64 位版本的最大八叉树级别是 21；③该工具不同于八叉树重新取样的方法。Resample（重新取样）工具计算每个单元格中落下的点的重心（如创建的点云不是原始点云的子集）。

（4）Apply transformation（应用转化）

Apply transformation 工具可以通过 Edit 中的应用转换菜单访问。该工具允许转换（即旋转和/或转换）所选实体，且转换可以以各种方式输入，如图 3-59 所示。

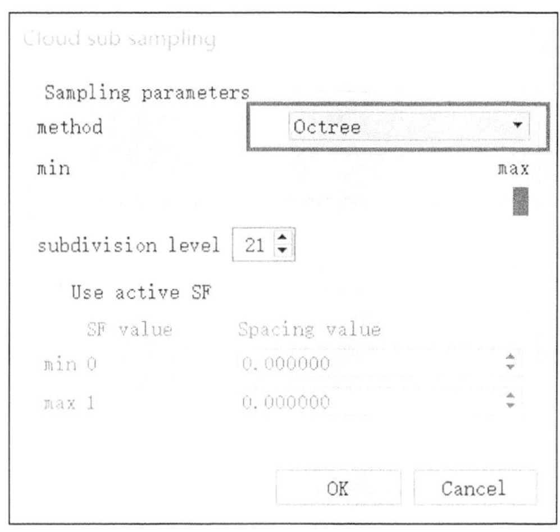

图 3-58　八叉树抽样模式

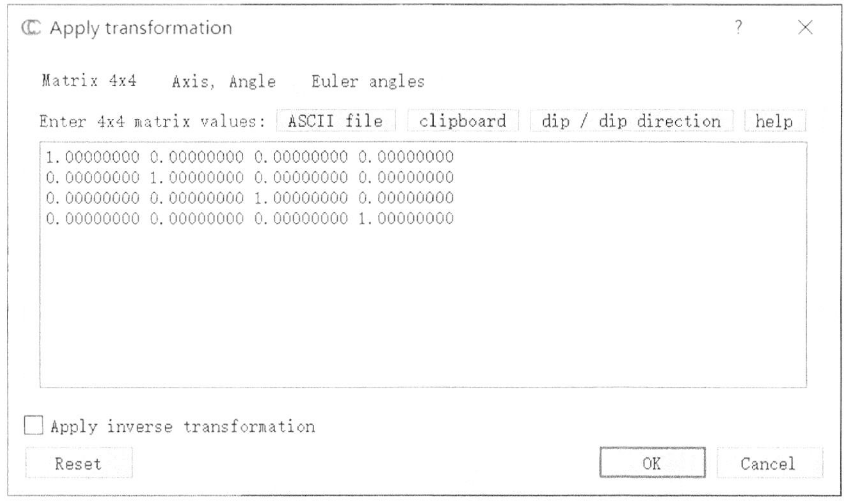

图 3-59　“Apply transformation”对话框

1）Start（开始）。在启动 Start 工具前，必须选择一个或多个实体。实体可以是任何三维几何图形（点云、网格、折线等）。锁定实体（子网格等）不能移动。

2）Procedure（程序）。Procedure 工具用于设置应用转换方式：转换矩阵，一个旋转轴、一个旋转角度和一个平移向量的组合，欧拉角和平移向量的组合。

通过复选框可以指定应用当前定义的转换或是逆转换。定义转换完成，单击“OK”按钮即可应用该转换；或者单击“Cancel”按钮取消应用。转换设置完成后将应用于所有选定的实体及其子实体（递归），并被添加到每个实体的转换历史记录中。

3）Input a transformation（输入转换矩阵）。

① 转换矩阵。刚性转换矩阵是旋转矩阵（3×3 矩阵）和平移矩阵（3D 向量）的组

合。为方便起见，可以写成4×4矩阵（Matrix 4×4）（旋转矩阵对应前3列的上半部分，平移向量对应第4列的上半部分，底线总是填有3个零和一个）。

在“Matrix 4×4”选项卡（图3-60）中，用户可以直接输入矩阵值，或从文本文件中加载，或者从剪贴板中复制粘贴。

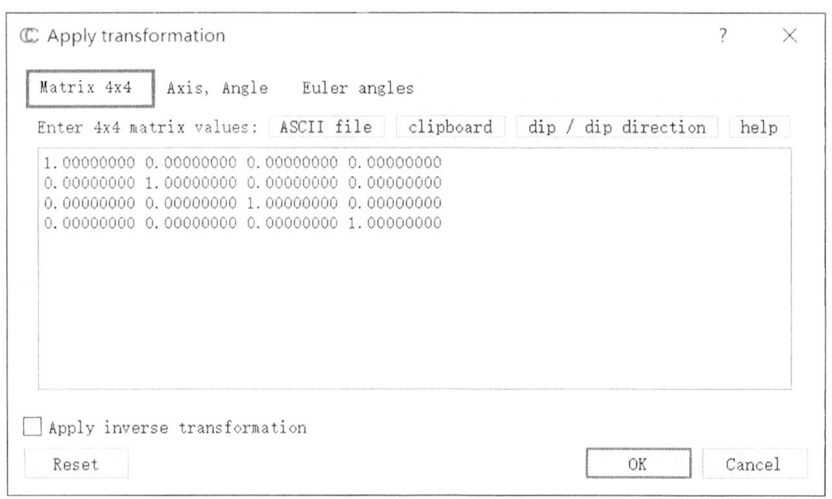

图3-60　4×4矩阵选项卡

② 旋转轴和角度＋平移。该转换的旋转部分可以通过围绕三维轴的单个旋转角度输入。在“Axis，Angle（轴，角度）”选项卡（图3-61）中，可以手动输入这些值（角度是度数）。这是对X、Y、Z进行简单旋转的最快方法。

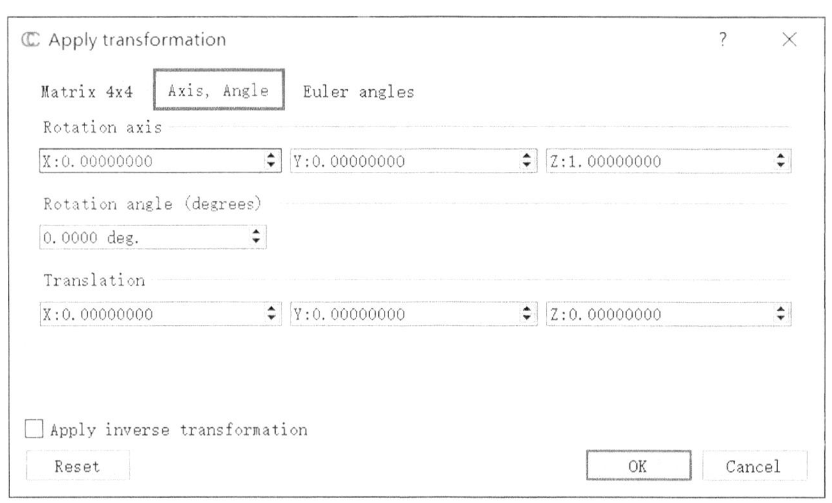

图3-61　“Axis，Angle”选项卡

③ 欧拉角+平移。在“Euler angles（欧拉角）”选项卡中可以定义旋转为欧拉角，如图3-62所示。

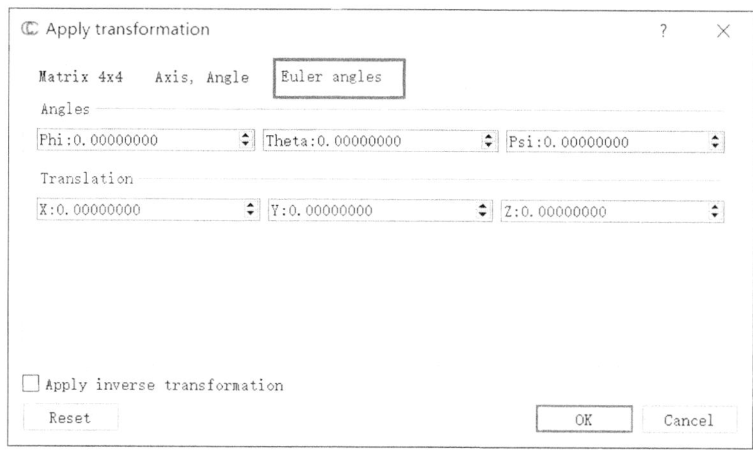

图 3-62　“Euler angles”选项卡

4）Segment（切割）。Segment 工具可以通过选择“Edit”→“Segment”命令或单击工具栏上的 按钮访问。

该工具允许通过在屏幕上定义一个 2D 多边形（或矩形）来交互式地分割所选中的实体，如图 3-63 所示。这个过程可以重复多次，每次需要改变实体的方向，从而在 3D 中正确分割实体。每次都可以决定让点（或三角形）落在多边形边界的内部或外部。

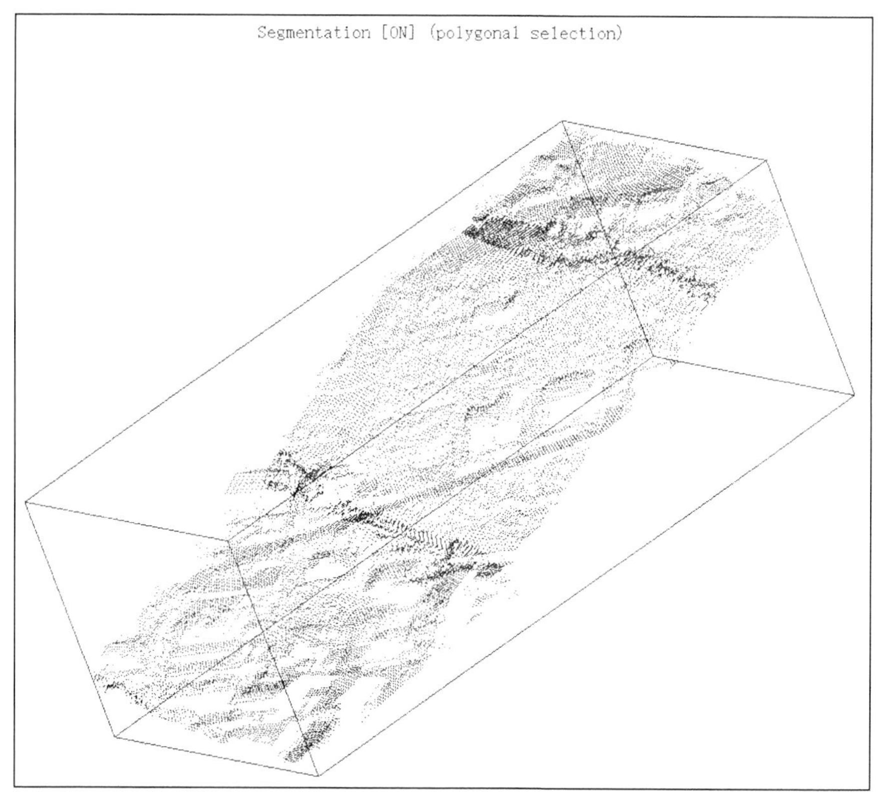

图 3-63　实体分割

多边形模式（Polygonal selection）。选择一个或几个实体并启动 Segment 工具。一个新的工具栏将出现在 3D 视图的右上角。默认情况下，工具以多边形编辑模式启动，这意味着可以开始绘制多边形。

彩图 3-63

① 单击，创建一个新的多边形的第一个顶点。

② 创建第一个顶点后，将看到多边形的第一条边，然后开始跟随光标移动，此时通过单击定义第二个顶点的位置。重复此过程，完成多边形的创建。

③ 右击，停止多边形创建。需要注意的是，当前的浮动顶点不会被添加到多边形中。

矩形模式（Rectangular selection）。单击多边形按钮旁边的向下箭头，将多边形模式切换为矩形模式，如图 3-64 所示。

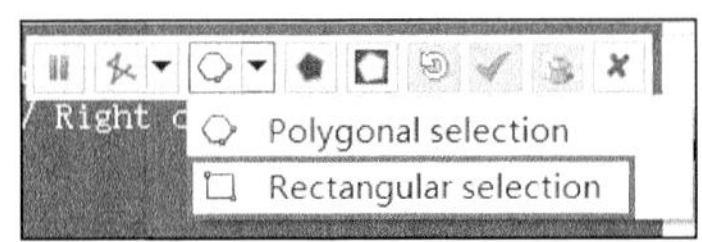

图 3-64　多边形—矩形切换界面

矩形模式下，单击定义矩形的第一个角，再单击定义第一个角的对角。

一旦多边形/矩形创建完成，如果单击，创建过程将重新开始（即当前的分割多边形被丢弃）。否则，需要选择是将点保留在多边形内部或者外部，完成后其他点将消失（包括多边形），工具将回到暂停模式。

在暂停模式下，使用鼠标以标准方式修改实体的方向和位置。可以修改当前实体的产状并分割更多的点（单击按钮离开“暂停”模式并定义一个新的多边形/矩形）。

① ，重置当前选择。

② ，验证当前的分段，并创建两个点云，即一个包含已选择的点，另一个包含其他点。

③ ，验证当前分割：只创建一个可见点云，其他点将被删除。

④ ，取消分割过程：不对点云进行任何修改。

可以导入或导出当前选择的多边形，如图 3-65 所示。

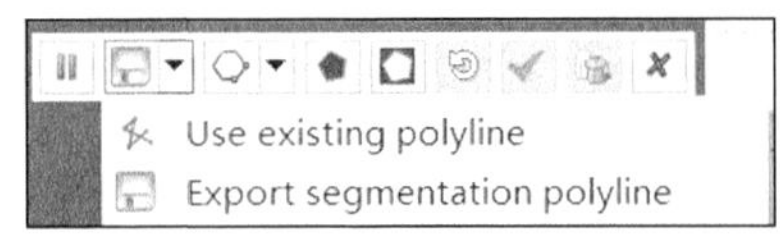

图 3-65　多边形导入和导出

① 导入：使用现有多边形线段可以输入新的分段多边形，它将以默认名称被添加到 DB（dimensional binary，维度）树的根目录中。CouldCompare 将显示在 DB 树中创建的所有折线的简单列表，以方便用户选择想要使用的折线。需要注意的是，任何先前定义的多边形/矩形将被丢弃。

② 导出：分割多边形可以在“关闭”（右击）和被分割（内部或外部）之前导出。导出的折线将有一个 viewport 实体作为子元素。这个 viewport 实体存储了当前的 viewport 参数，并允许用户稍后恢复完全相同的 viewport（通过单击属性中的“Apply”按钮）。视窗也可以保存在 bin 文件中。这样就可以对同一实体或其他实体应用完全相同的分割过程。

5）Crop（剪裁）。Crop 工具可以通过选择“Edit”→“Crop”命令访问。该工具用于在三维框中分割一个或几个点云。选择一个或几个点云，启动该工具，弹出“Crop”对话框，如图 3-66 所示。

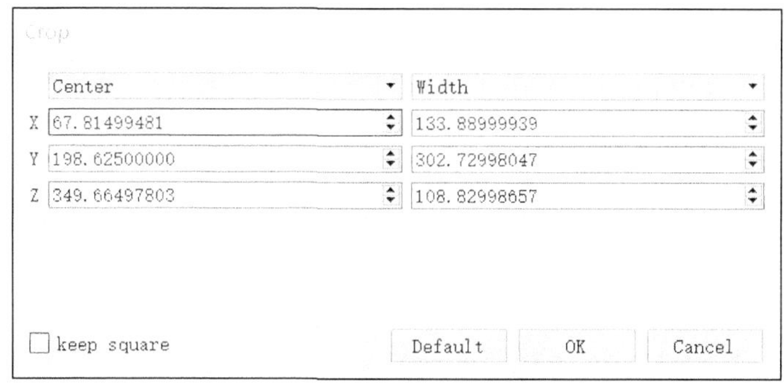

图 3-66　“Crop”对话框

默认情况下，该对话框初始化为所有选定点云的限定框。这个默认框可以在任何时候通过单击“Default（默认）”按钮恢复。

6）Edit global shift/scale（全局转移与缩放）。Edit global shift/scale 工具可以通过选择“Edit”→“Edit global shift and scale”命令访问。该工具可以编辑选定实体（点云、网格或折线）的全局移位和缩放。

选择实体（点云、网格或折线）并启动该工具，弹出“Global shift/scale”对话框，如图 3-67 所示。

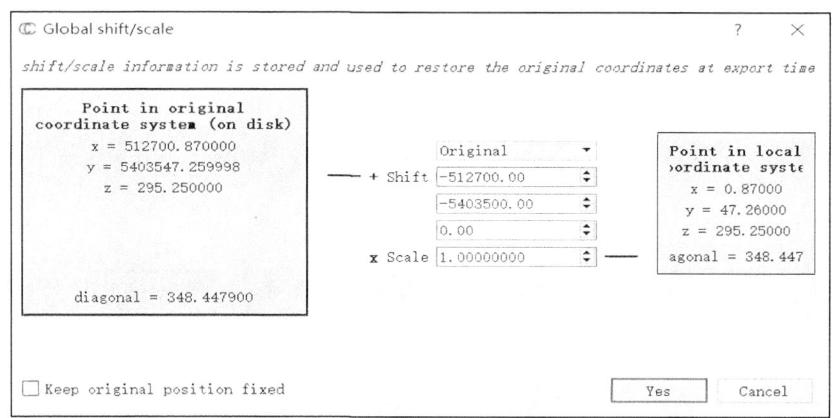

图 3-67　“Global shift/scale”对话框

以数字为例：在对话框左侧，点的坐标以全局坐标系表示并显示编辑框对角线长度；在对话框右侧，相同的点以局部坐标系表示，同样显示具有等效的边界框对角线长度。

Shift 值和 Scale 值可以更改，蓝绿色框架中的值会自动更新以反映这些修改，修改后的值以紫色或红色显示，如图 3-68 所示。

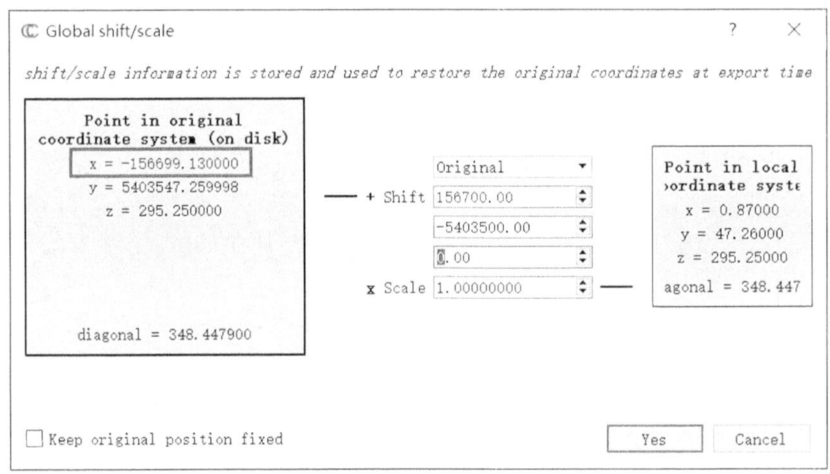

图 3-68　全局变换和比例缩放参数设置示例

当改变位移和比例值时，局部坐标系或全局坐标系都会受到影响。

7）Toggle（recursive）（切换）。Toggle（recursive）工具可以通过选择“Edit”→“Toggle（recursive）”命令访问。切换子菜单主要命令快捷键见表 3-3。每个命令主要用来切换选定实体（及其兄弟实体）的给定属性。

彩图 3-68

表 3-3　切换菜单主要命令快捷键

Property（属性）	Shortcut（快捷键）
Activation（启动、激活）	A
Visibility（可见度）	V
Colors（颜色）	C
Normals（普通的、正常的）	N
Scalar filed（提交的标量）	S
Materials/textures（材料/纹理）	M
3D name（3D 名称）	D

8）Delete（删除）。Delete 工具可以通过选择“Edit”→“Delete”命令访问，用于删除选定的实体。

9）Color>Set unique。Color>Set unique 工具可以通过选择“Edit”→“Color>Set unique”命令访问，用于在选定的实体上设置唯一的颜色，如图 3-69 所示。

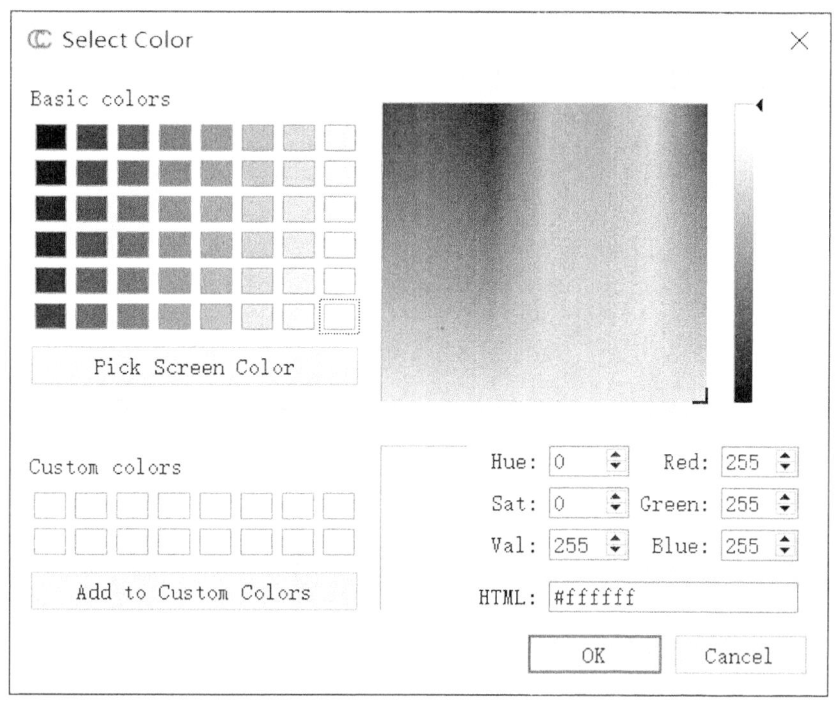

图 3-69　颜色设置

值得注意的是，之前的颜色字段（如果有的话）将被覆盖，而且不是所有实体都可以着色。

10）Color>Colorize。Color>Colorize 工具可以通过“Edit”→“Color>Colorize”命令访问，用于将选定实体的当前颜色着以指定的颜色。

11）Normals>Compute。Normals>Compute 工具可以通过“Edit”→“Normals>Compute”命令访问，用来计算选定实体上的法线，如图 3-70 所示。

如果实体是一个点云，那么必须指定以下几个参数。

① 局部模型：是否使用（最佳拟合）平面、二维三角剖分或高度函数。

② 局部半径：局部邻域（球体）的半径。如果它太小（即没有足够的点来计算局部模型），那么法线默认为(0, 0, 1)。如果它太大，计算过程可能会较长。

③ 择优取向：可以指定一个简单的启发式来设置法线方向（理想情况下是在表面外）。尽可能平行于轴，在正方向或负方向（$-X/+X$，$-Y/+Y$，$-Z/+Z$）；尽可能平行于来自点云重心并穿过点或相反方向（+/−重心）的矢量；尽可能平行于来自原点（0, 0, 0）并通过该点或相反方向的向量。

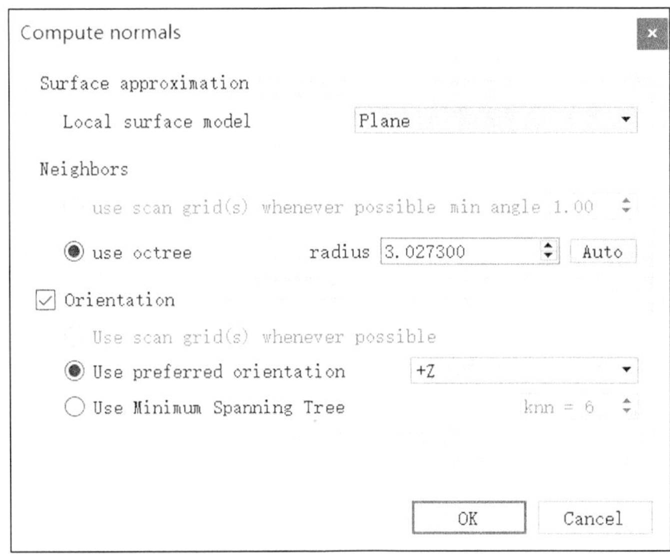

图 3-70 法线计算参数设置对话框

如果没有指定首选方向，或者结果仍然不一致，需要使用更高级的算法来定位法线的方向[150]。在任何情况下，Normals > Orient Normals > With Minimum Spanning Tree（最小生成树）工具可能需要使用逆向方法对法线场进行全局逆向求解。

12）Normals>Invert。Normals>Invert 工具可以通过选择“Edit”→“Normals>Invert”命令访问，用于反转所选实体的法线，法线实体的外观随光线相对于法线的方向而变化。对于点云，后面的点将呈现黑色；对于一个网格（使用默认材质），向后照亮的三角形将以浅蓝色出现（而向前照亮的三角形将为绿色）。

13）Normals>Orient Normals>With fast marching（用同样的方法重新定位点云的全部法线）。Normals>Orient Normals>With fast marching 工具可以通过选择“Edit”→“Normals>With fast marching”命令访问。该工具尝试以一致的方式重新定位点云的所有法线。它首先从一个随机点开始，然后将法向从一个相邻点传播到另一个相邻点。

传播是通过应用于网格的快速运行算法完成的。在实际应用中，该网格是将点云八叉树视为给定的细分层次，因此，必须指定此级别的细分。关键是要找到正确的等级：如果单元太大（即低等级的细分），那么传播就不是很准确；但是，如果单元太小（即高度细分），那么可能会出现空单元，从而无法在一次扫描中传播。

14）Octree>Compute（强制计算给定实体的八叉树）。Octree>Compute 工具可以通过选择“Edit”→“Octree>Compute”命令访问，用于强制在给定实体上计算八叉树，如图 3-71 所示。

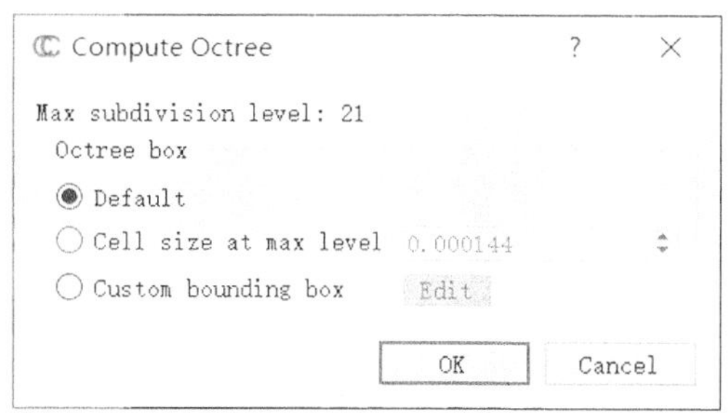

图 3-71　"Compute Octree"对话框

八叉树空间范围可以采用以下方式设置。

① 默认值：完全包含实体的最小多维数据集。

② 最大级别的边界框单元格大小：可以在细分的最小级别定义单元格大小（此时八叉树框将为 2*N*，其中 *N* 是八叉树的最大级别）。

③ 自定义：可以使用专用子对话框的自定义边界框。

最大八叉树级别（或子分割的数目）在 32 位版本中是 10，在 64 位版本中是 21。

15）Octree>Resample（通过代替每个八叉树单元内的所有点来重新取样）。

Octree>Resample 工具可以通过选择"Edit"→"Octree>Resample"命令访问，用于通过替换八叉树中每个单元格内的所有点（在给定的细分级别上），对点云进行重新采样。选择应用流程的细分级别，以大致匹配指定的输出点数量。

需要注意的是，使用该方法创建一个新的点云，其中点不一定与输入点云在空间中的位置相同。因此，不可能保持附加在输入点上的各种特征（颜色、法线、标量值等）。如果希望保留这些特性及点的原始位置，则应该考虑使用子样本方法。

3. "Tools（工具）"菜单

（1）Level（水平面）

Level 工具可以通过选择"Tools"→"Level"命令或单击左侧工具栏的按钮访问。该工具允许在水平面上选择 3 个点，以便旋转点云，并使相应的平面与 *XY* 平面平行，如图 3-72 所示。

选择一个或几个实体（点云或网格）或一组这样的实体，启动 Level 工具，将在 3D 视图的左下角出现一条消息"Pick three points on the floor plane（click the Level button or press Escape to cancel）"[在地面平面上选择 3 个点（单击"Level"按钮或按"Escape"取消）]，如图 3-72 所示，因此只需在三处不同的位置单击地面平面。一旦第 3 个点被选中，CloudCompare 将自动转换选中的云，使这 3 个点定义的平面水平。需要注意的是，应尽量选择离彼此较远的点，以优化平面方向的精度；可以在任何时候通过再次单击"Level"按钮取消该过程；第一个点将作为新坐标系的原点，第一个点和第二个点之间的向量将是新的 *X* 维度。这个工具可用于直接修改选中的实体。

图 3-72 三点确定平面操作界面

（2）Point picking（点云拾取）

Point picking 工具可以通过选择“Tools”→“Point picking”命令或单击工具栏上的按钮访问。该工具主要用于选择 1 个、2 个或 3 个点，从而获得信息（最明显的是两点之间的距离），可以通过这种方式创建不同类型的标签，如图 3-73 所示。

彩图 3-72

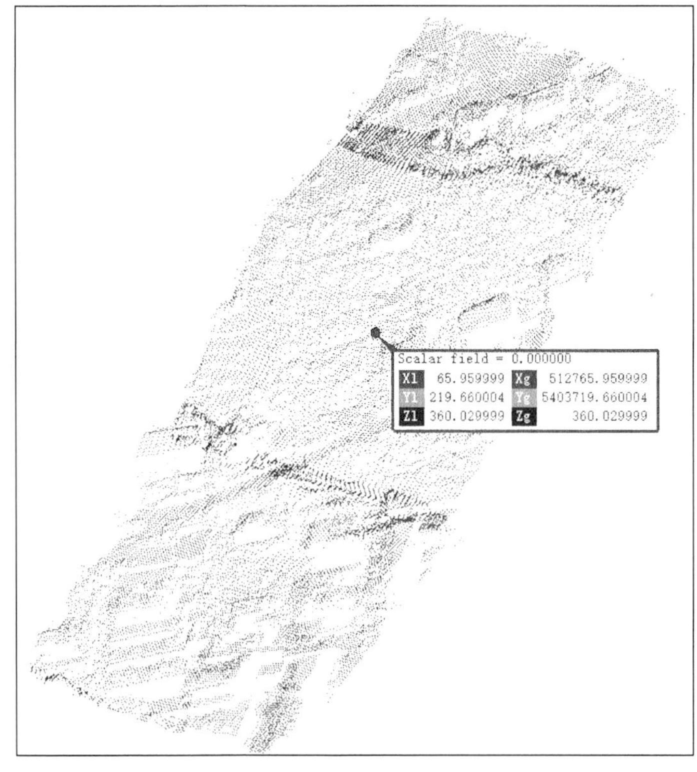

彩图 3-73

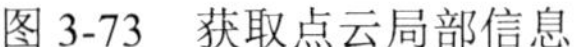

图 3-73 获取点云局部信息

该工具可以直接启动，不需要做任何选择（任何类型的点都可以选择）。启动后，Point picking 工具栏将出现在 3D 视图的右上角，可以选择以下操作：生成一个特定的标签，取消当前的拾取过程，关闭该窗口，保存最后一个派生标签。需要注意的是，创建单点标签的另一种方法（除此工具之外）是选择一个点，同时按住“Shift”键。

4. 显示（Display）菜单

（1）Full screen（全屏）

Full screen 工具可以通过选择“Display”→“Full screen”命令访问，或者可以使用 F11 快捷方式。该命令用于使 CloudCompare 应用程序的主窗口成为全屏，再次选择该命令（通过显示菜单或 F11 快捷方式）可恢复其原始状态。

（2）Render to file（渲染文件）

Render to file 工具可以通过选择“Display”→“Render to file”命令访问。该工具用于渲染当前的 3D 视图（支持大多数标准文件格式）成一个图像文件；它还可以应用变焦，使屏幕以比实际屏幕分辨率高得多的分辨率呈现。

激活要渲染的 3D 视图，选择“Render to file”命令，弹出“Render to file”对话框，如图 3-74 所示。首先设置输出图像的文件名（可以单击“...”按钮浏览计算机上的特定文件或文件夹），如图 3-74 所示。CloudCompare 支持最常见的图像文件格式。默认情况下，输出图像将具有与 3D 视图相同的分辨率（即相同的像素大小），通过缩放因子，可以增加渲染图像的分辨率（结果大小显示在右侧），CloudCompare 将在一个可能比实际屏幕大得多的缓冲区中呈现 3D 视图内容。需要注意的是，根据图形卡及其驱动程序的能力，如果输出图像尺寸太大，操作可能会失败，大多数图形卡/驱动程序有 64 万像素的限制。

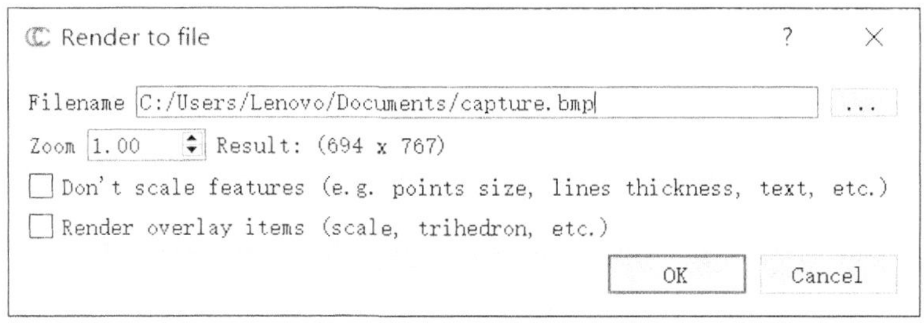

图 3-74　“Render to file”对话框

（3）Dispaly setting（显示设置）

Dispaly setting 工具可以通过单击左侧“视图”工具栏中的按钮或者通过显示菜单中的显示设置菜单访问。“Display options（显示选项）”对话框如图 3-75 所示。

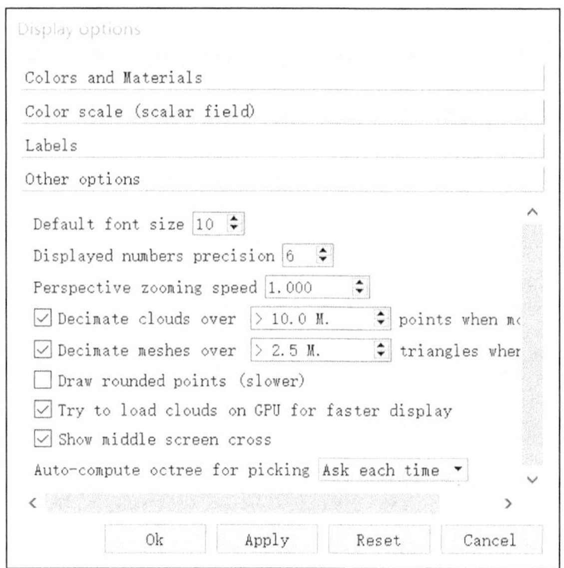

图 3-75 “Display options”对话框

1）“Colors and Materials（颜色和材料）”选项卡。

“Colors and Materials”选项卡重新组合了与三维实体显示相关的选项，如图 3-76 所示。

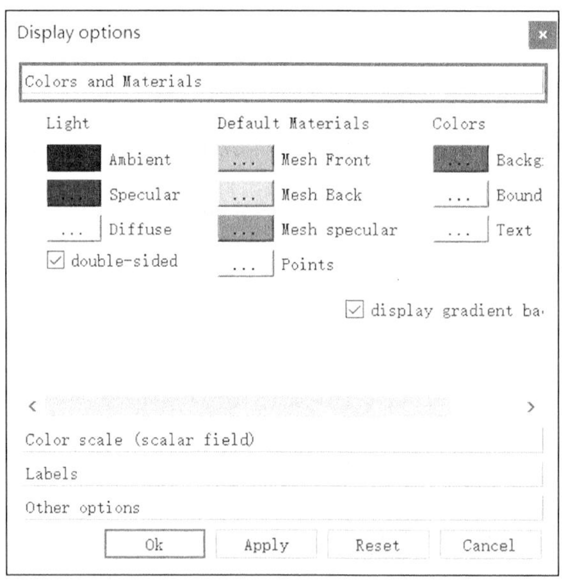

图 3-76 “Colors and Materials”选项卡

在“Colors and Materials”选项卡中可以设置太阳光组件、默认的网格材质组件、默认的点云颜色、其他显示元素的颜色（三维视图背景、文本颜色、未选中的边框颜色）。

2）“Color scale（色阶）”选项卡。

“Color scale”选项卡重新组合了与色阶显示相关的选项，如图 3-77 所示。

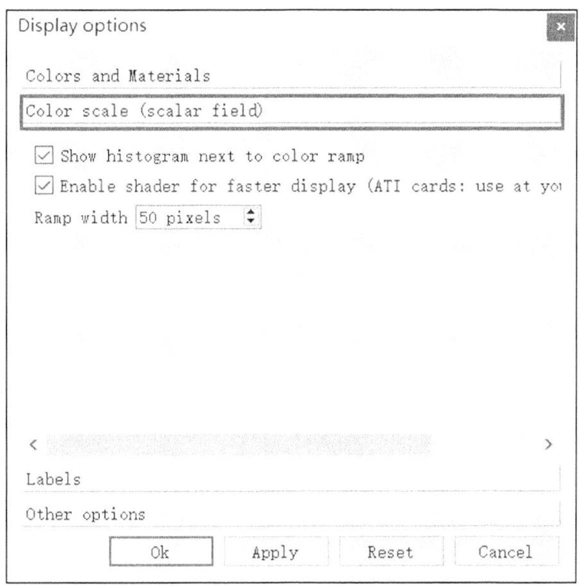

图 3-77　“Color scale”色阶选项卡

在“Color scale”选项卡中可以设置直方图是否显示在色阶旁边；是否启用快速色阶显示着色器，当标量场处于活动状态时，此着色器会加速点的动态颜色显示；颜色渐变宽度。

3）“Labels（标签）”选项卡。

“Labels”选项卡重新组合了关于标签显示的选项。在“Labels”选项卡中可以设置标签的不透明度、标签背景颜色、标签字体大小、标签标记大小及标签标记颜色，如图 3-78 所示。

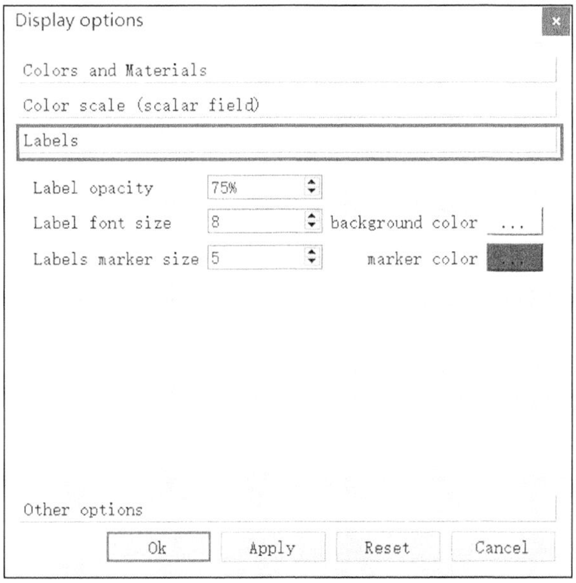

Display options
Colors and Materials
Color scale (scalar field)
Labels
Label opacity 75%
Label font size 8 background color ...
Labels marker size 5 marker color ...
Other options
Ok
Apply
Reset
Cancel

图 3-78　“Labels”选项卡

4）“Other options（其他选项）”选项卡。

“Other options”选项卡重新组合了所有其他参数，如图 3-79 所示。

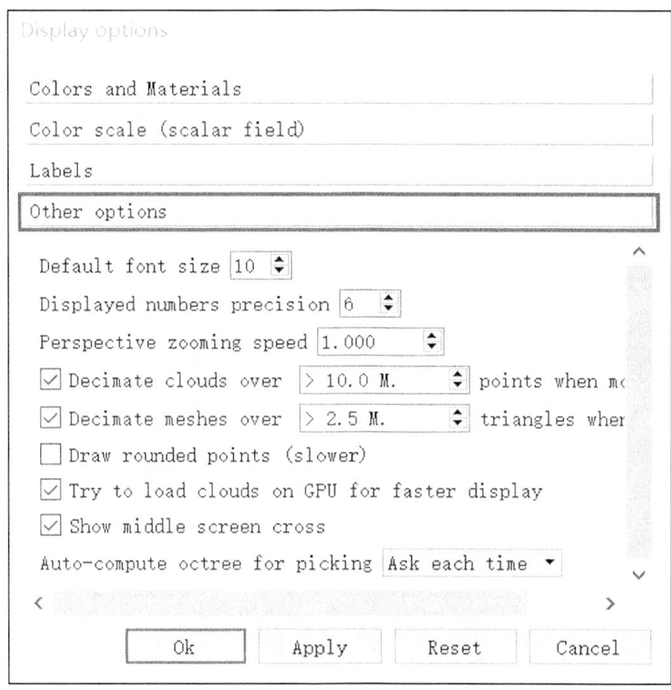

图 3-79　多参数设置

在“Other options”选项卡中可以设置默认字体大小、显示数字的精度、透视模式下的缩放速度、十字是否应该显示在三维视图的中心；当视图旋转时，是否应该抽取大的点云（超 10m 点）、是否应该抽取大的网格（超过 2.5m 的三角形）；是否使用 OpenGL 拾取机制进行点拾取。

5. 插件（Plugins）菜单

（1）qPCV（计算点云的明亮度）

qPCV 工具用于计算一个点云（或网格的顶点）的明亮度，如同光线是以理论半球或者球体方式环绕着物体一样（也可以提供自己的一套光照方向），它只使用图形卡来实现这一点[151]。

选择“Plugins”→“qPCV”命令，将弹出“ShadeVis”对话框，如图 3-80 所示。

在“Shadevis”对话框中必须设置的内容如下：

1）光是否应该来自一个半球（默认是“天空”半球，即指向一个方向），或者是否来自整个球面。

2）必须设置在（半）球体上采样的光线的数量，使用的样本越多，结果越好，但计算速度也越慢。

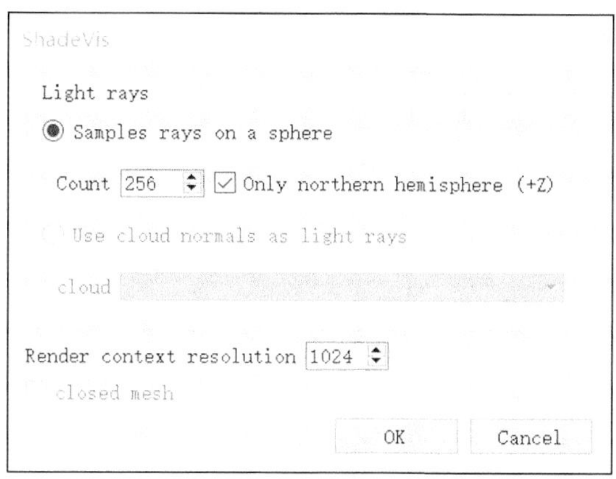

图 3-80 “ShadeVis”对话框

（2）qPoissonRecon

qPoissonRecon 的意思是“泊松曲面重建”，即三角网络生成算法构建简单的表面，它是 Kazhdan 等提出的三角网格生成算法[152]。

CloudCompare 只是添加了一个对话框来设置一些参数（图 3-81），并在工作流程中无缝集成。需要注意的是，要使用这个插件，必须选择一个带法线的点云；要取得良好的效果，点云的法线必须是清晰的；默认情况下，该算法应该应用于封闭的 3D 形状，但即使在开放的网格上也可以使用输出的密度信息来获得一个有效的网格。

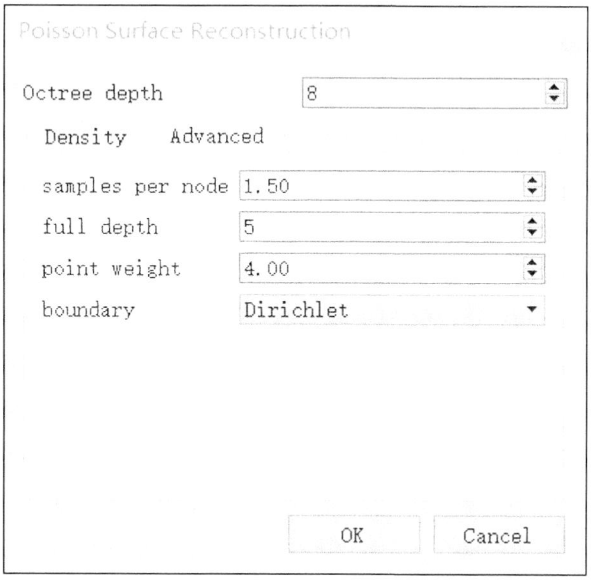

图 3-81 泊松曲面重建对话框

qPoissonRecon 插件的参数相对清晰，在原始库页面可以找到其精确定义，主要参数是八叉树深度，八叉树深度越深（即参数值越大），结果越好，但也需要更多的时间和内存。

3.3 几种常用的三维图形库介绍

3.3.1 OpenGL

1. OpenGL 基本介绍

OpenGL（open graphics library，开放式图形库）是用于渲染 2D、3D 矢量图形的跨语言、跨平台的应用程序接口（application programming interface，API）。这个接口由近 350 个不同的函数调用组成，用来绘制从简单的图形比特到复杂的三维景象。Direct3D 是仅用于 Microsoft Windows 上的另一种程序接口系统。OpenGL 常用于 CAD（computer aided design，计算机辅助设计）、虚拟现实、科学可视化程序和电子游戏开发。OpenGL 的高效实现（利用图形加速硬件）基于 Windows、UNIX 平台和 MacOS（苹果系统）。

OpenGL 规范描述了绘制 2D 和 3D 图形的抽象 API。尽管这些 API 可以完全通过软件实现，但它是为大部分或者全部使用硬件加速而设计的。OpenGL 的 API 定义了若干可被客户端程序调用的函数，以及一些具名整型常量（如常量 GL_TEXTURE_2D 对应的十进制整数为 3553）。虽然这些函数的定义表面上类似于 C 编程语言，但它们是独立的语言。因此，OpenGL 有许多绑定语言，主要包括 JavaScript 绑定的 WebGL（基于 OpenGL ES 2.0 在 Web 浏览器中进行 3D 渲染的 API），C 绑定的 WGL、GLX 和 CGL，iOS 提供的 C 绑定，以及 Android 提供的 Java 和 C 绑定。

OpenGL 是一个不断进化的 API。新版 OpenGL 规范定期由 Khronos Group（科纳斯组织）发布，新版本通过扩展 API 来支持各种新功能。每个版本的细节由 Khronos Group 的成员一致决定，包括显卡厂商、操作系统设计人员及类似 Mozilla 和谷歌的技术公司。

除了核心 API 要求的功能外，图形处理单元（graphics processing unit，GPU）供应商可以通过扩展的形式提供额外功能。扩展可能会引入新功能和新常量，并且可能放松或取消现有的 OpenGL 函数的限制。之后一个扩展就分成两部分发布：包含扩展函数原型的头文件和作为厂商的设备驱动。供应商使用扩展公开自定义的 API 而无须获得其他供应商或 Khronos Group 的支持，这大大增加了 OpenGL 的灵活性。OpenGL 登记处负责所有扩展的收集和定义。

2. OpenGL 基本组成

从程序开发人员的角度来看，OpenGL 实际上是一组绘图命令的 API 集合。通过这些 API 集合，用户可以方便地对几何对象进行描述，包括对象的建模、平移、旋转、缩放、镜像、投影、颜色、光照、材质、纹理、文字及交互等，几乎涵盖开发二维、三维图形所设计的各个方面。OpenGL 有多个函数库[153]，提供了大量的函数以实现图形的处理和显示。其库函数具有 C 语言风格，所有的 OpenGL 函数格式为<库前缀> <根命令> <可选的参数个数> <可选的参数类型>。组成 OpenGL 的函数库包括以下内容。

（1）OpenGL 基本库

OpenGL 基本库也是 OpenGL 的核心函数库，其中共有 115 个函数。函数以 gl 为前缀，如 glColor3f、glTranslate3f 等。通过这些函数可以实现物体的描述、变换、颜色、光照、纹理映射、文字处理等基本功能。

（2）OpenGL 实用库

OpenGL 实用库是基本库的一套子程序，其中共有 43 个函数，以 glu 为前缀，如 gluPerspective、gluCyl-inder 等。实用库函数是由基本库函数来编写的，以实现对基本库函数的部分封装，并能实现一些较为复杂的功能，如生成 NUBRS 曲线曲面、复杂多边形的生成及处理等。

（3）OpenGL 辅助库

OpenGL 辅助库中共有 31 个函数，以 aux 为前缀，如 auxInit Window、auxInitPosition 等。OpenGL 是一个图形标准，不提供窗口管理、消息响应等人机交互的函数，所以提供了辅助库。辅助库提供了一些基本的窗口管理函数、时间处理函数等，以实现窗口的创建及管理、键盘响应、鼠标响应等若干功能。

（4）OpenGL 工具库

OpenGL 工具库中的函数以 glut 为前缀，如 glutCreatWindow 等。OpenGL 工具库是跨平台的 OpenGL 工具包，基于窗口的工具，功能较 aux 函数强大；可以创建一个或多个 OpenGL 窗口，响应、处理用户的交互操作及一些内置的绘图和字体处理等功能。

3. 针对不同窗口系统的函数

针对不同窗口系统的函数有不同的数据库，包括 glx、agl、wgl 等共 16 个，如 wgl 函数即为 Windows 专用库，用于连接 Windows 与 OpenGL。

4. 应用实例

使用下面的程序可以生成六面体，如图 3-82 所示。

```
# include <stdio.h>
# include <GL/gl.h>
# include <GL/glaux.h>
# include <stdio.h>
void myinit(void);
void CALLBACK myReshape(int w,int h);
void CALLBACK display(void);
void myinit(void)
{glClearColor(0.0,0.0,0.0,0.0);
void CALLBACK display(void)
```

```
glClear(GL_COLOR_BUFFER_BIT);
glColor4f(0.2,0.8,1.0,1.0);
glRotatef(30,1.0,1.0,0.0);
auxWireCube(1.0);
glFlush();
void CALLBACK myReshape (int w,int h)
{glViewport(0,0,w,h);
void main(void)
auxInitDisplayMode(AUX_SINGLE|AUX_RGBA);
auxInitPosition(0,0,200,200);
auxInitWindow("openglsample.c");
myinit();
auxReshapeF unc(myReshape);
auxMainLoop(display);
```

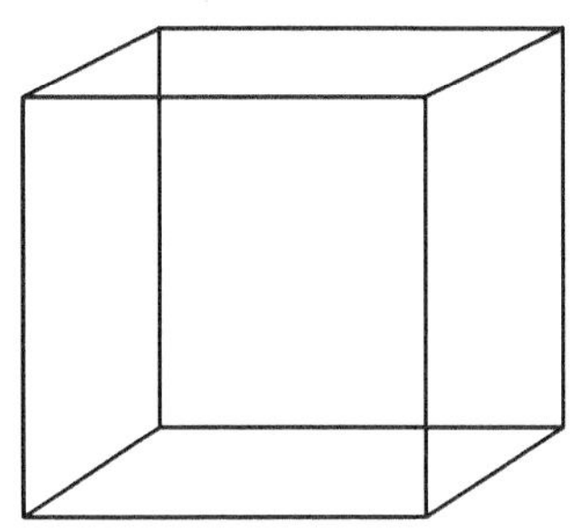

图 3-82　基于 OpenGL 生成的六面体

3.3.2　Open Inventor

1. Open Inventor 基本介绍

Open Inventor（简称 OIV）是美国硅图公司（Silicon Graphics Inc.，SGI）开发的基于 OpenGL 的、面向对象的三维图形软件开发包。使用 OIV 开发包，程序员可以快速、简洁地开发出各种类型的交互式三维图形软件。OIV 具有平台无关性，它可以在 Microsoft Windows、UNIX、Linux 等多种操作系统中使用。OIV 允许使用 C、C++、Java、DotNet 等多种编程语言进行程序开发。经过多年的发展，OIV 已经基本上成为面向对象的 3D 图形开发“事实上”的工业标准，已广泛地应用于机械工程设计与仿真、医学和科学图像、地理科学、石油钻探、虚拟现实、科学数据可视化等领域。

OIV 是面向对象的，因为它本身是使用 C++编写的，所以允许用户从已存在的类中派生出自己的类，通过派生的方式可以很容易地扩展 OIV 库。OIV 支持“场景”、“观察器”和“动作”等高级功能。用户可以把 3D 物体保存在“场景”中，通过“观察器”来显示 3D 物体，利用“动作”可以对 3D 物体进行特殊的操作（如拾取操作，选中操作等）。正是因为有这些高级功能，普通程序员也能编写出功能强大的三维交互式应用软件。

OIV 是由一系列的对象模块组成的，通过使用这些对象模块，开发人员可以花费最小的编程代价，开发出能充分利用强大图形硬件特性的程序。OIV 是一个建立在 OpenGL 基础上的对象库，开发人员可以任意使用、修改和扩展对象库。OIV 对象包括数据库图元、形体、属性、组和引擎等对象，以及像手柄盒和轨迹球等操作器、材质编辑器、方向灯编辑器、examiner 观察器等组件。

2. Open Inventor 的特色功能

（1）面向对象的 3D 应用程序端口

Open Inventor 提供了一个最广泛的面向对象集（超过 1300 个易于使用的类），并集成了一个友好的用户系统架构来进行快速开发。规范化的场景图提供了现成的图形化程序类型，其面向对象的设计鼓励可拓展性和个性化功能来满足具体的需求。

（2）优化的 3D 渲染

Open Inventor 可利用 OpenGL 最新的功能集和拓展模块来优化渲染效果，自动基于 OpenGL 的最优化技术提供一个大大改善的高端应用程序接口。

（3）先进的、基于 OpenGL 的着色器

Open Inventor 嵌入了一个超过 80 个渲染程序的列表，完全支持 ARB 语言、NVIDIA Cg 和 OpenGL 绘制语言，以获得先进的视觉效果，进一步提高终端用户的三维可视化视觉体验。

（4）先进的开发帮助

IvTuneR 是一个交互的绘图工具，当程序正在运行时可对 3D 程序进行校正和调试。它允许开发人员进行交互式操作和修改场景图。

（5）全面的 3D 内核

Open Inventor 不仅提供了完整的 3D 几何内核，还提供了强有力的、先进的 3D 功能集支持，以及一个物体间和摄影间、场景间的快速碰撞检测应用。

（6）大型模型的可视化

Open Inventor 可通过较少的三角形来构建新的几何模型，并自动生成层次细节（level of details，LoD）和保存外表的简化节点，以提高显示质量和使交互渲染成为可能。

（7）远程渲染、虚拟现实功能和多屏显示

Open Inventor 提供的高端的浸入式组件易于使用且有力解决了面对 3D 高级程序开发领域中棘手的问题。

（8）多线程技术

使用多线程技术和采用多个处理器或利用单一的高端处理器一样都能增加整体的显示效果。

（9）高性能的 API 框架

Open Inventor 提供了先进的三维可视化和强大的计算功能间的交互。

3.3.3 MeshLab

1. MeshLab 基本介绍

MeshLab 是用于处理和编辑 3D 三角形网格的开源系统。它提供了一组用于编辑、清理、修复、检查、渲染、纹理和转换网格的工具，并提供了处理由 3D 数字化工具/设备生成的原始数据和 3D 打印模型的功能。

2. MeshLab 特色功能

（1）3D 数据对齐

3D 数据对齐（也称为配准）是处理 3D 扫描数据流程中的一个基本步骤。MeshLab 提供了一个强大的工具，用于将不同的网格移动到一个公共的参考坐标系下，能够管理多个映射变换。MeshLab 可以通过精细的 ICP 算法，实现点云一对一配准，进而完成全局误差分布调整，也可以完成对扫描器（短距离和长距离）和图像转换 3D 工具等多种来源的网格和点云的对齐。

（2）3D 重建

将独立采集数据或点云转换为单表面三角网格的过程可以用不同的算法来实现。MeshLab 提供了几种解决方案来重建目标的形状，如通过体素（移动立方体）、隐式表面（泊松映射）。

（3）3D 采集（颜色映射和纹理）

颜色信息与几何信息一样重要，但是几种采集技术不能提供精确的外观数据。MeshLab 包含用于将颜色信息（来自一组未校准的图像）对准和投影到 3D 模型上的处理流程，提供了几种自动和辅助方法以获得具有每个顶点或纹理映射的高质量颜色编码。

（4）清洗 3D 模型

MeshLab 提供了一系列自动、半自动和交互式过滤器来删除那些通常被大多数软件和算法视为“错误”的几何元素。它可以去除拓扑错误、重复和未参照顶点、小部件、退化或相交面及其他几何和拓扑奇点。同时，使用不同的自动和交互式选择方法，可以去除网格和点云中不需要的区域。

（5）缩放、定位和定向

3D 模型，特别是来自测量和扫描的模型，通常需要重新定向或放置在特定的参考系中。此外，如果是从照片生成的，它们通常需要缩放到标准度量。MeshLab 提供了一系列功能以实现 3D 模型的缩放、定位和定向，包括基本的变换操作（如平移、缩放、旋转），自动重新定中心和与轴对齐，使用参考点几何定位，用于旋转、平移、缩放的交互式操作等。

（6）简化、细化和重新划分

处理 3D 模型时常见的需求是降低其几何复杂性，创建由较少三角形（或点）组成的具有相同形状的几何图形。MeshLab 提供了不同的方法，在保留几何细节和纹理映射的前提下，简化（抽取）三角化表面，或选择性地减少点云中点的数量。在用户想要增加三角形（或点）数量的情况下，MeshLab 提供了不同的细分方法，重新划分和重新采样过滤器，增加 3D 模型的几何复杂度或优化点分布和三角化质量。

（7）测量和分析

在 MeshLab 中，3D 模型的交互式点到点测量非常简单。此外，自动滤波器可以返回 3D 模型（或选定区域）的各种几何拓扑信息，而切割工具可以将网格的截面导出为折线。其还可以使用自动滤波器计算网格和 3D 模型的各种几何信息（如曲率、测地距离或局部顶点密度）。

（8）可视化和演示

MeshLab 的可视化功能（包括装饰和着色器）可以帮助可视化呈现 3D 模型的特征，可以控制相机视角/视距，并使用预定义的规范视图。MeshLab 还提供了高分辨率的屏幕截图功能，在创建审查图形文档时非常有用。

（9）颜色处理

MeshLab 可以使用一系列像 Photoshop 功能一样的滤波器（如伽马、饱和度、亮度、对比度、色阶、平滑、锐化）来调节顶点和表面的颜色。自动滤波器不仅可以计算环境光遮挡和体积遮挡，并将其映射到顶点或表面颜色；还可以显式地写入颜色函数，以突出 3D 模型的特定属性。MeshLab 还提供了一个用于绘制顶点颜色的绘画界面。标量值（可能是 3D 表面上的度量计算的结果）也可以被映射到顶点或表面颜色，以实现该值的可视化呈现。

（10）3D 打印（偏移、中空、闭合）

除了能够将 3D 模型导出到 STL（3D 打印中较为常见的格式之一），MeshLab 可以通过创建内部形状、重新采样/重新创建 3D 模型使切片更容易、修复漏洞获得封闭网格，以及使底部区域变平以具有更好的平台依附性等，为 3D 模型打印做准备。

（11）比较模型

使用 Hausdorff 测量两个 3D 模型之间的几何差异是网格处理中的常见方法。1997 年，视觉计算实验室开发并自由发布了后来成为此类任务标准工具的 Metro，相关论文被引用了一千多次。原始的 Metro 工具是一个独立的小开源命令行程序。MeshLab 现在提供了更高级的功能来比较两个网格，同时可以计算网格甚至是点云的有符号距离。

（12）3D 模型转换和交换

MeshLab 可以导入和导出许多不同的 3D 数据格式和像 SketchFab 的在线服务。这样，它可以和其他工具（如 Blender、Photoscan、VisualSFM、CloudCompare、Autodesk tools）交换数据，在一系列不同上下环节和应用中的复杂 3D 处理流程环境中工作。脚本使这类应用更加简单和隐蔽。

（13）光栅图层、图像集成

MeshLab 中引入了光栅图层，从而超越了标准 3D 模型。MeshLab 用户可以在项目中导入图像和其他 2D 实体。这些光栅图层不仅可以用于在 3D 模型上映射颜色信息，还可以用于生成特殊的视点，或者通过包含用于生成最终结果的原始图像来存储整个从图像到 3D 模型的获取过程。

第 4 章 基于点云的边坡智能地质编录平台 GeoCloud V1.0

4.1 GeoCloud 基本架构

软件平台基于 Qt（应用程序开发框架）开发，具有跨平台属性。整个项目主要由 C/C++语言编写。平台各模块间以高内聚低耦合为基本的准则，减少相互间的依赖关系，同时在函数接口、数据扩展接口、插件接口等方面做了优化，以满足实际的生产需求。

从架构层次来讲，平台核心（图 4-1）由 4 个部分组成：三方依赖库、数据格式及扩展、渲染交互、插件平台。但是，从具体设计而言，需要将某些部分进行细分，以达到各个模块间的相互协调配合，形成一个有机的整体，构成 GeoCloud 平台。

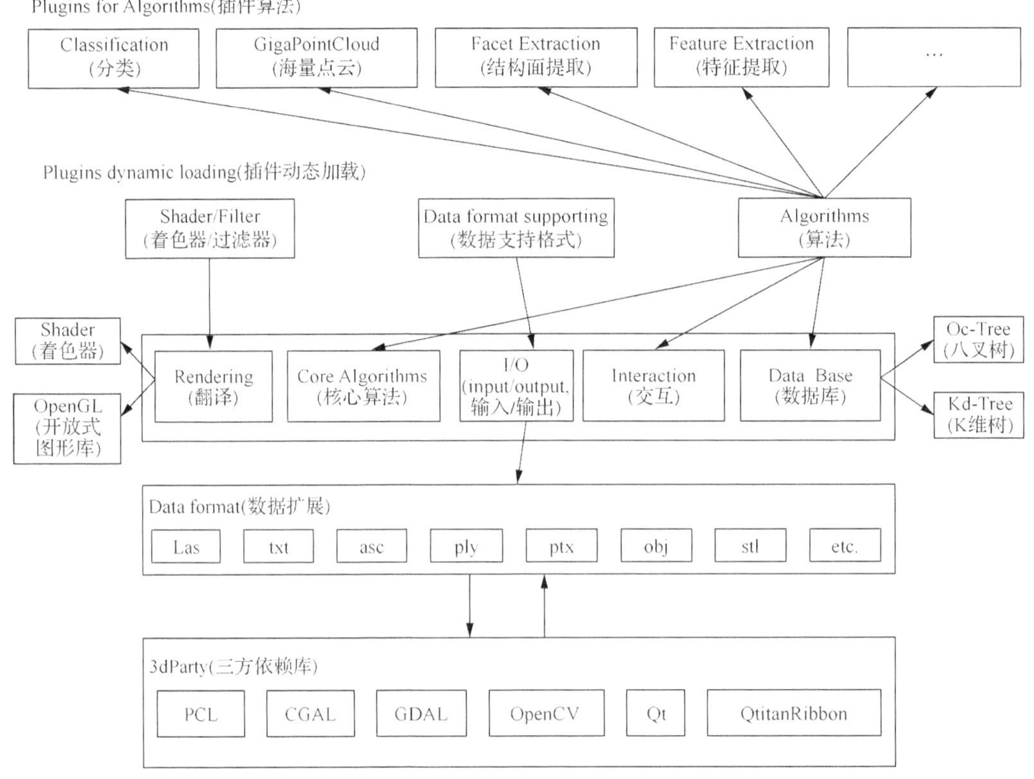

图 4-1 GeoCloud 平台架构设计

下面将围绕软件界面、三方依赖库、数据扩展、交互渲染、数据结构、核心算法、插件平台、平台搭建扩展等方面进行详细介绍。

4.2 软件界面

根据 GeoCloud 架构底层的三方依赖关系，结合 Qt、QtitanRibbon 界面库（图 4-2），搭建出平台的基本界面。

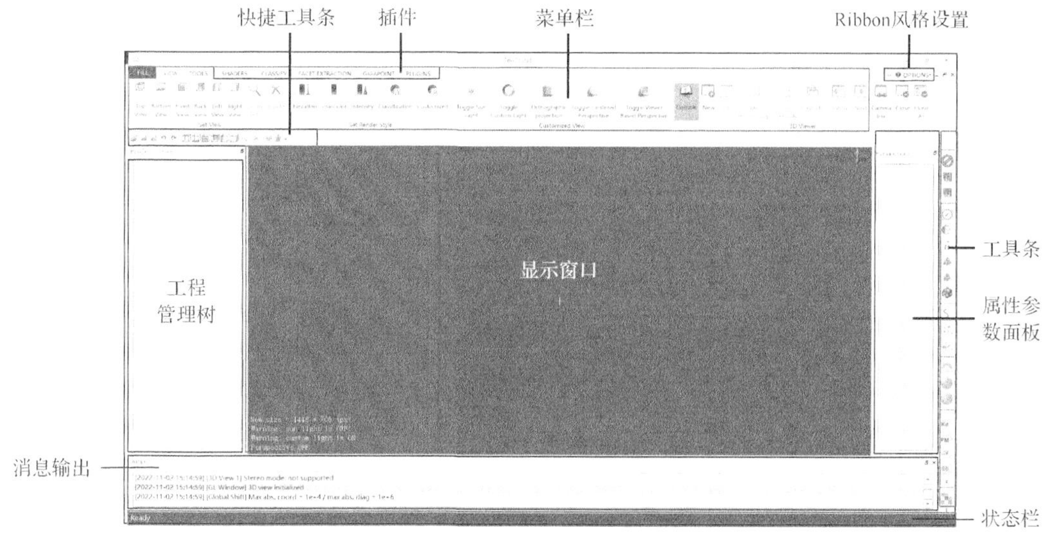

图 4-2　Ribbon 风格界面

界面根据使用的习惯分为 View（视图）、Tools（工具）、Shader（着色器）、Classify（分类）、Facet Extraction（结构面提取）、GigaPoint（海量点云浏览）、Plugins（通用插件）等。

4.3 三方依赖库

核心依赖库主要有点云处理算法库（point cloud library，PCL）、计算几何算法库（computational geometry algorithms library，CGAL）、地理空间数据抽象库（geospatial data abstraction library，GDAL）、开源计算机视觉库（open source computer vision library，OpenCV）、Qt、QtitanRibbon 等，在插件编写过程中会涉及 Laslib、Ply、E57、PThread、ZLib、DLib 等三方库。

4.3.1 PCL

PCL 是开源的点云处理算法库。它实现了大量点云相关的通用算法和高效数据结构，涉及点云获取、滤波、分割、配准、检索、特征提取、识别、追踪、曲面重建、可视化等，支持多种操作系统平台，可在 Windows、Linux、Android、MacOS、部分嵌入式实时系统上运行。

对于 3D 点云处理来说，PCL 完全是一个模块化的现代 C++模板库，其基于以下第三方库：Boost、Eigen、快速近似近邻算法库（fast library for approximate nearest neighbors，FLANN）、可视化工具包（visualization toolkit，VTK）、统一计算设备架构（compute unified device architecture，CUDA）、开放式自然交互（open natural interaction，OpenNI）、Qhull，实现点云相关的获取、滤波、分割、配准、检索、特征提取、识别、追踪、曲面重建、可视化等。

PCL 利用共享存储并行编程（open multi-processing，OpenMP）、图形处理器（graphics processing unit，GPU）、统一计算设备架构等先进高性能计算技术，通过并行化提高程序实时性。*K* 近邻搜索操作的构架是基于快速近似近邻算法库所实现的，速度也是目前技术中最快的。图 4-3 所示为 PCL 基本架构。PCL 中的所有模块和算法都是通过 Boost 共享指针来传送数据的，因而避免了多次复制系统中已存在的数据的需要。从 0.6 版本开始，PCL 已经移入 Windows、MacOS 和 Linux 系统中，并且在 Android 系统中也已经开始投入使用，从而使 PCL 的应用容易移植与多方发布。

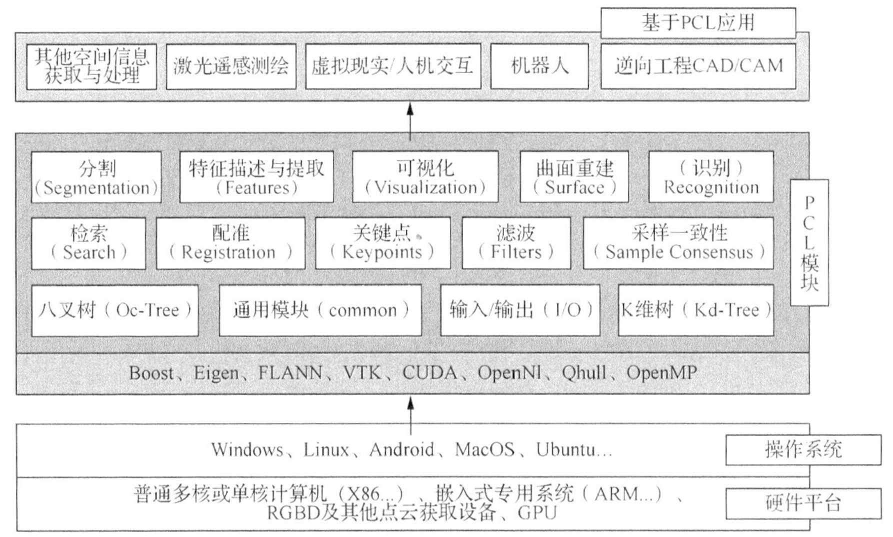

图 4-3　PCL 基本架构图

4.3.2　CGAL

CGAL 的设计目标是以 C++库的形式，提供方便、高效、可靠的几何算法。CGAL 可用于各种需要几何计算的领域，如计算机图形学、科学可视化、计算机辅助设计和建模、地理信息系统、分子生物学、医学成像、机器人运动规划、网格生成、数值方法等。

CGAL 提供了计算几何相关的数据结构和算法，如三角剖分［2D 约束三角剖分及二维和三维 Delaunay（德洛奈）三角剖分］、Voronoi（沃罗诺伊）图（二维和三维的点、2D 加权 Voronoi 图、分割 Voronoi 图等）、多边形（布尔操作和偏置）、多面体（布尔运算)、曲线整理及其应用、网格生成（二维 Delaunay 网格生成、三维表面和体积网格生成等)、几何处理（表面网格简化、细分和参数化等)、凸包算法（2D、3D 和 dD)、搜索结构［AABB-Tree、Kd-Tree（K-dimensional Tree，Kd 树）等]、插值、形状分析、拟合、最短距离计算等。

CGAL 在三角网方面的高效处理及简洁的代码逻辑、良好的扩展性给开发工作带来了极大的便捷性。在新版的 CGAL 中，开始加入了新的元素，包括形状检测、基于机器学习的点云分类、建筑物自动建模、三角网热力模型等。该库由模板函数编写，无须跨平台安装工具（Cross Platform Make，CMake）编译即可直接使用，是一种编译运行时库，减少了三方库的编译过程，使用更加简单便捷。

4.3.3　GDAL

GDAL 是一个操作各种栅格地理数据格式的库，包括读取、写入、转换、处理各种栅格数据格式。它使用了一个单一的抽象数据模型支持大多数的栅格数据（GIS 对栅格、矢量、3D 数据模型等)。除了栅格操作，该库还同时包括了操作矢量数据的 Maptools 库。Maptools 库同时具备了操作栅格和矢量数据的能力。同时该库是开源跨平台的。

GDAL 支持大量的栅格格式，同时支持 C/C++/Python/Ruby/VB/Java/C#等语言接口的调用。该库的 Python 版接口与其他的 Python 库结合得很好，支持使用 Numeric 库来进行数据读取和操作，方便进行矩阵操作处理。Python 对矩阵的操作比其他的语言有明显的优势，代码简洁明了。Python 的弱类型在处理栅格数据格式类型时，代码量比强类型的语言少了数倍。GDAL 为调用的应用程序提供了所有受支持格式的单个栅格抽象数据模型和单个矢量抽象数据模型，它还带有用于数据转换和处理的各种有用的命令行实用程序。

GDAL 处理栅格图像数据时较为方便实用，同时点云数据衍生了很多其他的成果，在点云或三角网生成数字高程模型（digital elevation model，DEM）的过程中，会涉及栅格数据的转换和导出。支持数据的扩展过程中会利用 GDAL 库实现 tif、tiff、jpg、png 等常用图像格式的导入导出。

4.3.4　OpenCV

OpenCV 是一个基于开源发行的跨平台计算机视觉库，它实现了图像处理和计算机视觉方面的很多通用算法，已成为计算机视觉领域最有力的研究工具。此时，需要区分图像处理和计算机视觉两个概念。图像处理侧重于“处理”图像，如增强、还原、去噪、分割等；而计算机视觉重点在于使用计算机来模拟人的视觉，因此模拟才是计算机视觉领域的最终目标。

OpenCV 由一系列 C 函数和 C++类构成，拥有包括 500 多个 C 函数的跨平台的中高层 API。它不依赖于外部库，但需要时也可以使用外部库。因为计算机视觉和机器学习密切相关，所以 OpenCV 还提供了机器学习库（machine learning library，MLL)。该学习库主要用于统计方面的模式识别、聚类和常用的机器学习算法。OpenCV 主要应用领域包括人机互动、物体识别、图像分割、人脸识别、动作识别、运动跟踪、机器人、运动分析、机器视觉、结构分析、汽车安全驾驶等方面。

自从 OpenCV 3.1 以来，它就包含了能实现深度网络前向传播的内容管理系统（dotnetnuke，DNN）模块，通过该模块可以加载由 Caffe（convolutional architecture for fast feature embedding，卷积神经网络框架）等深度学习框架训练的模型数据，并执行前向推理运算，输出预测结果。在 OpenCV 3.3 中，DNN 模块从 opencv_contrib 移到核心代码库，并取得了显著的加速。在 OpenCV 4.0 的更新中，它强化了 DNN 模块并添加支持开放式神经网络交换（open neural network exchange，ONNX）格式的神经网络，这一切都表明 OpenCV 非常注重其与深度学习之间的关系。除了 libprotobuf 外，DNN 模块不依赖任何额外的外部库，而且现在 libprotobuf 已经包含到 OpenCV 中。OpenCV 支持的框架包括 Caffe、TensorFlow、Torch、Darknet、Models in ONNX format，并修复了 AMD（美国 AMD 公司品牌微处理器）和美国 NVIDIA 品牌图形处理器（graphics processing unit，GPU）上的开放运算语言（open computing language，OpenCL）加速，深度神经网络会在计算机视觉中被广泛使用。

4.3.5　Qt

Qt 是一个跨平台的 C++图形用户界面应用程序框架。它为应用程序开发者提供建立艺术级图形界面所需的所有功能。它是完全面向对象的，很容易扩展，并且允许真正的组件编程。基本上，Qt 同X Windows上的 Motif、Openwin、GTK（GIMP Toolkit、跨平台图形工具包）等图形界面库和 Windows 平台上的微软基础类库（Microsoft foundation classes，MFC）、网络本体语言（web ontology language，OWL）、可视组件库（visual component library，VCL）、活动模板库（active template library，ATL）是同类型的东西。它相对其他做界面的软件会比较容易使用和学习。

1）本质上，Qt 是一个跨平台的 C++应用程序开发框架，有时又被称为 C++部件工具箱。Qt 应用在 K 桌面环境（K desktop environment，KDE）、Opera、Google Earth、Skype、Adobe Photoshop Album 和 VirtualBox 的开发中，只需一次性开发应用程序和用户界面，无须重新编写源代码，便可跨不同桌面和嵌入式操作系统部署这些应用程序。

2）优良的跨平台特性。Qt 支持 Microsoft Windows 95/98、Microsoft Windows NT、Linux、Solaris、SunOS、HP-UX、Digital UNIX（OSF/1、Tru64），Irix、FreeBSD、BSD/OS、SCO、AIX、OS390、QNX 等操作系统。

3）面向对象。Qt 的良好封装机制使得 Qt 的模块化程度非常高，可重用性较好，对于用户开发来说，其是非常方便的。Qt 提供了一种称为 signals/slots 的安全类型来替代 callback 函数，使各个元件之间的协同工作变得十分简单。

4）丰富的 API。Qt 包括多达 250 个以上的 C++类，还提供基于模板的 collections、serialization、file、I/O（输入/输出，input/output）device，directory management、date/time 类，甚至还包括正则表达式的处理功能。

5）支持 2D/3D 图形渲染。Qt 支持开放式图形库、大量的开发文档、可扩展标记语言（extensible markup language，XML）。

6）多语言扩展。Qt 还存在Python、Ruby、Perl 等脚本语言的绑定，即可以使用脚本语言开发基于 Qt 的程序。

7）自定义界面及工具按钮。Qt 提供描述性脚本语言（Qt meta-object language，QML）界面设计语言，可自定义各种按钮，开发效率高，满足个性设计和工业自定义控件设计，在嵌入式平台中应用广泛。

8）自定义的层叠样式表。Qt 具有与网页设计类似的功能，借鉴层叠样式表（cascade style sheet，CSS），自定义了一套 Qt 样式表（Qt style sheet，QSS），程序运行时会自动匹配每个界面的样式表，包括界面背景、按钮形状和颜色、布局等。

4.3.6 QtitanRibbon

QtitanRibbon 是基于 Qt 开发的一套界面库，类似于 MFC 的 Ribbon 风格，同时兼顾 Windows 10 的文件窗口特性，可以随系统自定义界面显示风格与 QSS。界面控件简洁自然，窗口可以随需求自由布局同。

在界面中菜单栏提供常用的分页栏，定义功能项，也可以在快捷工具栏设置常用的快捷工具条，自定义常用操作按钮，提供普通工具条的显示与隐藏功能，兼顾传统的工具栏设置界面。

4.4 数据扩展

GeoCloud 支持多种数据的读写操作，支持主流的点云数据读写操作，包括 las、laz、ptx、txt、asc、xyz、pts、ptx、csv 等格式，支持 obj、stl、ply、off、vtk 等常用三角网数据格式，支持 shp 栅格数据，支持 dxf 矢量图格式，同时支持 png、jpg、jpeg、ico、tiff、tif、svg、tga、cur 等影像数据格式。

常用的格式基本满足日常的数据导入导出，通常还能把导入的数据文件，按照实体对象组进行存储，序列化为自定义的二进制格式（bin），读入时经过反序列化操作，读取二进制文件，恢复工程或文件。自定义数据结构有利于节省存储空间，同时在反序列化时可以按照指定的流程恢复文件，二进制的数据格式能够有效压缩数据，节省存储空间，提高读写性能。

除了上述的常用格式外，也可以通过插件平台来扩展现有的数据格式支持类型。例如，PCL 中常用的格式为点云数据（point cloud data，PCD），由于三方库依赖于 PCL 算法库，可以编写插件将 PCD 作为平台的常用输入输出数据，并在打开文件的窗口中显示所有支持的数据类型。对数据压缩存储有要求时，可以选取 e57 格式的点云压缩格式，将编译好的 e57 三方库添加到 GeoCloud 平台中，编写相应的 I/O 类型插件，扩展支持 e57 格式的点云数据文件。

对于能够读写的数据格式，经过数据格式扩展的工厂类，都可以通过 I/O 插件注册到平台中，自定义扩展类型的数据结构，以满足数据的浏览与保存。该方面的应用主要是扩展平台暂时不支持的数据格式，也能满足自定义的数据格式序列化与反序列化，如海量三角网数据的压缩转换过程，会产生自定义的数据格式，扩展该类型数据到平台中，即可实现数据的读写或拖动到屏幕中，实现海量三角网的动态加载浏览。

4.5　交互渲染

4.5.1　多视图

多视图窗口主要用于浏览多个点云数据、做切片视图显示、点云影像显示、二维 shp 地图显示等。GeoCloud 目前支持创建基于 MidArea 的多窗口视图（图 4-4），每个视图独立创建，但是可以通过相机关联，实现多个视图的联动操作和解关联。

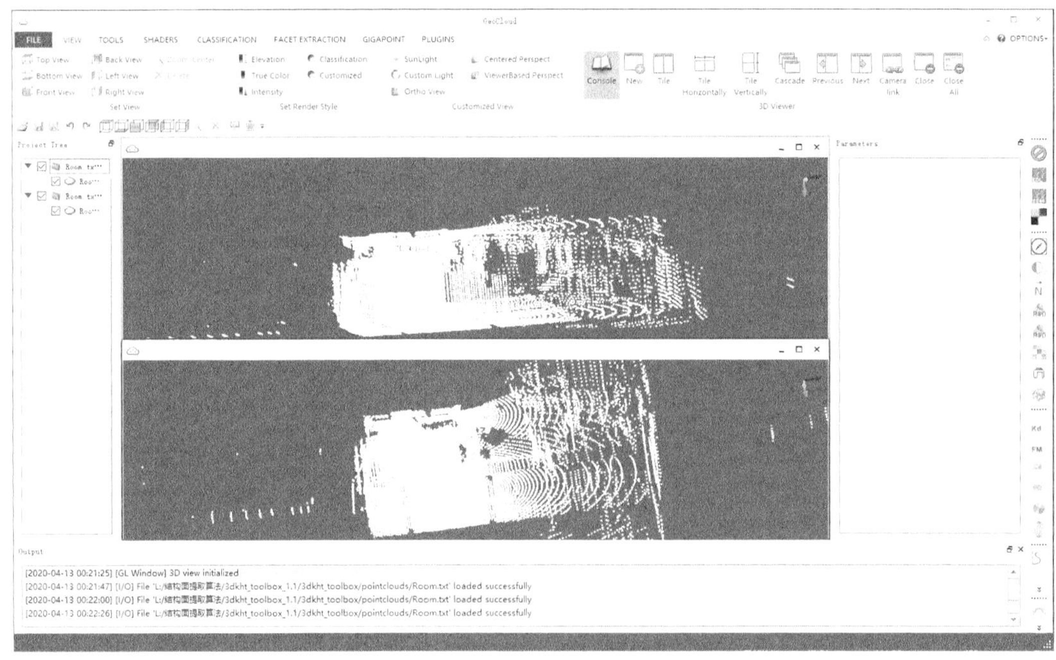

图 4-4　多窗口视图

视图根据鼠标选择的窗口对象自动选择激活视图窗口，对激活的窗口进行交互。常用的为两个窗口对象，窗口的布局包含三种关系：水平平铺、垂直平铺和层叠平铺。在多视图中，应用最为广泛的为切片视图。点云数量庞大，不同仪器在不同频率等条件下采集到的数据相差较大，局部细节很难通过简单的放大缩小来甄别，切片视图可以将点云进行局部裁剪，获取任意方向上两个裁剪平面内的点，使用 glClipPlane 对视锥体内的对象进行显示遮挡，快速获取切片点云，浏览局部细节。

在自动分类结束后，可以通过切片视图对分类后的点云进行查看，或者对 DEM 进行切片裁剪，然后查看、编辑错分部分模型或点云对象，避免整个数据的遍历和裁剪，提高作业效率。在 CAD 集成的软件平台中，若需要在点云上绘制矢量图形，可以对点云进行切片控制，获取不同角度上的切片断层点云，在断层数据上实现各种手动、自动或半自动的绘制方法，完成制图工作。

4.5.2　视图同步

窗口之间可通过相机参数进行关联，将各个窗口绑定，实现窗口联动。不同的激活窗口可以显示不同的点云实体，或点云实体与影像实体，便于开发后续的浏览功能及算法。

视图同步通用应用在绘制矢量图中，适合大面积下不同比例尺的数据矢量化工作。其也是多源数据融合显示的一种手段，较为突出的代表性工作是将点云与全景影像融合，根据采集到的点云数据和影像数据，按照对应的参数进行配准，实现点云与影像的叠加，可以在数据显示时，单窗口显示点云，另一窗口实现影像的显示，关联相机后，两者实现同步操作，给点云叠加实景影像，方便城市部件采集工作和相关算法的开发。

4.5.3　Shader（着色器）

GPU 的产生是为了解决图形渲染效率的问题，随着技术进步，GPU 越来越强大，尤其是 Shader 出现后（允许在 GPU 上编程），GPU 能做的工作越来越多，不再局限于图形领域，其能力扩展到其他计算密集的领域，这就是通用 GPU。平台提供两种常用的渲染着色器，用于点云的仿真渲染，加速渲染效果，增强现实的视觉层次感，主要包括眼睛穹顶照明（eye-dome lighting，EDL）和屏幕空间环境光屏蔽（screen space ambient occlusion，SSAO）。

（1）SSAO

SSAO 是一种用于在计算机图形中实时实现近似环境光屏蔽效果的渲染技术。该算法作为像素着色器，通过分析场景中纹理的深度值缓冲来实现，可以近似地表现出物体在环境光下产生的阴影。首次使用该特效的是 2007 年由Crytek（科瑞特）开发的电脑游戏Crysis。

SSAO 是一种纯粹的图形渲染技术，也可以看成是一种算法。SSAO 通过采样像素周围的信息，并进行简单的深度值对比，计算物体上环境光照无法到达的范围，从而可以近似地表现出物体在环境光照下产生的轮廓阴影，并利用“逐像素场景深度计算”技术计算得出的深度值直接参与运算。

基于顶点的环境光遮蔽（ambient occlusion，AO）技术在模型表面顶点足够密的情况下，能够得到很好的效果。但是基于物理精确的 AO 计算需要进行光线与场景的求交运算，十分耗时，所以这种方法只能用于离线渲染。为达到实时计算的目的，提出基于屏幕空间的环境遮挡技术，对每个像素的邻域进行随机采样快速计算 AO 的近似值。SSAO 是实际应用较多的一种 AO 算法。该算法可以在实时运行的条件下较为逼真地模拟全局光照的渲染效果。由于所有的计算都发生在屏幕空间，所以也叫作屏幕空间环境光遮罩。即在屏幕空间上进行 AO 计算，并用深度缓存上的深度比较来代替光线求交。该算法具有以下特点。

1）独立于场景复杂性，仅和投影后最终的像素有关，和场景中的顶点数三角数没有关系。

2）与传统的 AO 处理方法相比，不需要预处理，无须加载时间，也无须系统内存中的内存分配，所以更加适用于动态场景。

3）对屏幕上的每个像素以相同的一致方式工作。

4）不使用中央处理器（central processing unit，CPU），它可以在 GPU 上完全执行。

5）可以轻松集成到任何现代图形流水线中。

SSAO 算法将深度缓存当成场景的一个粗略的近似并用深度比较代替光线求交来计算 AO。这种方法不仅适用于静态场景，而且适用于各种动态场景，极大地提高了 AO 计算的实时性。基于屏幕空间的 AO 算法通过在屏幕空间进行随机采样，并根据采样点的空间分布来估算 AO 因子。所有的计算都发生在屏幕空间，因此这类算法的执行效率非常高，但在计算的精度上，却难以和基于顶点的 AO 计算相比，在实时渲染过程中会存在模糊化的效果。

（2）EDL

EDL 是一种非真实感的、基于图像的着色技术，旨在提高科学可视化图像的深度感知。它依赖于使用 OpenGL 着色语言（OpenGL shading language，GLSL）着色器在 GPU 上实现的高效后处理过程，以实现交互式渲染。计算着色函数只需要投影深度信息，然后应用到彩色场景图像。因此，EDL 可以应用于任何类型的数据，而不考虑其几何特征（等值面、流线、点精灵等），但需要基于透明度的渲染的数据除外。

EDL 是由克里斯蒂安 · 布切尼在其攻读博士学位期间开发的。他最初的目的是提高大型三维数据集可视化的深度感知，这些数据集代表了法国电力集团复杂的工业设施或设备。法国电力集团是欧洲一家主要的电气公司，工程师们每天都能看到复杂的数据，如发电厂的 3D 扫描或多物理数值模拟的结果。

阴影在感知复杂场景的视觉机制中占有特殊的地位。全局照明模型，包括物理启发的环境光遮挡项，通常用于强调曲面的浮雕和消除空间关系的歧义。然而，应用这些模型仍然是昂贵的，因为它通常需要大量的预计算，所以不适合科学可视化中的探索过程。另外，基于图像的技术，如基于深度差的边缘增强或光晕，为理解复杂场景提供了有用的线索。这些非真实感技术可以增强真实照明模型中可能看不到的微妙空间关系。

本节介绍的非真实感着色技术——EDL 依赖于以下关键思想：基于图像的照明，即该方法受到环境遮挡或天穹顶照明技术的启发，并添加了视点相关性。与这些技术的标准应用相反，该方法中的计算是在图像坐标空间中进行的，仅使用深度缓冲信息，如 Crytek SSAO。这些技术不需要在对象坐标空间中表示，因此不需要可视化数据的几何知识或任何预处理步骤。

1）局部性：给定像素的阴影应该主要依赖于其在图像空间中的近邻，因为观察者最初不太可能检测到长距离交互的影响。

2）交互性：主要关注的是避免代价高昂的操作，这些操作会减慢交互探索的速度，从而限制对数据的理解。由于图形硬件的发展，在碎片（fragments）中执行一组有限的操作似乎是最有效的方法。

EDL 算法的基本原理（图 4-5）是考虑一个以每个像素 P 为中心的半球体（圆顶）。圆顶以“水平面”为边界，水平面垂直于 P 点的观察者方向。阴影是 P 点可见圆顶数量的函数，或者相反，它是由圆顶被 P 的邻域所隐藏（在图像空间中，那些在 P 周围的环上拍摄的圆顶)。换言之，如果相邻像素的深度比 P 像素的深度低（即更接近观察者)，则相邻像素将减少 P 处的照明。此过程定义仅取决于相邻像素的深度值的着色量。为了获得更好的阴影，同时考虑更远的相邻像素，实现了一种多尺度方法，在较低分辨率（通常为图像大小的 1/2 和 1/4）下应用相同的阴影功能。然后，使用交叉双边滤波器（深度差调制的高斯模糊）对这些阴影图像进行滤波，以限制由较低分辨率引起的混叠，然后与全分辨率阴影图像合并。

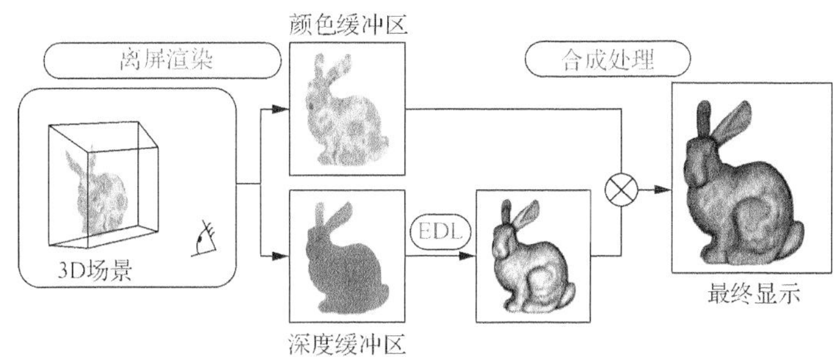

图 4-5　EDL 计算原理图

4.5.4　GL 裁剪盒

采集盒是 OpenGL 显示时，对视图经常裁剪显示，节省渲染时资源消耗，提高绘制效率。除了视锥体的 6 个裁剪面（左、右、顶、底、远和近）外，还可以指定最多 6 个裁剪面，这 6 个裁剪面构成裁剪盒空间，对视锥体空间中的所有对象进行裁剪屏蔽操作，显示裁剪面包围的空间内部对象，即裁剪盒内部空间对象。

空间平面方程由三元一次函数 $Ax+By+Cz+D=0$ 构成，裁剪平面会根据模型和视图矩阵自动执行适当的变换。最终的裁剪区域将是视锥体与其他裁剪平面定义的所有半空间的交集，OpenGL 会自动对部分被裁剪的多边形的边进行正确重构。

一般来说，裁剪平面都是标准的平面方程，指定任意参数，会自动计算出空间中平面到原点外的一个或几个平面。如果想要获取任意方向上的裁剪盒，则需要计算裁剪平面的法线参数和裁剪位置，根据法线确定裁剪面的方向，根据裁剪位置确定平面的空间位置，具体的过程涉及空间坐标转换和矢量平移知识，此处不再进行详细论述。

4.5.5　GL Shader Extension（着色扩展）

除了上述 SSAO 和 EDL 两种应用广泛的着色器外，还有许多其他着色器，用于渲染点云或三角网数据，常见的有 LowPoly、Glass、DepthMap、NormalMap、Phong、XRay、Radiance Scaling、Anistropic Kuwahara 等。

Shader 不仅仅能够提升视觉上的效果，同时在某种程度上，给用户带来较好的用户体验，给程序带来“炫酷”的特效，使用软件时，如身临其境。现在的着色器语言基本在显卡端完成渲染，并绘制到屏幕窗口，低延时、精画质、高细节，是点云平台渲染过程的一种优选方案。基于着色器语言的这些特质，GeoCloud 平台提供了 OpenGL 的着色器插件编写接口，可快速在平台中实现各种渲染特效，后面的插件平台会讲解该部分插件的编写。

4.6 数据结构

4.6.1 PointCloud

点云（PointCloud）数据结构，用于存储点集，整个平台以 PointCloud 进行数据处理；包括基本的点坐标存储、法线、颜色、强度等常用点属性的扩展字段，以及字段的扩展，可以用自定义的方式添加未知字段，利用 C++的模板特性，无须将未知字段全部预留并定义出来，因此，该数据结构具有良好的扩展性。

点云数据中定义了网格数据结构类型，在对数据网格化时，以图像的方式进行处理，方便进行格网数据统计分析和构网。点云的栅格化过程中，对栅格插值，生成 DEM。点云数据会根据八叉树进行法线的计算，包括八叉树的构建及邻域搜索，计算出法向量值，计算后的法线可以根据最小生成树和快速移动最小立方体来翻转点的法线朝向。对于点云的属性信息，该数据结构可以实现点云的属性到标量场的相互转换，可以为数据添加更多的扩展标签，便于算法处理。

除此外，点云自带绘制功能，在绘制时会根据点数将数据分块进行渲染，若点数超过设定的点数，则会自动进入多层次细节（level of detail，LoD）模式，动态调度点云中点数，防止内存不足，导致界面卡顿。

4.6.2 Mesh

Mesh（网格）定义了基本网格数据类型，包括顶点、边、面片等信息，扩展信息包括法线、纹理特征等。Mesh 是一种特殊的结构，包括了点、边、面等空间的邻域关系，在渲染时存在不同的渲染方式，如面片、线框、点等方式。

与点云数据不同，Mesh 自带空间拓扑关系，在渲染时会存在更多的绘制工作，相较于同数量级的点云而言，三角网格式数据在渲染时会耗占更多的内存资源，因此不建议将过大的三角网导入面片中进行处理。平台后期维护过程中，会将 GPU 渲染部分加进来，避免纯 CPU 端处理，提高显卡的利用率，提升显示帧率和操作流畅度，同时会添加内外存网格数据调度，区别于 LoD 技术，增大数据加载量，在后期工作展望中会提及该内容。

4.6.3 Polyline

多段线（Polyline）数据结构，用于存储多段线，包括点的信息特征和点间的连接顺序关系。该类数据结构具备自绘功能，能够存储绘制的多段线数据，也能在前景二维视图中绘制带箭头标识的矢量数据。

多段线包括颜色、线型、线宽等属性，能够进行打断和连接。多段线在微分情况下是一段段直线，通常以顺序的点集进行存储，可以对多段线进行采样，获取上采样或下采样点集，用于存储和数据处理。

在 GeoCloud 的插件平台中，结构面的提取过程会生成产状的凹包轮廓线，该轮廓线通常以多段线标识。生成等高线时，不同等值面裁剪出来的点拟合的等高线也可以用多段线表示，对曲线的局部细节有要求的，可以进行上采样，并采用样条曲线进行优化替代。

4.6.4　Primitive 图元实体对象

（1）圆柱

圆柱实体结构，用于构建标准的圆柱模型，同时能够对点云中的圆柱体按照标准的参数模型进行拟合，生成实体对象。

（2）圆盘

根据半径参数和高度参数来确定圆盘模型，用于生成实体模型和点云模型的拟合。实体模型可以重采样，获取标准的点云模型，添加高斯噪声或随机噪声，当作参考数据或样本数据进行算法测试。

（3）平面

由方程 $Ax+By+Cz+D=0$ 决定的一个标准空间平面方程可以作为平面模型数据，也可以采样为点云数据。在平台中可根据任意点构成的凸包/凹包点数据生成不规则平面结构，对点云进行建模，也可在计算点云超欠挖时，作为参考平面来计算填挖方信息。

（4）圆锥

圆锥体是特殊的圆柱体，由沿着母线的变截面曲线拉伸而成，用于生成锥体模型或锥体点云模型。

（5）圆环

由内外半径差构成环形旋转扫描直径，绕中心轴线旋转得到的实体对象为圆环。

（6）Image

影像（Image）数据的存储与表示，利用 QImage 表示影像数据类型，涉及数据的读写与图像的处理。处理点云时可以结合影像数据进行处理，对影像数据的支持，可以弥补点云相关算法的不足。

随着计算机视觉技术的发展，点云与影像结合处理的算法也越来越多，很多深度学习在二维影像上的应用也比较成熟，影像上的处理算法也在向三维点云方向迁移，基本原理也是借鉴影像相关算法而来的。在影像分割、分类、识别、追踪等热门领域，同样适用三维点云，在自动驾驶领域也有许多热门的研究。

4.7　核心算法

核心算法包括 Kd-Tree 和 Oc-Tree 这两种空间划分算法。基于两种树搜索结构衍生出各类点云处理算法。

采样算法包括格网采样、随机一致性采样、空间距离采样等。滤波算法包括高斯滤波、双边滤波及地面点滤波算法等，如形态学滤波算法、布料滤波等。配准方法为半自动配准，需要手动选择参考点，一般由两步构成，粗配准和精配准。分割算法包括基于两种搜索方式的区域生长，以及空间的连接成分分割。引用 CGAL 库提供的二维构网算法后，生成自定义的 Mesh 结构，并可视化；提供了点云基本特征的计算函数，可以计算点云的粗糙度、高斯曲率、平均曲率、特征值、特征向量、熵、平面度、线性度、球状度、点密度等特征，扩展为标量场，作为点云的训练特征，对点云进行标识、训练，获取训练模型，对样本数据进行分类，常见分类器包括决策树、支持向量机、条件随机场、随机森林、人工神经网络等。

4.8　插 件 平 台

GeoCloud 是一个热插拔式的，分栏式插件特色的可扩展型平台，主要有三种常用插件类型，包括支持数据读写类型的插件、OpenGL 着色器插件和标准插件的扩展。

4.8.1　热插拔式插件加载

根据平台界面的特点，插件按照热插拔式进行加载与卸载，各插件相互独立。可以根据需要自行定义所需插件，适合模块化功能，将同一流程化的功能插件化，可以让每个功能成为一个单独的插件，也可以在一个插件中完成所有的功能定制。图 4-6 所示为热插拔式插件菜单。

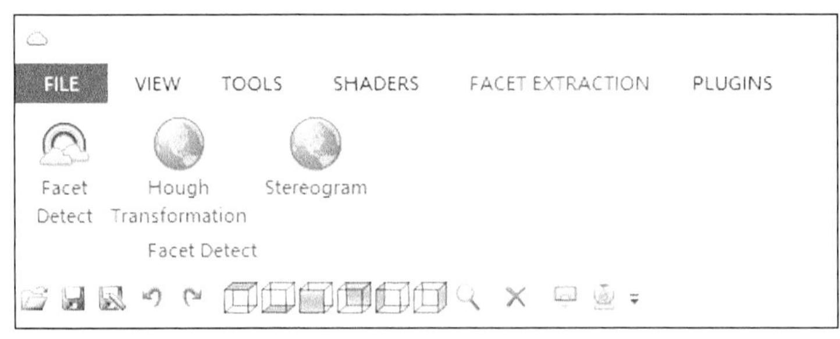

图 4-6　热插拔式插件菜单

4.8.2　独立分栏式插件

类似于热插拔式插件，分栏式插件（图 4-7）也是按照功能属性进行划分的。在插件开发时，根据插件的功能将插件分为若干栏，针对标准插件而言，左侧插件中按照功能属性分为分类、结构面提取、海量点云、通用插件共 4 个。每个插件功能独立，完成特定的任务，将不同的操作流程整合后放入同一栏中，操作流程化，方便用户使用。在插件的加载过程中，将某些插件分组打包，移除不需要的插件栏，如右侧只剩下结构面提取和通用插件两栏，如有需要，提供其他插件，即可实现插件的动态加载，便于算法流程管理的同时，也方便流程化作业。

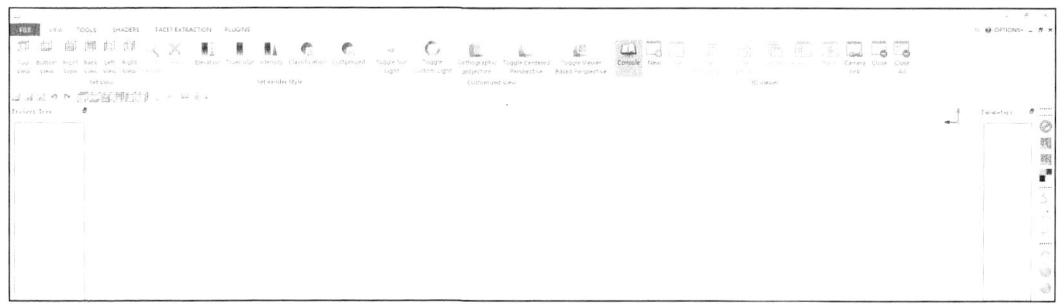

图 4-7　分栏式插件管理界面

以上为标准插件的加载配置过程，在实际开发中，平台还需要对数据格式的支持具有良好扩展性，对前面所述的 OpenGL 着色器也有良好的支持。因此，在 GeoCloud 中，也会对这些插件进行支持，但与标准插件不同，没有专门的分栏式加载。对于数据格式支持的 I/O 型插件，插件的加载方式体现在打开、保存点云时能够加载的数据格式类型（图 4-8）。对于 OpenGL Shader 型插件，插件的加载在 Shader 插件栏，以热插拔式进行加载卸载（图 4-9）。

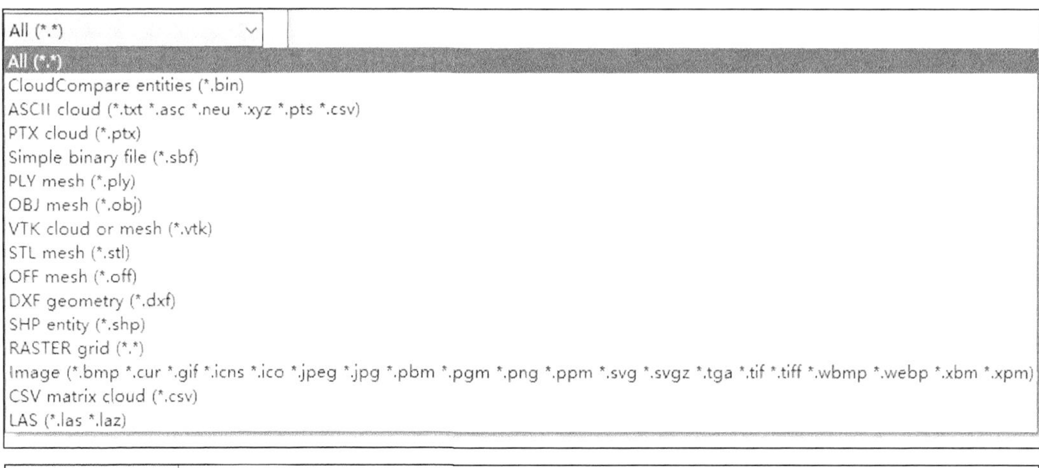

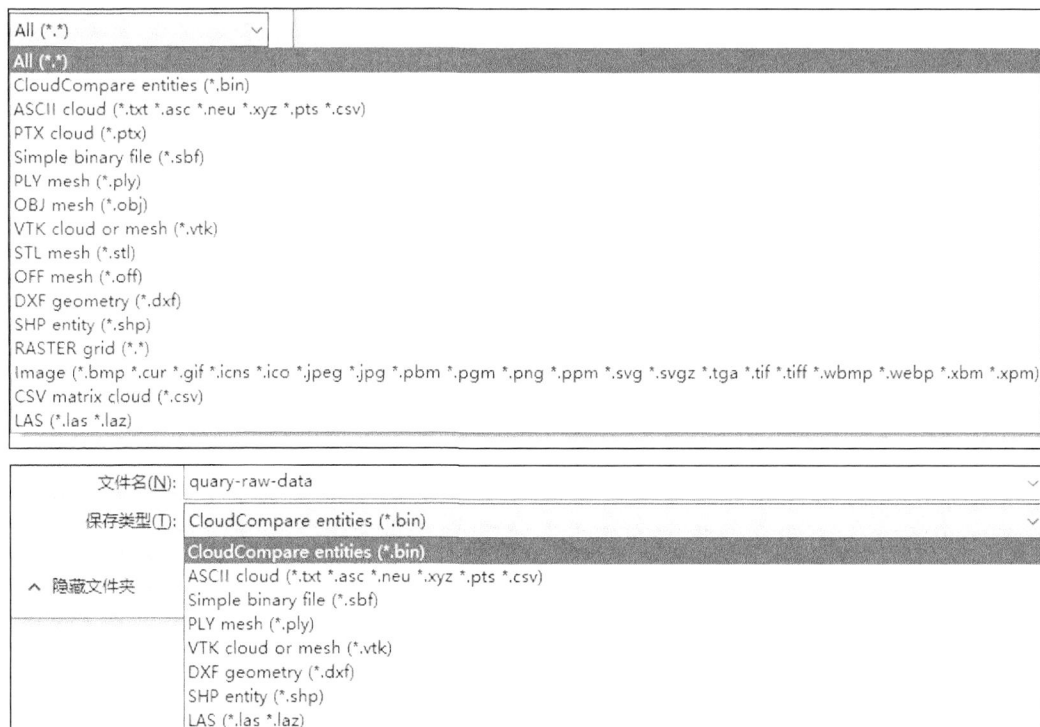

图 4-8　I/O 型插件加载保存数据

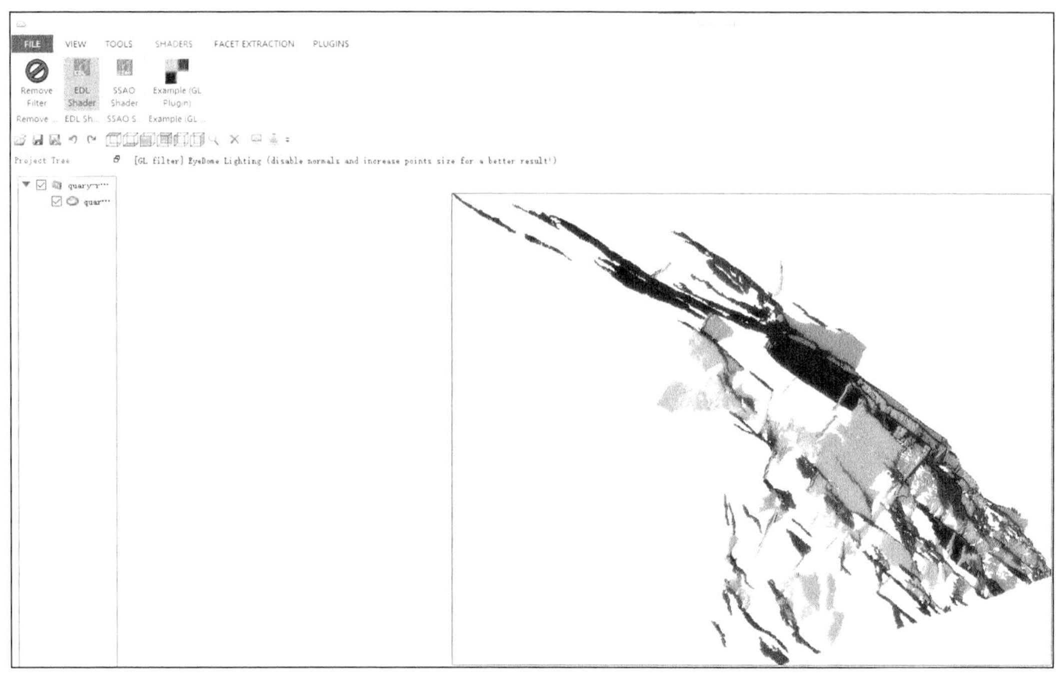

图 4-9　OpenGL Shader 型插件加载卸载

4.8.3 插件开发

插件开发是平台扩展性的基本要求，在 Windows 系统中，提供了三种插件开发方式，包括在 Qt VS Tools 插件中开发基于 Qt 的插件、在 Visual Studio 中直接创建开发工具集的工程项目、基于跨平台安装工具（cross platform make，CMake）方式创建插件。

三种插件创建方式大同小异，都是以动态链接库的方式加载到 GeoCloud 平台中，但是以扩展性和跨平台的属性而言，基于 Qt 的插件方式简单快捷，方便后期的插件跨平台移植，从而减少插件的维护成本。

1. 基于 Qt VS Tools 的开发方式

利用 Qt 自带工程管理文件来实现工程中文件的管理及编译工作，插件中的算法文件、界面文件、依赖库、资源文件等，通过 pro 文件进行统一管理配置。pro 文件的配置类似于 Visual Studio 中的 sln 文件来控制子项目工程，将工程所需文件配置好，系统自行查找相关文件，编译器编译源文件，编译出插件。

如图 4-10 所示，在具体的实现过程中，需要编写插件注册时所依赖的插件加载文件（包括头文件和 cpp 文件）、资源文件配置 qrc（包括插件的图标 images 和插件加载描述文件 info.json）、项目配置管理 pro 文件。

images	2020/4/13 11:49	文件夹	
gigaPoint.cpp	2019/9/10 23:55	C++ Source file	5 KB
gigaPoint.h	2019/9/10 0:34	C++ Header file	4 KB
gigaPoint.pro	2019/9/10 23:50	Qt Project file	2 KB
gigaPoint.qrc	2019/9/10 23:16	QRC 文件	1 KB
info.json	2019/9/10 0:45	JSON File	1 KB

图 4-10　插件加载文件类型

核心在 pro 文件的配置（图 4-11）上，HEADERS 和 SOURCES 是自动加载平台依赖的插件文件和插件编写的文件，其中 gigaPoint.h 和 gigaPoint.cpp 为编写插件时需要完成的代码文件，其他为平台加载该插件时所有依赖的接口文件，便于编译后的插件能正常注册并加载到平台中。RESOURCES 为插件的资源文件依赖项，包括插件图标和插件描述的 json 文件。其他的依赖项均为三方库文件和平台核心库，经过上述文件配置后，利用 Qt VS Tools（图 4-12），打开 pro 文件后，利用 Qt 的构建工具自动生成插件项目文件，并加载到项目平台中，编译后即可生成二进制动态库，程序运行时自动加载。

```
##############################################################################
# Automatically generated by qmake (2.01a) ?? 4? 16 11:49:07 2017
##############################################################################
QT  +=  widgets \
        opengl

TEMPLATE = lib
TARGET = gigaPoint
DEPENDPATH += .\
INCLUDEPATH += .\
                ../../\
                $$PWD/../\
                $$PWD/../../\

# Input
HEADERS  += gigaPoint.h \
            ../../StdPluginInterface.h \
            ../../PluginInterface.h \
            ../../MainAppInterface.h \
            ../../DefaultPluginInterface.h\

SOURCES  += gigaPoint.cpp\
            ../../DefaultPluginInterface.cpp \

RESOURCES  += gigaPoint.qrc\
              info.json\

#GeoCloud
win32:CONFIG(release, debug|release): LIBS += -L$$PWD/../../../bin/$(Configuration)/libs/ -lGeoCORE_LIB
else:win32:CONFIG(debug, debug|release): LIBS += -L$$PWD/../../../bin/$(Configuration)/libs/ -lGeoCORE_LIBd

#$(Configuration) ->表示 Release or Debug
INCLUDEPATH += $$PWD/../../../CC/include
DEPENDPATH += $$PWD/../../../bin/$(Configuration)/

#GeoDB
win32:CONFIG(release, debug|release): LIBS += -L$$PWD/../../../bin/$(Configuration)/ -lGeoDB_LIB
else:win32:CONFIG(debug, debug|release): LIBS += -L$$PWD/../../../bin/$(Configuration)/ -lGeoDB_LIBd
```

图 4-11　插件加载编写文件

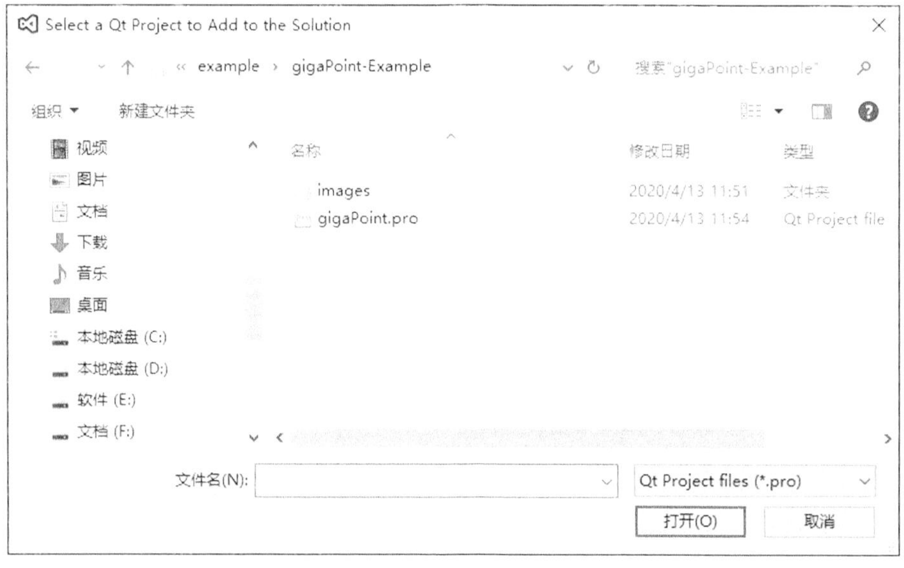

图 4-12　Qt VS Tools 加载文件

2. 基于 Visual Studio 的开发方式

除了上述基于 Qt VS Tools 的开发方式编写插件外，也可以直接在 VS 中编写 MFC 的动态链接库（dynamic link library，DLL）（图 4-13），编译成 GeoCloud 平台的插件。基本的创建过程类似于普通项目的编写，以 gigapoint 为例，添加对应的插件加载文件 gigapoint.h 和 gigapoint.cpp，创建资源文件，向资源文件中添加插件图标和插件描述的 json 文件即可。

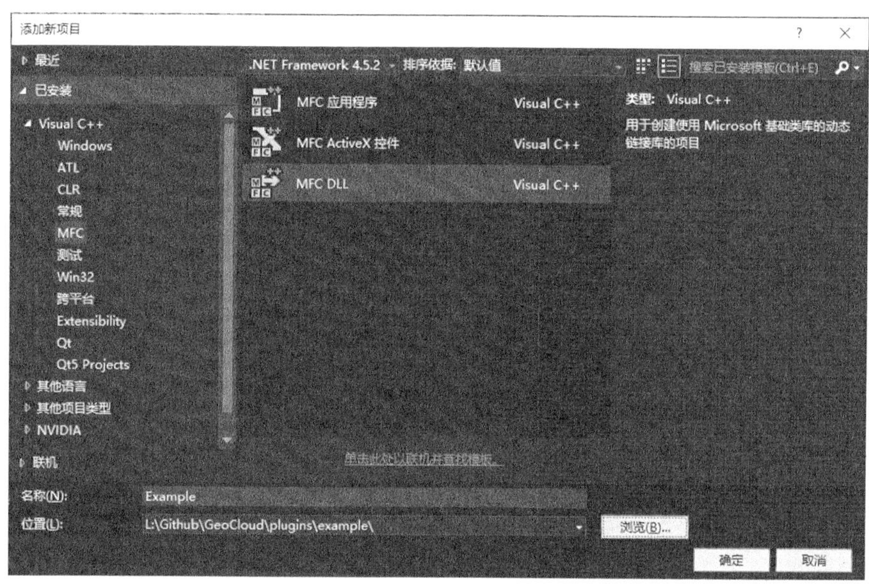

图 4-13　VS 下创建平台插件

与 Qt 的插件不同的是，该工程只能在 VS 的平台下使用，对于跨平台的项目，需要做适当的处理，将 VS 的工程文件转为 Qt 工程插件，并生成相应的 pro 文件，实现跨平台工程的转换。

3. 基于 CMake 的开发方式

基于 CMake 的插件开发方式类似于 Qt 的 pro 文件编写插件的过程，pro 文件由 Qt 识别而生成 Qt 的插件项目，CMake 则由 CMakeLists.txt 文件，经过 CMake 工具，选择不同的编译器，生成不同平台的工程项目。

如图 4-14 所示，给出 CMake 文件的基本编写方式，如果需要依赖三方库文件或平台库文件，将注释中的 target_link_libraries 和 include_directories 中的库文件和库目录补充完整。把写好的 CMakeList 文件拖到 CMake 工具界面（图 4-15）中，选择合适的编译工具，选中 INSTALL_GIGAPOINT_PLUGIN，单击 Generate 按钮，生成该编译器生成的插件工程，添加工程到平台中，编译出插件加载到 GeoCloud 平台。

```
cmake_minimum_required( VERSION 3.0 )

# GeoCloud example for standard plugins

# REPLACE ALL 'GigaPoint' OCCURENCES BY YOUR PLUGIN NAME
# AND ADAPT THE CODE BELOW TO YOUR OWN NEEDS!

# Add an option to CMake to control whether we build this plugin or not
option( INSTALL_GIGAPOINT_PLUGIN "Check to install GigaPoint plugin" OFF )

if ( INSTALL_EXAMPLE_PLUGIN )
    # Name the plugin
    project( GigaPoint )

    # load any subdirectories (see qAdditionalIO for an example)
    # add_subdirectory( LIB1 )

    include( ../../CMakePluginTpl.cmake )

    # set dependencies to necessary libraries (see qPCV for an example)
    # target_link_libraries( ${PROJECT_NAME} LIB1 )
    # include_directories( ${LIB1_INCLUDE_DIR} )
endif()
```

图 4-14 CMakeList 插件配置文件

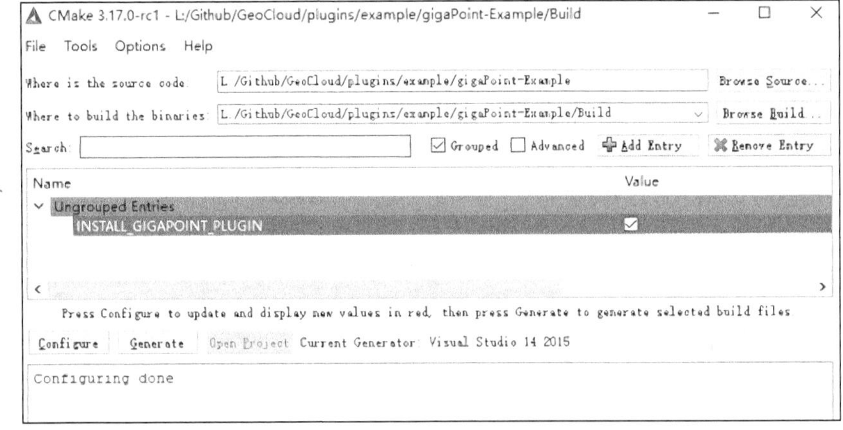

图 4-15 利用 CMake 生成插件

4.9 平台搭建扩展

4.9.1 基本配置要求

为了满足软件平台对点云的良好支持，具备流畅的操作效果，同时兼顾到流畅显示点云或三角网等实体对象，GeoCloud 对计算机的硬件/软件配置要求见表 4-1。

表 4-1 GeoCloud 对计算机的硬件/软件配置要求

硬件/软件	配置要求
CPU	AMD、Intel Core I3 以上配置
GPU	AMD、NVIDIA 系列显卡

续表

硬件/软件	配置要求
线程数	支持 2 核心四线程以上
GPU 显存	512MB 以上
RAM	2GB 以上，推荐 16GB
ROM	120GB 以上
操作系统	Windows 7、Windows 8、Windows 10、Linux、MacOS

4.9.2　跨平台

跨平台程序设计的难点在于兼容不同平台的进度调度、消息管理和文件处理等操作系统内核模块。按常规理解，如果开发一个跨平台程序设计框架，则需要抽象出所有支撑平台核心模块的原理和特色，然后针对每个所提供的功能 API 分别实现，工作量大增。Qt 为不同用户针对不同平台的开发提供了所对应的程序包，并且针对核心模块进行了简易化抽象处理，以较小的代价兼容所有平台。Qt 跨平台原理图如图 4-16 所示。

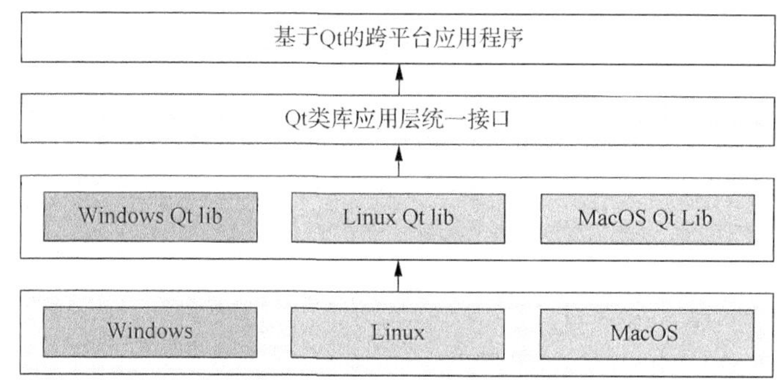

图 4-16　Qt 跨平台原理图

Qt 处理消息管理采用了信号/槽机制，通过 connect 函数将事件产生函数（信号）直接连接到目标事件处理函数（槽），事件处理简单有效，易于实现兼容各种版本的操作系统。

GeoCloud 平台基于 Qt 界面库和 C++实现，在 Windows、Linux 和 Mac 平台都能编译运行，目前的平台仅限制在 Windows 系统中开发，如有必要，后期的开发工作中，可以将平台移植到其他操作系统中编译运行，基本的功能不受平台限制。

4.9.3　开发流程

软件的开发核心在算法，但是又不能仅靠算法而独立存在，单个算法能处理的数据有限，在完成某项任务时，通常是各种算法的组合使用，包括通用算法和特定算法的组合。流程化作业的前提是需要提供一个流程化的作业方案，软件设计时需要对流程进行规划（图 4-17 为项目管理流程），防止软件给出的结果仅仅是算法的堆砌，用户无法得知如何操作使用，更不能流畅地完成任务需求。

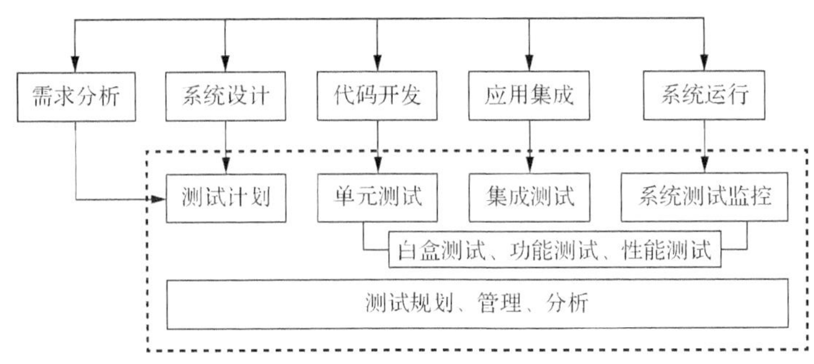

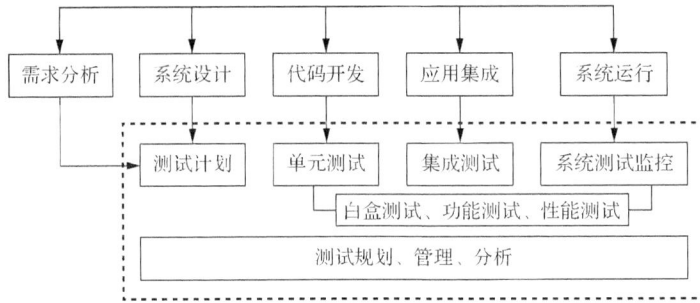

图 4-17　项目管理流程图

在结构面提取插件的过程中，如果数据量过大，需要考虑对数据分块或下采样处理，保证不影响结果的同时，以最快最优的方式完成结构面的提取。提取结构面通常需要对点云进行法线计算，法线计算部分是一个耗时的操作过程。GeoCloud 平台支持带法线点云数据的结构面提取，若数据自带法线信息，计算时就会跳过法线计算过程，自动进行结构面提取的工作；若数据不带法线信息，则程序先要对点云数据计算法线，计算结束后才进行结构面的提取。计算结束后，需要对提取的面片进行分组分类，按照朝向和倾角信息对数据进行分组，插件提供了 SteroGraph 对各组结构面进行交互查看。

类似于结构面的提取工作，在无监督分类算法中，需要先对点云进行去噪滤波，剔除飞点、空气点等无用的噪声信息，保留有用的点，避免影响最终的处理效果。去噪这一步对滤波分离地面点与非地面点来说，尤为重要，由于人工操作、仪器设备的误差、空气中的灰尘等影响，地面下方可能会存在一些孤立的噪点，在划分栅格查找最低点时，可能会将这些点当作最低点进行处理，从而影响到初始种子点、种子网格等中间数据的结果精度，也就影响到最终地面点、地物点的分类效果。

4.9.4　平台维护

GeoCloud 主要分为插件和平台两大部分。平台提供基本的数据结构、数据读写支持、显示交互、消息提示、属性显示、核心算法、插件加载卸载、工具条与快捷工具条等，优化维护平台的各个接口，提供核心算法部分和插件架构，简化架构，提高平台代码的执行效率，美化界面布局，致力于提升用户体验。

1）插件结构在上述章节中进行了详细介绍，各插件独立，各插件栏独立，按需求编写插件。插件核心以算法为主，结合平台，按照需求，快速开发出插件，在平台中加载出来，加载点云或三角网模型数据，对数据处理显示。插件开发结束后不代表开发任务的完成，后期还需要进行维护工作。插件的算法部分需要更新升级，包括效果及效率等方面的优化，界面显示及交互部分需要优化，改善操作流程。

2）平台可能会存在各种隐藏的程序错误，需要开发者完善修复和反复测试，也需要用户的操作与反馈。在不同的操作系统、不同硬件条件的计算机下运行操作，会存在不同的运行效果，有的算法或交互与硬件配置息息相关，有的则是算法或平台的问题，需要及时反馈与修复，从而打造出更优秀的点云处理平台。

第 5 章　基于三维激光扫描技术的边坡结构面地质编录研究

结构面参数是岩体地质编录的核心，包括节理面、断层面、岩层层面以及其他形式的裂隙，其纵横交错的结构形式将岩体切割成非连续体。经研究表明，结构面的空间展布状态控制了岩体的力学性质，也在很大程度上决定了岩体的稳定性。因此，准确、全面地提取岩体结构信息是分析岩体稳定性的重要环节，也是稳定性评价的基础。近些年来，随着科技的不断进步，很多学者都在努力寻求更简单、更高效的结构面提取方法，以求适应现代工程对结构面测量速度和精度的要求。三维激光扫描技术作为一种先进的数据采集手段，能够实现远距离、非接触式测量，已经吸引了大量的学者将其应用在岩体结构面信息的采集中。

5.1　基于三维激光点云的边坡结构面识别研究现状

在基于点云数据提取结构面信息方面，Feng 等提出了使用全站仪获取点云数据以测量岩体裸露面的理论方法，并在 2003 年将其应用到岩体结构面粗糙度和迹线测量中，为在实际工程中应用此项技术开创先河[154]。自此，基于激光扫描技术可以高效、准确地提取结构面信息等特点，很多学者对基于点云数据提取结构面进行大量的研究。常见的结构面识别算法大致可以分为以下 3 类。

5.1.1　三点法确定结构面

根据不在同一条直线上的三点确定一个平面数学公理，提取岩体边坡结构面。首先，在岩体结构面上人工至少选择 3 个点，这 3 个点就可以确定一个平面，确定的平面实际为取点的结构面。如图 5-1 所示，手动在结构面上选取 3 个点，三点确定一个平面，根据该平面可以计算出结构面法向量，获取结构面产状信息，从而提取岩体结构面。

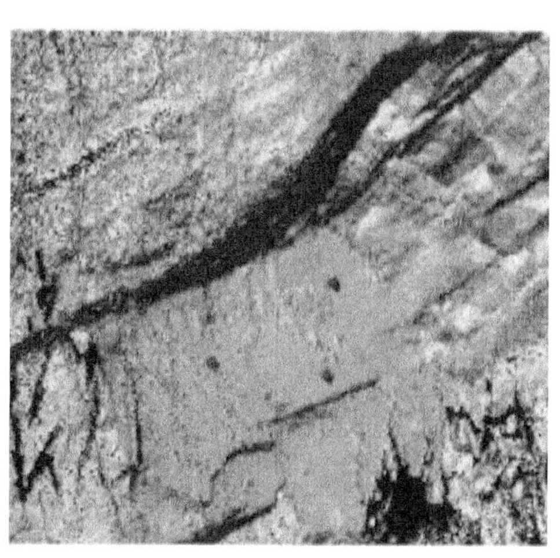

图 5-1　结构面上人工选取 3 个点

然而这种方法属于人工方法范畴，当结构面较多时，面临工作量大、效率低的问题。

5.1.2 TIN 网络类聚法

利用不规则三角网（triangulated irregular network，TIN）网络模型提取结构面。首先根据点云数据利用狄洛尼三角化网络增长算法构建一个 TIN 数据模型，该算法最重要的一点就是在空间点云集合中选取距离最短的 3 个点组成三角网格单元，算法的具体步骤如下。

1）在点云集合中随机选取一个点作为初始点。

2）重复计算初始点和其他点的距离。

3）用线段将最近的点和初始点连接起来组成基线，如图 5-2 所示。

4）使用狄洛尼三角形判别规则确定与基线形成的三角形的第三个点。

5）将第三个点连接到基线的两个端点，形成两个新的基线。

6）重复步骤 4）和步骤 5），直到所有的基线形成一个 TIN 网络，如图 5-2 所示。

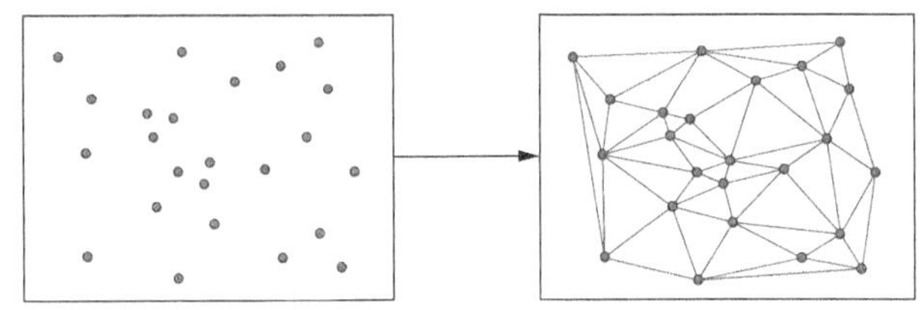

图 5-2　TIN 网络模型创建

狄洛尼三角形判别规则有两个基本条件：①每个狄洛尼三角形外接圆不包含任何其他点；②狄洛尼三角形的最小角已最大化。

在 MATLAB 软件中使用狄洛尼三角化网络增长算法就可以创建三角网格，其输出数据中包括指数及狄洛尼三角形顶点坐标。MATLAB 操作过程如下。

1）将点云 X、Y、Z 坐标作为数据文件导入。

2）确定岩体结构面的整体产状。

3）对点云进行坐标变换，创建临时的垂直于岩体结构面的 Z 轴。

4）使用狄洛尼函数生成狄洛尼三角网格，得到二维空间中每个狄洛尼三角形的索引号和顶点坐标。

5）将输出的二维数据与相应点集的 Z 坐标合并，创建 3D TIN 模型。

6）将 TIN 模型转化回全局坐标系。

7）将 TIN 模型导入 Trimesh 或 Trisurf 函数来绘制三角形网格。

TIN 网格模型创建完成后，计算每个小三角形的法向量对点云进行分组，选出初始的中心增长点作为区域生长法的初始点，进而提取出结构面。

5.1.3 立方体单元搜索法

立方体单元搜索法是一种在三维空间中处理和分析点云数据的方法，这种方法利用立方体（如图 5-3 中的立方体）来划分和组织点云数据（如图 5-3 中的灰色点）。通过应用 MATLAB 功能奇异值分解函数，根据最小二乘法找到最佳拟合平面（如图 5-3 中的正方形网格），用于立方体选择。

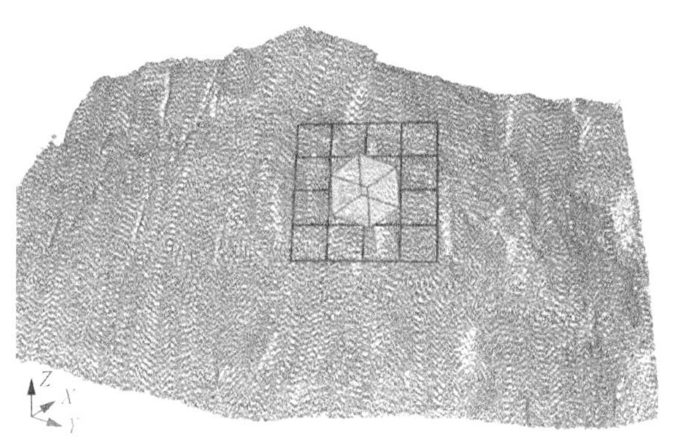

图 5-3　立方体及最佳平面选择

这个平面是由它的方向余弦（l, m, n）和 a 定义的，它的一般方程形式为

$$ax + by + cz + D = 0 \tag{5-1}$$

式中，a、b、c 为平面方程系数；D 为常数。

与最佳拟合平面有关的选定点的标准偏差由计算得出，阈值由用户根据搜索多维数据集的维数、选择点云的分辨率和岩石边坡的大尺度粗糙度特征得出。

如果 σ（选定点标准偏差值）$< \sigma_t$（阈值），则形成一个簇，并从点云中提取所选的点。可选择包含最小数量的搜索立方体来避免形成小而不典型的集群。

为了覆盖整个点云，搜索立方体按照一定的规律沿地理轴移动（图 5-4），或可居中于点云中的每个点（离散分析）。

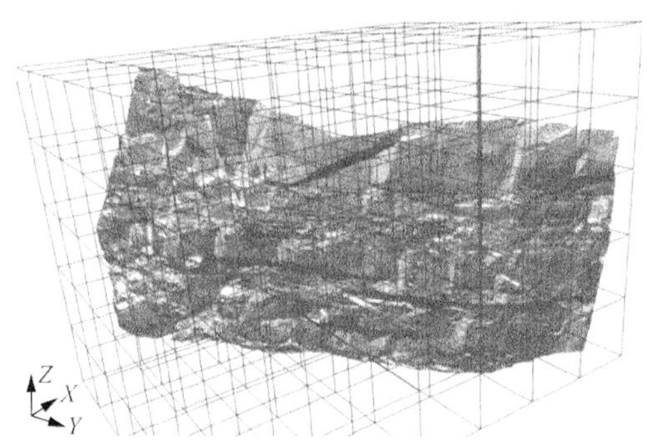

图 5-4　搜索立方体沿地理轴移动

一旦确定了有效的集群，相关的平面倾向可用如下公式求出：

$$\alpha = \arctan\left(\frac{m}{l}\right) + Q \tag{5-2}$$

$$\beta = \arctan\left(\frac{n}{\sqrt{l^2 + m^2}}\right) \tag{5-3}$$

式中，α 和 β 分别表示倾向和倾角。l、m 和 n 分别是平面的方向余弦。Q 是一个常数，并按以下原则取值：如果 $l>0$，$m>0$，则 $Q=0°$；如果 $l>0$，$m<0$，则 $Q=360°$；如果 $l<0$，$m<0$ 或 $l<0$，$m>0$，则 $Q=180°$。

采用的程序使孤立的点属于一个平面，并对局部面倾向测量时，如同在岩体表面移动指南针和倾斜仪，从而在不连续面进行测量。

该方法可以选择不同的搜索立方体尺寸；立方体的尺寸越小，则越小的特征能在点云上观察出来。

所有簇的方向被绘制在立体投影图像上，主要的结构面点集因而可以从点云中提取出来，因为属于同一个集合的点簇都具有一个共同的身份标识号（identity document，ID）。为了直接控制集合识别进程，并有可能立即确认现场数据，可以选择手动执行此操作；因此，整个 3D 方法可被视作半自动化。

下一步的目标是合并属于同一个结构面的所有点簇，方法是通过比较所有相邻簇的倾向与它们所属的集合：如果有两个具有相似倾向（相同的集合）的集群已经从相邻的立方体中提取出来，它们应该属于同样的结构面。

基于这个假设，一个足够小的参考立方体必须选择尺寸，以避免该方法将两个间隔紧密的平行结构面分组在一起。可以通过考虑迭代所有的集群来操作，所有集群的质心彼此落在一个固定的距离内，以获得单个结构面的最大范围。为填补漏洞，将未分配 ID 的隔离集群归在一个结构面平面上，如果它们被分布在同一不连续面上的簇包围。

使用立方体搜索共面的点云子集，通过计算点云子集法向量对其进行分组，再将邻近的簇合并，从而得到代表同一结构面的点集。然而，搜索立方体的大小对计算结果有很大的影响：如果太大，会将非结构面的点包含进来；如果太小，会忽略结构面上的点。

5.2　基于激光点云的结构面识别算法研发

针对常见结构面识别算法的不足，本节提出了一种基于激光点云的全自动结构面识别方法。首先，该方法通过体素滤波和构建 Kd-Tree 可以实现结构面的高效率识别；其次，基于改进的区域生长算法可以实现结构面的高精度识别；最后，该方法基于原始点云进行结构面识别，可以避免三角网格化带来的误差。该方法主要包括以下几个步骤：①体素滤波；②点云法向量计算；③改进的区域生长算法识别结构面特征点；④改进的葛立恒扫描（Graham Scan）算法描绘结构面边界；⑤结构面产状计算。

5.2.1　体素滤波

有的点云数据太大，易导致整体算法的运行效率变低，在算法一开始可以采用体素化网格的方法实现下采样，又称体素滤波，即减少点云数据，并同时保存点云的形状特征。具体步骤如下：通过输入的点云数据创建一个三维体素栅格，再用每个体素内所有点的重心来近似表示这个体素，相较于用体素的中心来代表体素的方法，这种用体素重心表示体素的方法可以更精确地保留曲面的形状。

如图 5-5 所示，对比两个图的点云，显然经过滤波后，较多点云被稀释，而且距离较远、异常的点都被剔除了。

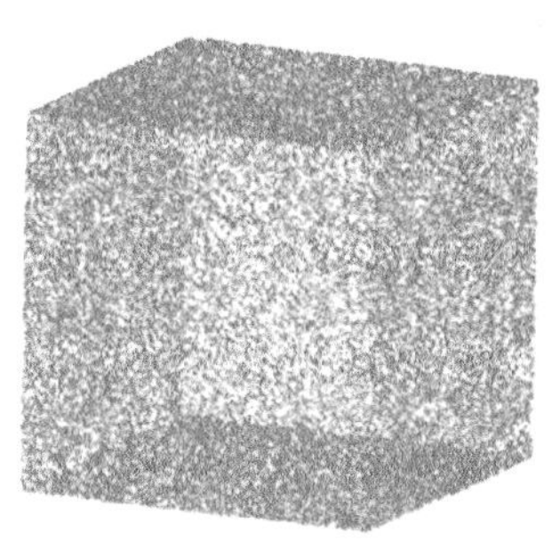

（a）原始点云

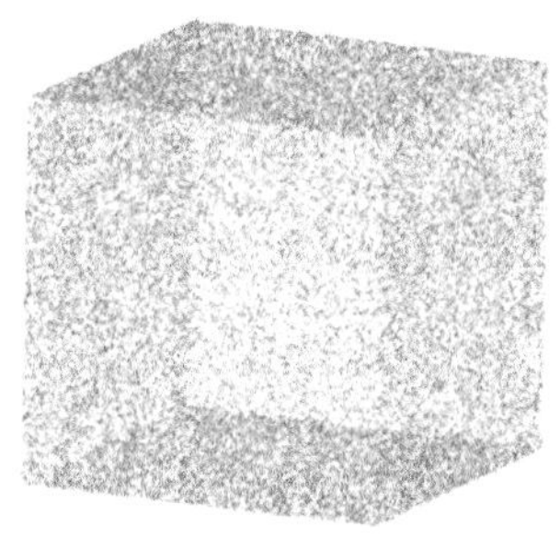

（b）滤波之后的点云

图 5-5　原始点云和滤波之后的点云

5.2.2　Kd-Tree 拓扑结构构建

针对三维数据，需要在 3 个维度上建立点云数据之间的拓扑信息。图 5-6 所示为点云建立拓扑结构的二维和三维划分规则。假设在三维空间中存在 *a*、*b*、*c*、*d*、*e*、*f* 和 *g* 共 7 个点，3 个维度分别称作 *x* 维度、*y* 维度、*z* 维度，其划分规则如图 5-7 所示。

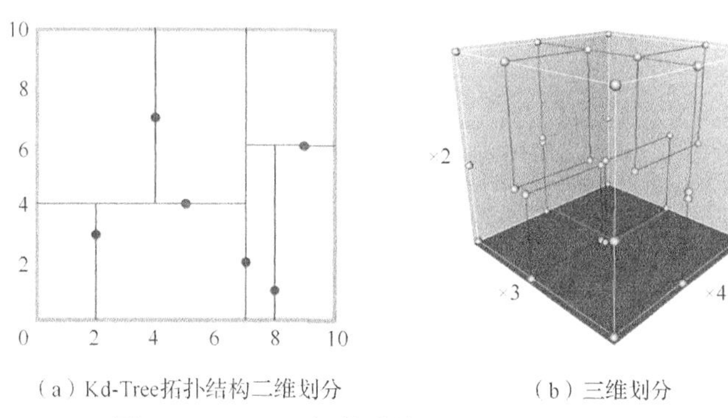

（a）Kd-Tree拓扑结构二维划分　（b）三维划分

图 5-6　Kd-Tree 拓扑结构二维划分和三维划分

1）首先对 *x* 维度上 7 个点的坐标值进行排序，选出中值点为 *a*，将该点作为根节点，通过点 *a* 将点云数据垂直划分为两个区域，在 *x* 维度上比点 *a* 的值小的点划分到左子树中，在 *x* 维度上比点 *a* 的值大的点划分到右子树中。假设最终 *b*、*e* 和 *f* 划分到左子树，*c*、*d* 和 *g* 划分到右子树，如图 5-7 所示。

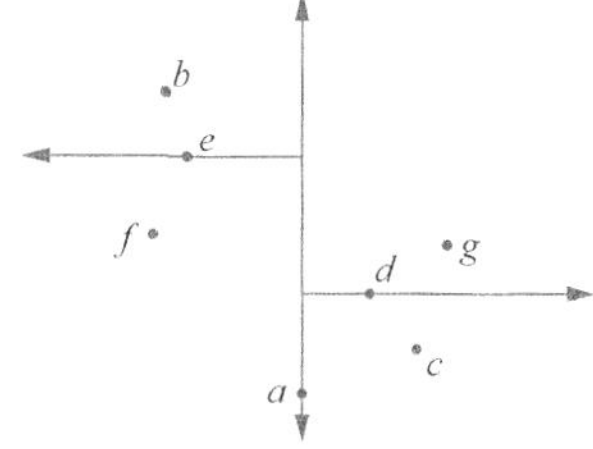

图 5-7　7 个点在二维平面的分布

2）分别计算左右子树中 *y* 维度的中值点，假设 *e* 是左子树在 *y* 维度上的中值点，*d* 是右子树在 *y* 维度上的中值点。

3）以此类推，分别计算所有子树中在 z 维度上的中值点，再沿着 z 维度进行划分，直到最后一个子树只有一个节点为止，如图 5-8 所示。

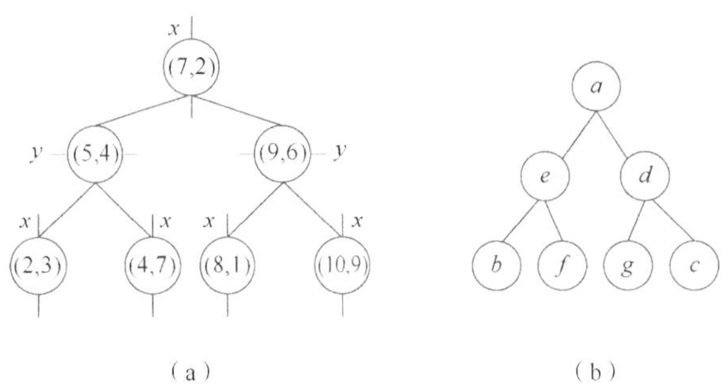

图 5-8　7 个点的树状结果

5.2.3　点云法向量计算

当给定一个原始点云集 $P=\{P_i\}$（共有 n 个点），其中 P_i 是点云集 P 中的一个点时，再给定一个 P_i 的邻点集 Q_i（P_i 是 Q_i 点集中的一个元素，Q_i 包括 N_n 个点），可以计算出 Q_i 的一个最佳的拟合平面，从而计算出 P_i 的法向量，如图 5-9 所示。

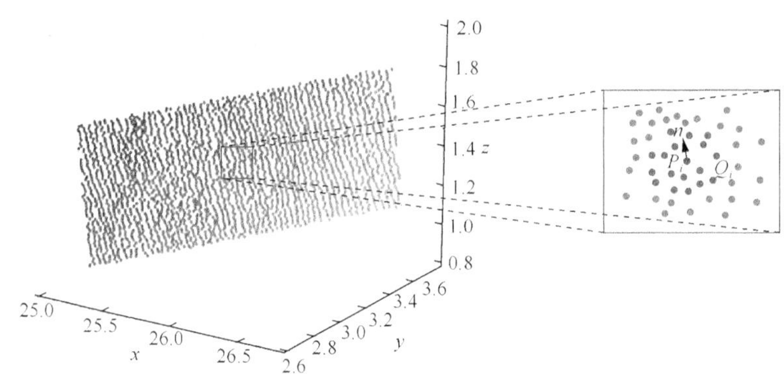

图 5-9　点云集和法向量示意图

1）对于每个原始点 P_i，必须找到它的 K 最近邻（K-nearest neighbours，KNN）点集，以创建点集 Q_i。

2）对于每个点集 Q_i，需要检查它所包含的点的共面情况，也就是所谓的共面测试。

3）对于每个点集 Q_i，进行平面拟合以计算出它的法向量。

1. 最近邻点搜索

一般来说，常见的搜索邻点的方法有两种：一种是确定搜索距离，一种是确定搜索点个数。然而，确定搜索距离法往往会带来一些误差，因为很多点云数据存在各向异性，并不能保证均匀的点密度。因此，本章将使用固定点个数的方法来搜索邻点。

MATLAB 有一个功能称为 Knnsearch，它可以通过使用一种算法高效且迅速地找到某个点的 K 最近邻点集[155]。在本节中，Knnsearch 功能和欧氏距离将被用于求 K 最近邻点。因此，通过这一步，对于每个点 P_i，都可以求得它的 K 最近邻点集 Q_i。

总而言之，通过这一节的计算，可以获取每个 3D 点云的 K 最近邻点集，下一步就是确认当这个点云集变成 K+1 个点的时候是否仍然共面（即共面测试）。

2. 共面测试

共面测试方法将每个点和它的 K 最近邻点所构成的点集看作一个潜在的平面拟合对象，因此非常有必要对 Q_i 进行共面测试。共面测试必须在 Q_i 点集方位α确定之后再进行，如果点集 Q_i 是共面的，共面测试的剩余步骤将继续，否则点集 Q_i 将会被排除。

共面测试方法的核心是主成分分析法（principal component analysis，PCA）。MATLAB 的 Princomp 功能的核心算法就是主成分分析法。当给定一组 3D 点云数据，通过使用 MATLAB 的 Princomp 功能，可以得到它们的特征值（$\lambda_1, \lambda_2, \lambda_3$）及特征向量（$\boldsymbol{V}_1, \boldsymbol{V}_2, \boldsymbol{V}_3$）。变化比例 H_{k} 可以通过方程求得[155]：

$$H_{\mathrm{k}} = \frac{\sum_{1}^{k} \lambda_i}{\sum_{1}^{3} \lambda_i} \tag{5-4}$$

假设一部分测量被安排在一个三维空间，将有两个维度能解释大部分数据。第三维度将解释数据中存在的误差。如果表面不平坦或仪器误差足够大，那么第三维相对前两个维度而言更为重要。因此，为得知一组点是共面的还是不共面的，偏差参数 η 可以通过下面的方程求得。

$$\eta = \frac{\lambda_3}{\lambda_1 + \lambda_2 + \lambda_3} \tag{5-5}$$

阈值 $\eta_{\max}$ 被定义为一组点云集中所能存在的最大偏差值，只有当该组点云集的偏差值都小于这个数时，才能确定该点云集中的点在一个平面上。通过使用真实数据在确定的试验条件下进行多次敏感度分析试验，最终可以确定一个合理的 $\eta_{\max}$ 值。一般来说，如果一组主成分元素有 80%以上满足偏差要求的元素，这组元素可以很好地代表数据[156]。因此，在本章 $\eta_{\max}$ 的取值是 20%，也就是当 $\eta > \eta_{\max}$ 时，K 邻点集 Q_i 被排除。

综上所述，本节中所有和它的 K 最近邻点集共面的点可以被确定，下面主要介绍如何计算这些点的法向量。

3. 平面拟合及法向量计算

一旦所有的共面点被确定下来，下一步将利用这些共面点拟合出最佳平面。平面的代数表达式如式（5-6）所示，其中 A、B 和 C 是组成平面单位法向量的 3 个参数，D 代表原点到平面的垂直距离。

$$Ax + By + Cz + D = 0 \ \{A, B, C, D\} \in \mathbf{R} \tag{5-6}$$

也有一些学者基于奇异值分解法（singular value decomposition，SVD）计算平面方程[157]。在本章中，由于 PCA 已经得到了计算，因此直接使用特征向量 $\boldsymbol{V}_3$ 计算平面方程更加高效。

$$\boldsymbol{V}_3 \equiv (A, B, C) \tag{5-7}$$

综上所述，在本节中所有点的法向量信息已经获取，并且将作为下一步的输入数据进行结构面提取工作。

5.2.4　区域生长算法

区域生长算法是一种古老的用于图像分割的算法，最早的区域生长图像分割方法是由 Livine（莱文尼）等提出的。该方法一般有两种方式：一种是先给出图像中要分割的目标物体内的一小块或种子区域，再在种子区域基础上不断将其周围的像素点以一定的规则加入其中，达到最终将代表该物体的所有像素点结合成一个区域的目的；另一种是先将图像分割成很多的一致性较强的小区域，如区域内像素灰度值相同的小区域，再按一定的规则将小区域融合成大区域，达到分割图像的目的。区域生长算法固有的缺点是容易造成过度分割，即将图像分割成过多的区域。其基本思想是以一定的判定依据，将在该依据上具有一定相似性的像素合并在一起形成一个区域（图 5-10）。类似地，可以把这种思想应用到岩体点云的平面检测和提取之中。

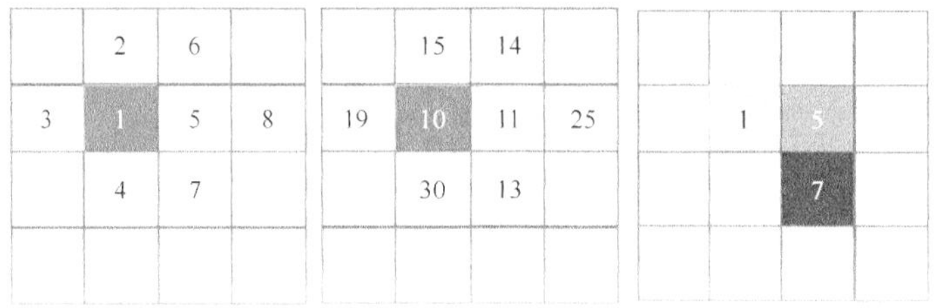

图 5-10　影像分割原理

区域生长算法的原理如下：将具有相似性质的像素集合起来构成区域。首先对每个需要分割的区域找出一个种子像素作为生长的起点，然后将种子像素周围领域中与种子有相同或相似性质的像素（根据事先确定的生长或相似准则来确定）合并到种子像素所在的区域中。新的像素继续做种子向四周生长，直到再没有满足条件的像素可以包括进来，一个区域就生长完成。

现在给出一个区域生长的示例，给出如下已知矩阵 $\boldsymbol{A}$：

$$\boldsymbol{A}=\begin{bmatrix}1&0&4&7&5\\1&0&4&7&7\\0&1&5&5&5\\2&0&5&6&5\\2&2&5&6&4\end{bmatrix} \tag{5-8}$$

取矩阵中心的数字 5 为种子，从种子开始向周围每个像素的值与种子值取灰度差的绝对值，当绝对值小于某个门限 A 时，该像素便生长成为新的种子，而且向周围每个像素进行生长，如果取门限 $A=1$，则区域生长的结果为

$$\boldsymbol{A}_1=\begin{bmatrix}1&0&5&7&5\\1&0&5&7&7\\0&1&5&5&5\\2&0&5&5&5\\2&2&5&5&5\end{bmatrix} \tag{5-9}$$

由此可知，种子周围灰度值为 4、5、6 的像素都被很好地包进了生长区域之中，而到了边界处灰度值为 0、1、2、7 的像素都成了边界，右上角的 5 虽然也可以成为种子，但是它周围的像素不含有一个种子，因此它也位于生长区域之外；现在取门限 $A=3$，新的区域生长结果为

$$\boldsymbol{A}_2=\begin{bmatrix}5&5&5&5&5\\5&5&5&5&5\\5&5&5&5&5\\5&5&5&5&5\\5&5&5&5&5\end{bmatrix} \tag{5-10}$$

整个矩阵都被分到一个区域中，由此可见门限选取是很重要的。

5.2.5　改进的区域生长算法

此处提出一种改进的区域生长算法用于分割提取岩体点云中的平面。区域生长算法原理如图 5-11 所示。考虑到岩体表面是崎岖不平的，没有严格意义上的平面，那么考虑比较不同点的法线之间的差距，同时考虑平滑度约束。结合平滑度约束，从点的法线这一局部特征出发，将具有相似平滑度并且法线差距小于某个阈值的点，看作属于一个平面的点，这就是本节提出的算法的基本思想，接下来描述该算法是如何工作的。

首先从点云中任选一点作为种子点开始区域生长，接着将种子点进行测试——法线角度差值测试，直到生成不了满足要求的平面；即从某个种子点出发，直到其“子种子点”不再出现，该类聚类完成，一个平面被分割提取成功，具体过程如下。

1）从点云中任选一点作为种子点，将该点添加到一个新集合中，这个集合为生长得到的一个平面集合，设该集合为 Q。

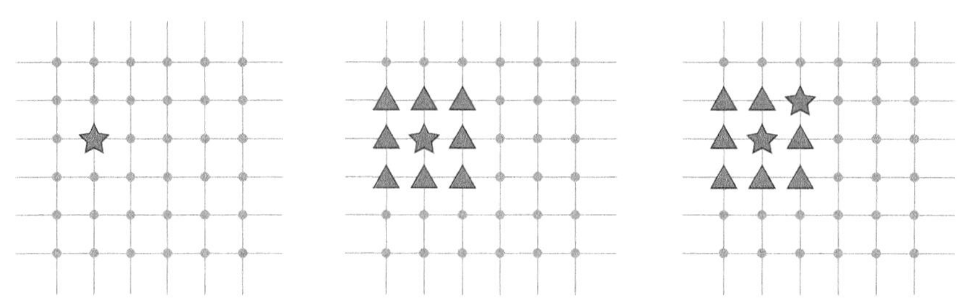

（a）种子点（五角星形点）　（b）潜在增长点（三角形点）　（c）增长点（新的五角星形点）

图 5-11　改进的区域生长算法原理（圆形点为点云）

2）对于每个种子点，都要对它的邻近点进行如下操作：计算当前种子点和邻近点的法线角度的差值绝对值，如果这个差值小于设定的阈值，那么该邻近点就被添加到当前种子点的集合中。

3）当集合 Q 中有 3 个点以后，就可以确定一个平面，接下来继续判断种子点邻点是否属于该平面，即首先必须满足法线阈值条件，其次还需要满足两个额外条件，两个额外条件同时满足，新的邻近点才被判定与种子点属于一个区域，即一个平面。两个额外条件具体如下：

① 设当前邻近点加入集合 Q 前后的区域分别为 Q_f 和 Q_b，Q_f 和 Q_b 其实为加入新的邻近点前后的两个平面），利用 PCA 拟合计算 Q_f 和 Q_b 两个平面的法向量，分别记为 $\boldsymbol{F}_\mathrm{f}$ 和 $\boldsymbol{F}_\mathrm{b}$，计算 $\boldsymbol{F}_\mathrm{f}$ 和 $\boldsymbol{F}_\mathrm{b}$ 之间的均方误差（mean square error，MSE），如果均方误差小于某个阈值，那么额外条件①通过。

$$\mathrm{MSE} = \frac{1}{k}\sum_{i=1}^{k} \sum \left(\boldsymbol{n}\cdot\boldsymbol{p}_i - d\right)^2 < \varepsilon \tag{5-11}$$

$$d = \boldsymbol{n}\cdot\boldsymbol{m} \tag{5-12}$$

式中，k 为平面的点数；$\boldsymbol{n}$ 为平面法向量；$\boldsymbol{p}_i$ 为点位置矢量；$\boldsymbol{m}$ 为平面质心位置矢量；ε 为阈值。

② 计算新的邻近点到 Q_f 区域的垂直距离，如果小于某个阈值，那么额外条件 2 通过。种子点和满足要求的邻点构成了平面点集 R_i，即为结构面特征点集。

4）将已提取出的平面点集从点云中删除，对剩余点云循环执行上述步骤，直到种子序列为空。

5）设定提取平面点个数的最小值 $N_{\min}$ 和最大值 $N_{\max}$，对由上述步骤聚类生成的平面进行点数判定，点数在 $N_{\min}$ 和 $N_{\max}$ 之间的平面，即为最终要提取的平面特征点集。

6）基于随机抽样一致性算法拟合平面特征点集，求得平面方程（5-6）。

5.2.6　平面方程构建和结构面产状计算

结构面的产状指的是结构面的空间位置，它主要包括 3 个要素：倾角、倾向和走向。倾角是层面与水平面的夹角。走向是层面与水平面的交线的延伸方向，走向线是层面上与交线平行的水平线。倾向是结构面上垂直于走向线的倾斜线在水平面上的投影所指的沿平面向下倾斜的方位。其中沿着倾向方向测得的结构面和水平参考面之间的夹角称为真倾角，结构面上任意一点都可以引出许多条倾斜线，称为视倾角。真倾角总是大于视倾角。图 5-12 所示为结构面的 3 个要素。

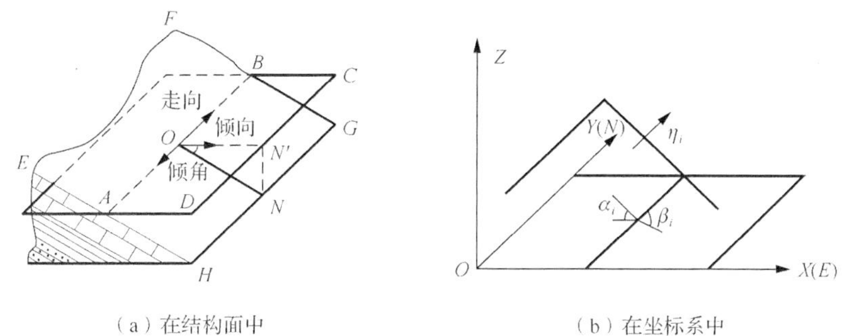

（a）在结构面中　　（b）在坐标系中

$X(E)$——水平面坐标系 x 轴；$Y(N)$——水平面坐标系 Y 轴；η_i——法向量；α_i——倾角；β_i——倾向。

图 5-12　结构面的 3 个要素

在三维激光扫描仪系统中，默认 Y 轴指向正北方向，X 轴指向正东方向，Z 轴指向高程方向，根据这一特征结合空间几何知识就可以计算结构面的产状信息。结构面作为平面，其方程表达式为式（5-6）。

其中，平面的法向量为

$$\boldsymbol{n}=(A,B,C) \tag{5-13}$$

根据上述三维激光扫描仪软件系统坐标系与实际方位的关系，可以推导出结构面产状的计算公式。

当 $A\neq0$，$B\neq0$，$C\neq0$ 时，结构面的走向可以由下列计算式求得：

$$\text{结构面走向}=\begin{cases}\text{NW} & A\times B>0\\ \text{NE} & A\times B<0\end{cases} \tag{5-14}$$

$$\text{结构面走向线与N方向夹角}=\frac{180\times\arctan\left|\dfrac{B}{A}\right|}{\pi} \tag{5-15}$$

$$\text{结构面倾向}=\begin{cases}\text{NE} & A>0,B>0,C>0\\ \text{SW} & A>0,B>0,C<0\\ \text{SE} & A>0,B<0,C>0\\ \text{NW} & A>0,B<0,C<0\\ \text{NW} & A<0,B>0,C>0\\ \text{SE} & A<0,B>0,C<0\\ \text{SW} & A<0,B<0,C>0\\ \text{NE} & A<0,B<0,C<0\end{cases} \tag{5-16}$$

$$结构面倾角 = \frac{180 \times \arctan\left(\frac{\sqrt{A^2 + B^2}}{|C|}\right)}{\pi} \quad (5\text{-}17)$$

式中，E、W、S、N 分别为东、西、南、北 4 个方位。

以上结构面产状计算公式是在 A、B、C 都不为 0 的情况下计算所得，当 A、B、C 中有为 0 或 1 的情况时，结构面产状的计算公式如表 5-1 所示。

表 5-1 特殊情况下的结构面参数计算表

A	B	C	走向	倾向	倾角
0	X	X	EW	$\begin{cases} \text{S} & B \times C > 0 \\ \text{N} & B \times C < 0 \end{cases}$	$\begin{cases} \text{S} & B \times C > 0 \\ \text{N} & B \times C < 0 \end{cases}$
X	0	X	SN	$\begin{cases} \text{E} & A \times C > 0 \\ \text{W} & A \times C < 0 \end{cases}$	$\begin{cases} \text{E} & A \times C > 0 \\ \text{W} & A \times C < 0 \end{cases}$
X	X	0	$\begin{cases} \text{NE} & A \times B > 0 \\ \text{NW} & A \times B < 0 \end{cases}$		90°
0	0	1	水平面		0°
0	1	0	EW		90°
1	0	0	SN		90°

注：X——参数值不为零。

基于本节结构面产状计算方法及结构面方程的提取信息，最终编制了结构面产状计算程序，可以实现结构面法向量向结构面产状的快速转换。

5.3 数 据 测 试

5.3.1 标准几何体点云数据

1. 立方体点云数据测试

立方体属于标准体，其点几何信息不仅熟知，而且规范、易操作，使用该点云数据，可以方便测试算法的准确性。图 5-13 所示为标准立方体点云，包含 100 万个点。

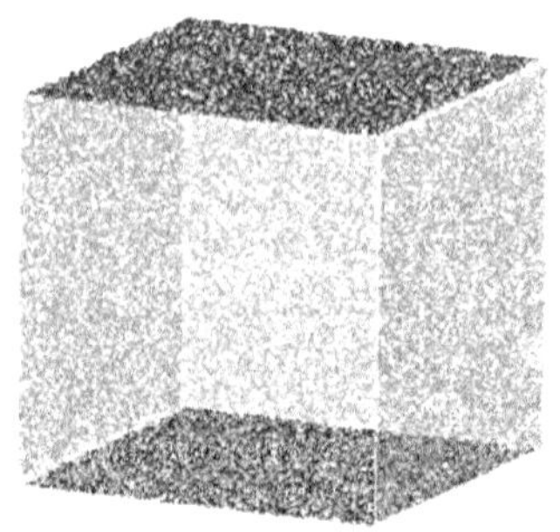

图 5-13 立方体点云

将立方体点云导入软件 GeoCloud 中，使用结构面提取器 Facet Detect 提取结构面效果图，如图 5-14 所示。

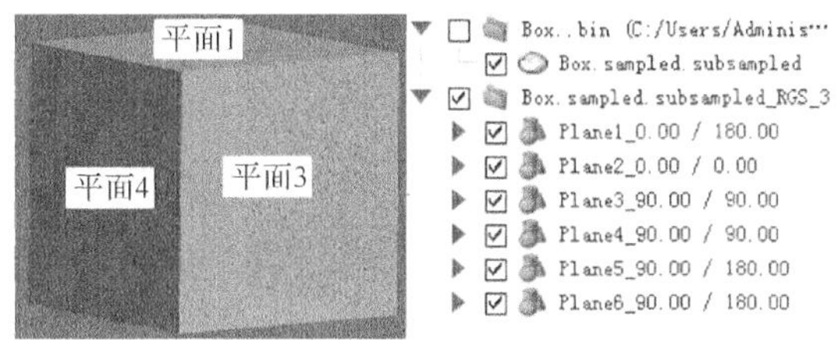

图 5-14　立方体点云提取结构面效果图

由此可知，提取的结构面非常规整，而且速度极快，基于 100 万个点，提取 6 个结构面所花时间也只需 8.365s，如图 5-15 所示。具体产状计算结果见表 5-2。

```
[2020-05-12 15:33:45] [FCD] 6 planes found in 8.365 s
[2020-05-12 15:33:45] [FCD] Region Growing finished...
[2020-05-12 15:33:45] [FCD] Add planes to Project Tree, use time : 0 s
[2020-05-12 15:33:45] [FCD] Region growing extraction finished!
```

图 5-15　立方体点云提取结构面所需时间

表 5-2　立方体点云提取的结构面对比结果表　（单位：°）

结构面编号	模型原始产状 倾角/倾向	Facet Detect 计算结果 倾角/倾向	两者差值 倾角/倾向
平面 1	0/180	0/180	0/0
平面 2	0/0	0/0	0/0
平面 3	90/90	90/90	0/0
平面 4	90/90	90/90	0/0
平面 5	90/180	90/180	0/0
平面 6	90/180	90/180	0/0

结果表明，Facet Detect 计算结果与实际情况完全吻合，误差为 0，完全满足工程可允许的误差范围。将生成的产状结果文件导入工程地质分析软件 Dips V5.1 中，可以得到最优势产状分组结果，如图 5-16 所示。由图可以看出，立方体被准确地划分为 3 组结构面，与预期吻合。

2. 二十面体点云数据

为了测试所提方法能否适应更为复杂的标准体形状，选取二十面体为第 2 组测试数据。图 5-17（a）所示为二十面体点云。

把二十面体点云导入软件 GeoCloud，使用 Facet Detect 提取结构面效果图，如图 5-17（b）所示。

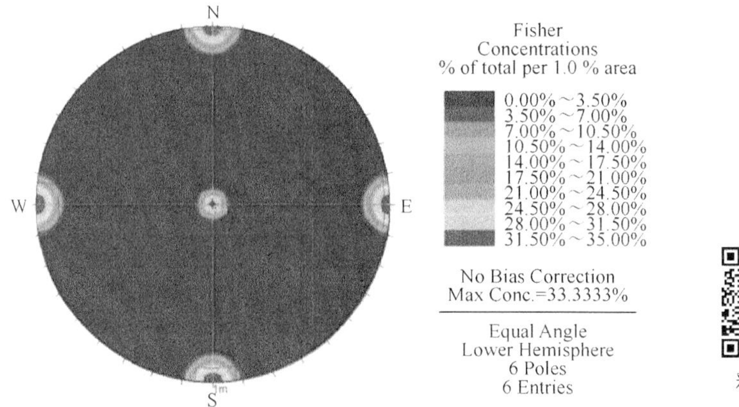

彩图 5-16

图 5-16　立方体最优势产状分组结果

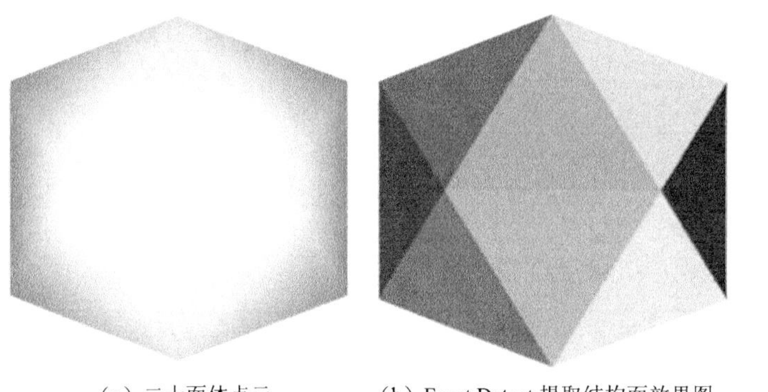

（a）二十面体点云　　（b）Facet Detect 提取结构面效果图

彩图 5-17

图 5-17　二十面体点云数据

可以看出，Facet Detect 提取的结构面非常规整，而且速度极快，耗时仅为 5.485s，如图 5-18 所示。具体产状计算结果见表 5-3。

```
[2020-05-12 15:50:59] [FCD] 20 planes found in 5.485 s
[2020-05-12 15:50:59] [FCD] Region Growing finished...
[2020-05-12 15:51:00] [FCD] Add planes to Project Tree, use time : 0 s
[2020-05-12 15:51:00] [FCD] Region growing extraction finished!
```

图 5-18　二十面体点云提取结构面所需时间

表 5-3　二十面体点云提取的结构面对比结果表　　（单位：°）

结构面编号	模型原始产状 倾角/倾向	Facet Detect 计算结果 倾角/倾向	两者差值 倾角/倾向
平面 1	90/200	90/200.91	0/0.91
平面 2	55/225	54.74/225	0.26/0
平面 3	55/45	54.74/45	0.26/0

续表

结构面编号	模型原始产状 倾角/倾向	Facet Detect 计算结果 倾角/倾向	两者差值 倾角/倾向
平面 4	90/160	90/159.09	0/0.91
平面 5	70/90	69.09/90	0.91/0
平面 6	55/315	54.73/315	0.27/0
平面 7	55/135	54.74/135	0.26/0
平面 8	70/90	69.09/90	0.91/0
平面 9	90/160	90/159.1	0/0.9
平面 10	55/315	54.74/315	0.26/0
平面 11	90/200	90/200.9	0/0.9
平面 12	55/135	54.74/135	0.26/0
平面 13	55/225	54.73/225	0.27/0
平面 14	55/45	54.73/45	0.27/0
平面 15	70/270	69.09/270	0.91/0
平面 16	70/270	69.10/270	0.9/0
平面 17	20/180	20.91/180	0.91/0
平面 18	20/0	20.91/0	0.91/0
平面 19	20/180	20.90/180	0.9/0
平面 20	20/0	20.91/0	0.91/0

结果表明，使用 Facet Detect 计算结果基本完全吻合，最大误差为 0.91°，远远低于工程可允许的误差范围。将生成的产状结果文件导入工程地质分析软件 Dips V5.1 中，可以得到最优势产状分组结果，如图 5-19 所示。由图可以看出，二十面体被准确地划分为 3 组结构面，与预期吻合。

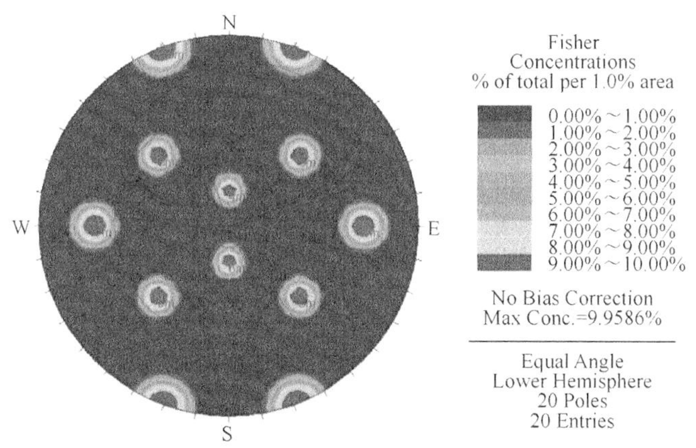

彩图 5-19

图 5-19　二十面体最优势产状分组结果

5.3.2 公开边坡数据应用

为了进一步测试岩体结构面智能识别系统 GeoCloud V1.0 的可行性，选取 2 组公开的边坡岩体数据进行测试。

1. 1 号边坡点云数据测试分析

为了评估所提方法的有效性，选取边坡的一部分。此边坡位于美国科罗拉多州的一个采石场，点云数据存储在数据库的 Rock bench 中[158]。图 5-20（a）为边坡照片，图 5-20（b）为边坡点云模型。此外，由于大量学者使用相同的数据做过结构面识别，GeoCloud V1.0 得到的结果可以与已发表的数据进行比较。在本节研究中，将结果与 Riquelme 等[159]开发的软件 DSE 识别结果进行对比分析。

（a）边坡照片

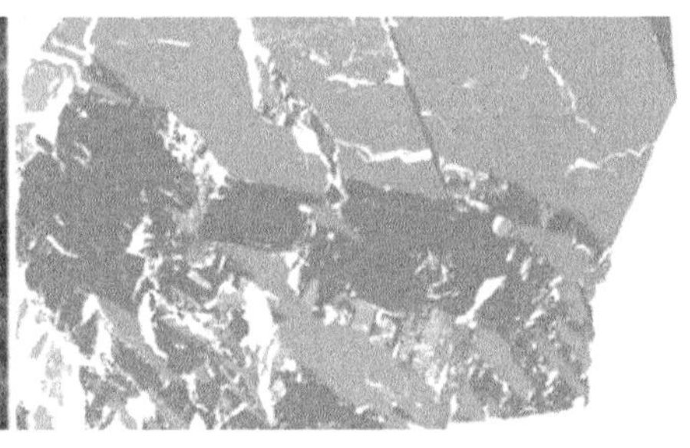

（b）边坡点云模型

图 5-20 边坡照片和边坡点云模型

给定边坡的原始点云数据，利用 Facet Detect 可以智能识别出结构面，不同的颜色代表不同的结构面（图 5-21）。结果表明，使用 Facet Detect 不仅可以准确地识别出较为光滑的结构面，还可以检测出一些破碎的小结构面，甚至包括粗糙度较大的结构面。将计算结果导入地质分析软件 Dips V5.1，可以得到该边坡大致可以分为 5 组结构面，如图 5-22 所示。

彩图 5-20

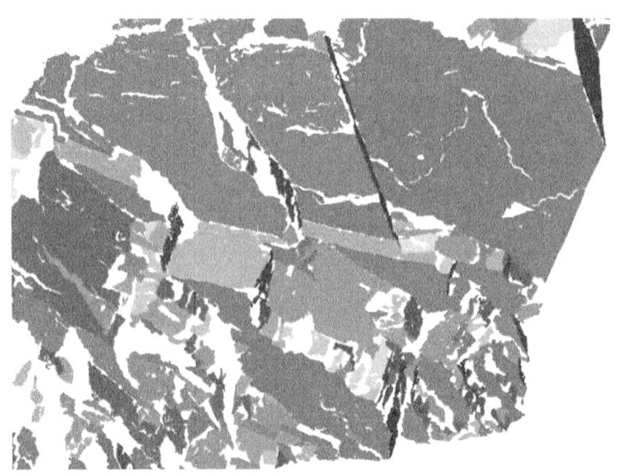

彩图 5-21

图 5-21 边坡岩体结构面提取效果图

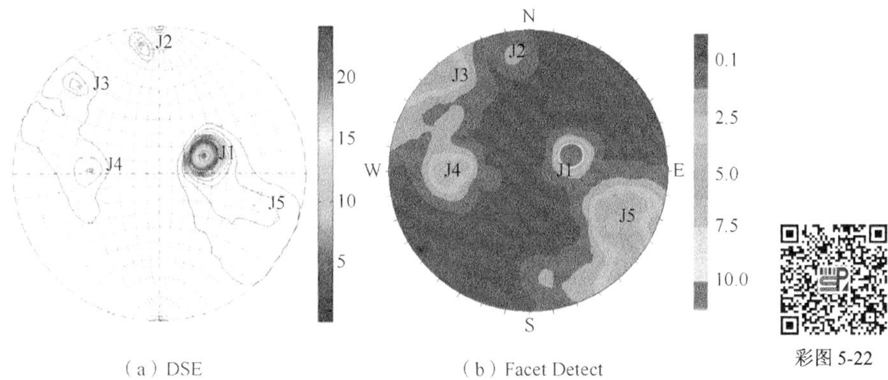

（a）DSE　　（b）Facet Detect

图 5-22　DSE 和 Facet Detect 的赤平投影图

图 5-23（a）所示为 DSE 的结构面分组情况，图 5-23（b）为 Facet Detect 的结构面分组情况。结果表明，两种方法所提结构面信息保持了较高的一致性，都检测出 5 组结构面，分别为 J1、J2、J3、J4 和 J5。尽管 J1 组的平面点数最多，平面最大，但 J2、J3、J4 和 J5 仍然可以被检测到。

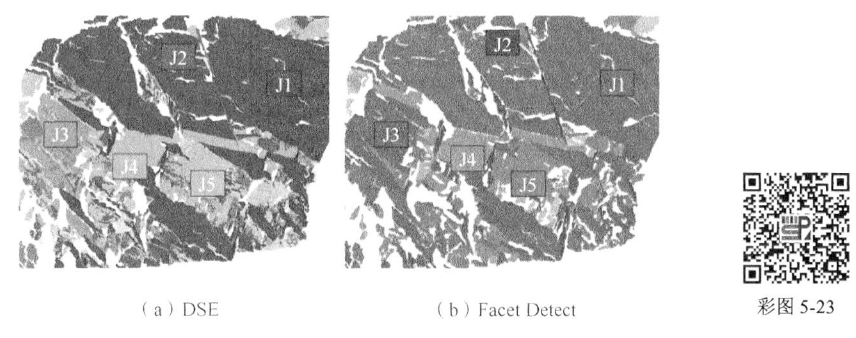

（a）DSE　　（b）Facet Detect

图 5-23　结构面分组效果图

用所提出的方法也可以检测出 DSE 得到的大部分结构面。需要注意的是，有一些结构面不能被 Facet Detect 提取，那是因为 Facet Detect 设置了平面最少点参数 $N_{\mathrm{MinPoints}}$ 对微小结构面进行过滤。

为了定量比较结果，将 Facet Detect 提取的结构面（图 5-24）使用 DSE 规则进行标记，如图 5-25 所示；同时，将结构面产状的计算结果汇总在表 5-4 中。结果表明，Facet Detect 的平均识别误差为 3.4°，如果结构面足够光滑（J1 组的大部分结构面），两种方法之间的误差为 1° 左右，即使对于较为粗糙的结构面（如平面 41 和平面 51），产状误差也在 10° 以内，这是一个合理的误差范围。

（a）整体识别效果 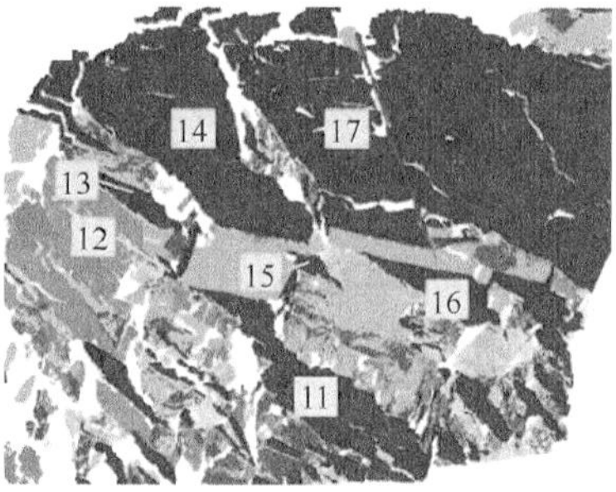　　（b）11～17结构面

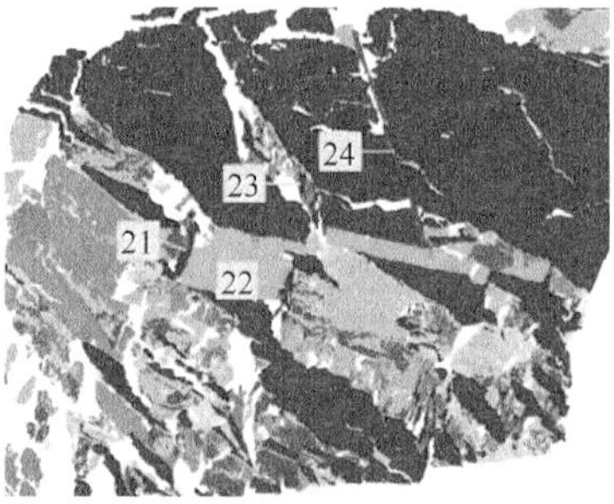

（c）21～24结构面 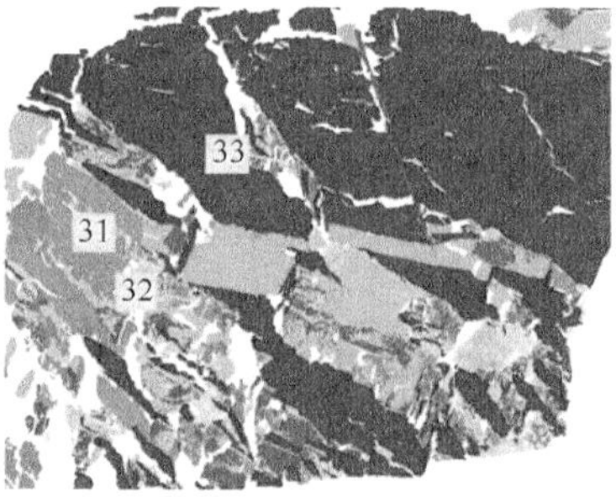　　（d）31～33结构面

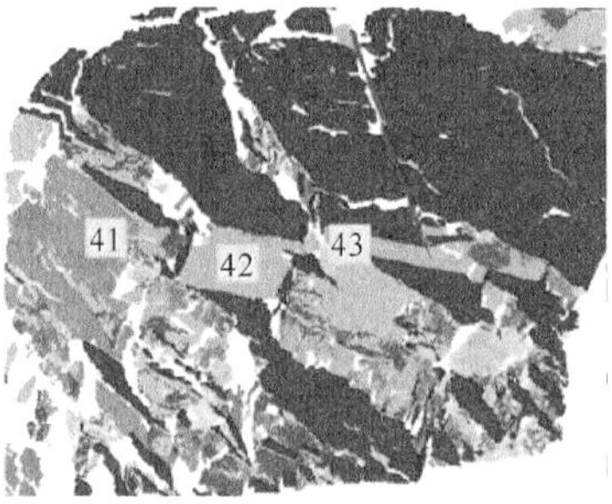

（e）41～43结构面 　　（f）51、52结构面

彩图 5-24

图 5-24　Facet Detect 识别的结构面分组效果图

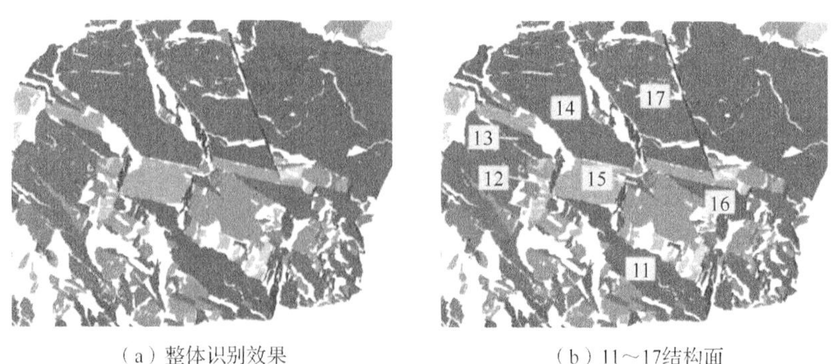

（a）整体识别效果　　（b）11～17结构面

图 5-25　DSE 识别的结构面分组效果图

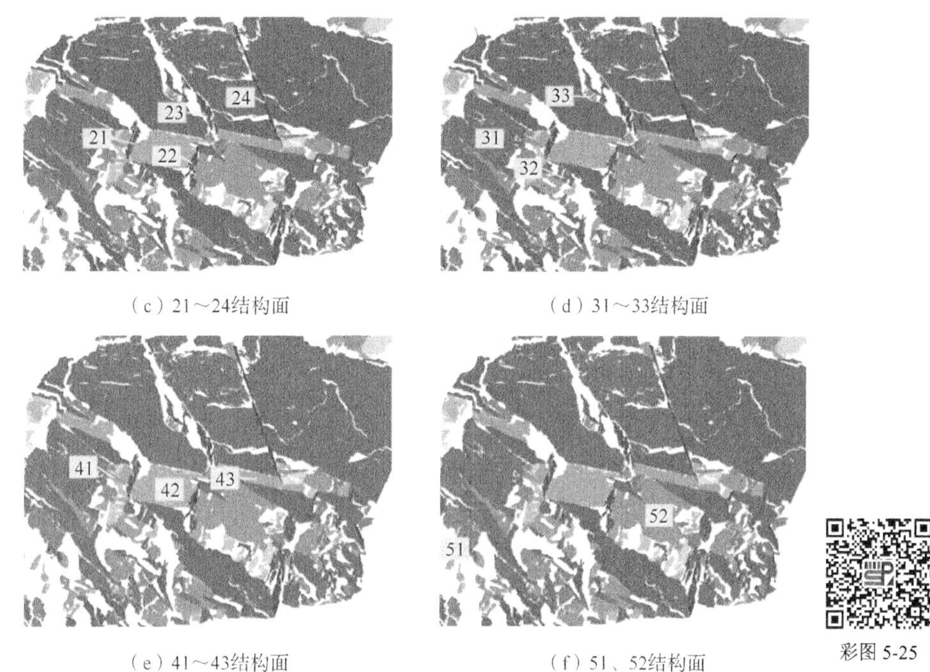

（c）21～24结构面　（d）31～33结构面

（e）41～43结构面　（f）51、52结构面

图 5-25（续）

表 5-4　DSE 和 Facet Detect 的产状计算结果对比　（单位：°）

结构面分组	结构面	倾角/倾向		误差
		DSE	Facet Detect	
J1	平面 11	39.02/246.24	38.46/246.61	0.56
	平面 12	52.30/256.86	49.84/246.79	10.07
	平面 13	35.80/070.26	37.35/249.17	1.55
	平面 14	35.48/252.68	33.88/251.53	1.6
	平面 15	35.91/249.74	36.64/247.72	2.02
	平面 16	35.92/070.47	36.19/251.62	1.15
	平面 17	32.72/255.12	32.63/253.26	1.86
J2	平面 21	83.25/339.47	83.49/338.64	0.83
	平面 22	76.58/166.33	77.78/348.33	2
	平面 23	89.86/160.20	85.14/339.51	4.72
	平面 24	76.85/173.55	77.02/173.77	0.22
J3	平面 31	82.58/136.59	76.30/136.53	6.28
	平面 32	82.67/131.25	84.43/138.09	6.84
J4	平面 41	63.22/097.55	73.21/099.40	9.99
	平面 42	50.19/091.07	48.61/092.46	1.58
	平面 43	47.97/096.64	47.15/096.89	0.82

续表

结构面分组	结构面	倾角/倾向		误差
		DSE	Facet Detect	
J5	平面 51	76.15/123.42	79.87/301.77	3.72
	平面 52	69.94/105.75	75.32/284.31	5.38

2. 2 号边坡点云数据测试分析

2 号边坡点云数据使用的是公开的数据，测试可信度高，而且结果方便比较，评价本软件提取岩质边坡结构面效果可靠。图 5-26 所示为 2 号边坡点云数据。

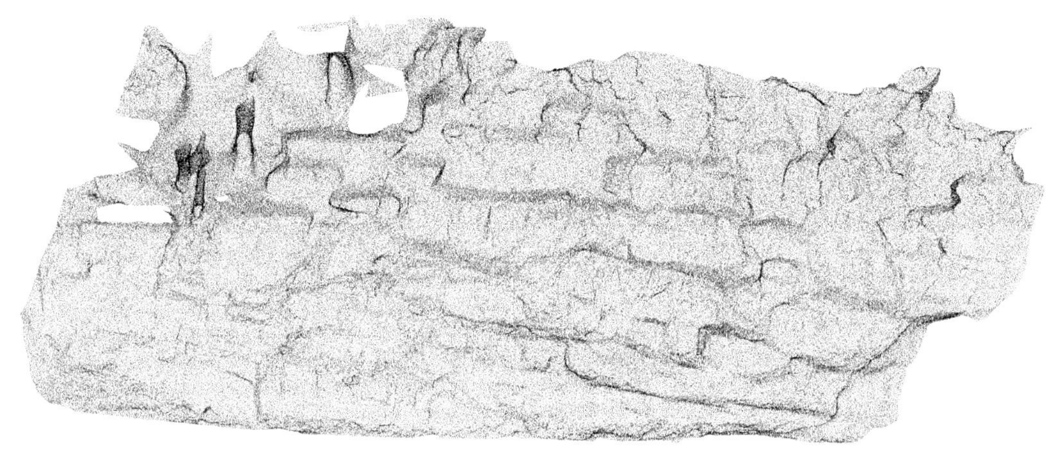

图 5-26　2 号边坡点云数据

将该点云数据导入软件 GeoCloud 中，使用 Facet Detect 提取结构面效果图，如图 5-27 所示。

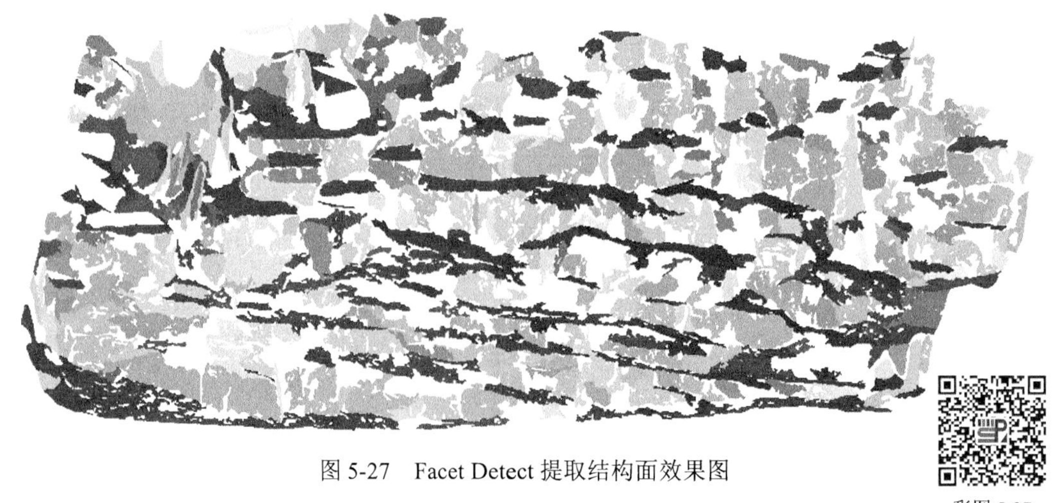

图 5-27　Facet Detect 提取结构面效果图

彩图 5-27

2 号边坡点云数据达 141 万个点，总共提取了 176 个结构面，所花时间 82s（图 5-28）。效果图显示，绝大多数结构面可以清晰完整的识别，且大致有 3 组两两相交的结构面。将 176 个产状计算结果导入地质软件 Dips V5.1 中，可以大致获得该边坡的结构面可分为 3 组（图 5-29），与预期吻合。为了定量分析计算结果的准确性，选取局部 10 个结构面进行标记（图 5-30），考虑到公开文献数据没有量化分析该边坡的结构面产状，本节将与 CloudCompare 的手动拟合计算结果进行对比，计算结果见表 5-5。

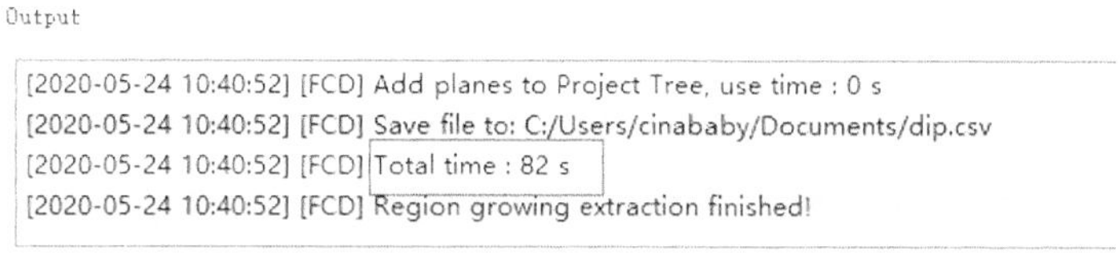

Output

[2020-05-24 10:40:52] [FCD] Add planes to Project Tree, use time : 0 s
[2020-05-24 10:40:52] [FCD] Save file to: C:/Users/cinababy/Documents/dip.csv
[2020-05-24 10:40:52] [FCD] Total time : 82 s
[2020-05-24 10:40:52] [FCD] Region growing extraction finished!

图 5-28　边坡提取结构面所需时间

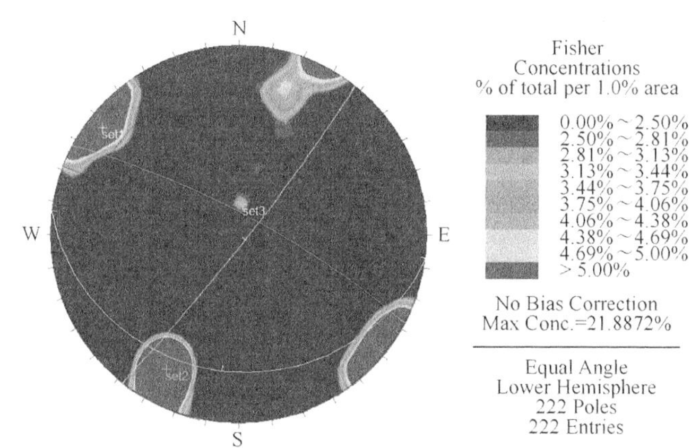

彩图 5-29

图 5-29　优势结构面分组

图 5-30　局部结构面标记

彩图 5-30

表 5-5　边坡点云提取的结构面对比结果　　（单位：°）

结构面编号	CloudCompare 计算结果 倾角/倾向	Facet Detect 计算结果 倾角/倾向	倾向、倾角中的最大差值
平面 1	77.00/33.00	77.21/30.03	2.97
平面 2	78.00/29.00	78.63/28.52	0.63
平面 3	77.00/27.00	77.27/29.93	2.93
平面 4	86.00/194.00	89.61/198.86	4.86
平面 5	41.00/186.00	34.71/186.94	6.29
平面 6	81.00/205.00	88.38/211.13	7.38
平面 7	40.00/188.00	41.21/191.41	3.41
平面 8	88.00/317.00	88.82/316.32	0.82
平面 9	69.00/31.00	72.77/30.39	3.77
平面 10	79.00/25.00	76.25/29.04	4.04

结果表明，使用 Facet Detect 计算结果与 CloudCompare 计算结果最大误差为 7.38°，在工程允许的误差范围内，结果显示了较好的一致性，再一次验证了本章研究中所提算法的可行性。

5.4　结　　论

1）本章提出了一种新的基于点云数据全自动提取岩体结构面的方法。这种方法主要包括以下几个步骤：①体素滤波；②点云法向量的计算；③改进的区域生长算法提取平面模型；④产状计算分析。

2）体素滤波算法的加入，大大提升了岩体点云的处理效率，对于 100 万点的标准数据处理时间在 10s 以内。

3）本章使用的改进的区域生长算法可以在原始点云数据上直接提取结构面，与大部分方法需要先将点云三角网格化相比，避免了三角网格化带来的误差和数据精度损失，同时具有更广泛的适用性。

4）本章将 Facet Detect 提取结构面的结果和公开边坡数据进行对比，结果表明 Facet Detect 所提取的结构面产状与其他方法提取的产状基本保持一致，对于较为平整的结构面，误差值不到 1°，即使对于比较粗糙的结构面，两者的产状差也只有 6° 左右，在实际工程的误差范围之内。

5）本章并没有提取出与结构面有关的其他信息，如结构面间距、粗糙度、风化程度等。在未来的研究中，作者将着重开发全自动获取结构面其他信息的软件，使提取结果系统化。

第6章 基于三维激光扫描技术的边坡变形监测

近年来，我国开展了大量的水利工程、铁路工程、矿山工程等项目，同时产生了大量的边坡工程，对这些边坡进行准确、高效的变形监测，对整个工程的顺利实施意义重大。随着科技的进步及测绘学科的发展，边坡变形监测的方法也越来越多；同时由于工程质量的要求越来越严格，边坡监测的要求也越来越高，促进了技术手段的不断进步。

6.1 基于三维扫描技术的边坡变形监测研究现状

目前，边坡变形常采用人工巡视辅以监测设备的方法。常用的监测方法主要有坡表测量（测距仪、全站仪、水准仪、经纬仪等）、多点位移计、深层水平位移测斜、GPS测量、合成孔径雷达干涉测量等。然而，这些传统方法通常为点对点的接触式测量，具有监测密度小、连续性较低、设备成本高等缺点。

三维激光扫描技术作为一种新的测绘手段，近年来在边坡变形监测和分析方面得到了一定的应用[160-166]。通过对比在不同时间段获取的两组点云数据可以检测到滑坡、落石等岩体变形[167-169]。早在数十年前，Rowlands 等就将三维激光扫描技术引入边坡监测中，通过扫描边坡获取点云数据，建立边坡的三维模型，从而为边坡监测工程提供技术支持[170]；Zhang 等通过引入 Trimble GX 三维激光扫描数据采集方法，提出了公路边坡检测方法[171]。Bitelli 等利用三维激光扫描技术获取多期边坡点云数据，构建数字地形模型（digital terrain model，DTM）后，对比分析边坡的变形情况[160]。Abellan 等利用三维激光扫描技术对边坡落石情况进行了监测，并且取得了一定的成果[162]。Zeybek 和 Sanlioglu 在土耳其科尼亚的一处边坡上应用了三维激光扫描技术，并将其与 GNSS 技术结合从三个方面对边坡进行监测，其中包括点对点的测量、断面变形测量和整个模型求差值的测量[172]。

两组点云直接相减（点云相减法）是基于三维激光扫描技术边坡变形监测分析中最为常见的方法。通过给定一个变化方向，算出两组点云在该方向的变化量，即可得到该区域的边坡变形情况。本章采用点云相减法分析一组室内标准箱体模型试验和一段公路边坡点云数据，以验证三维激光扫描技术在边坡变形监测分析中的有效性。结果表明，相较于传统方法，三维激光扫描技术不仅可以反映边坡的整体变形情况，还可以为边坡的稳定性评估提供更加全面的基础数据。

6.2 室内模型试验数据获取

6.2.1 试验设备

本节设计了一组箱体模型，以验证点云相减法的可行性。本试验使用的扫描设备是FARO Focus3D 360 X扫描仪，该扫描仪25m内的扫描距离系统误差可以控制在±2mm，扫描速度最高可达96.7万/s，可以满足本次试验的需求。该试验的扫描地点为美国亚利桑那大学（University of Arizona）地质与采矿系内的一间实验室，试验扫描对象包括8个大小不一的箱子，研究时将它们按照边坡岩体的形状堆砌成箱体模型（图6-1）。

图6-1　试验箱体模型扫描

6.2.2 试验方案

本次试验主要目标是通过对箱体模型变化的检测来验证本章所提方法的可行性。考虑后期该方法将应用到实际的边坡变形分析中，而岩质边坡可能发生的变形包括落石、偏移和块体转动，本次试验在设计箱体模型的变形时，主要从移动箱体（模拟岩体偏移）、取走箱体（模拟落石）和模拟块体旋转几个方面进行变形设计。具体的变形设计图如图6-2所示。图6-2（a）中将X1、X2两个箱子沿*X*、*Y*方向分别移动5mm、10mm和15mm，将X3、X4两个箱子取走，将X5、X6两个箱子在*XY*平面分别旋转5°、10°和15°，X7、X8两个箱子保持不动。图6-2（b）和图6-2（c）分别是图6-2（a）中方框内的细节图，展示了箱体的移动轨迹。

（a）箱体模型摆放示意

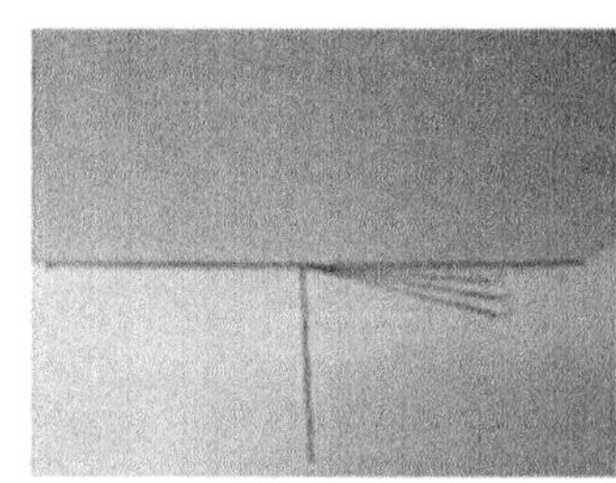

（b）①处细节

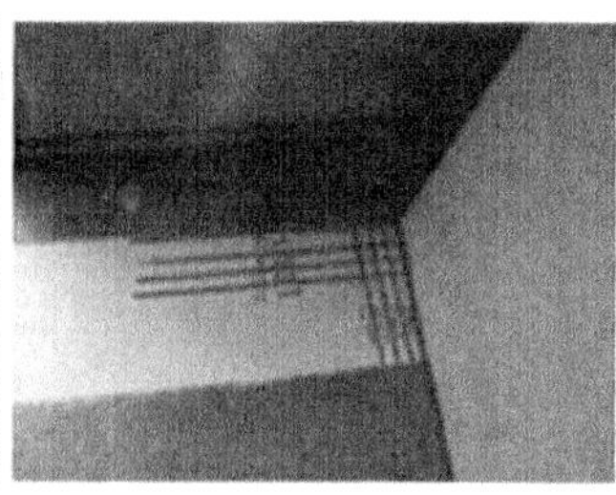

（c）②处细节

图 6-2　箱体模型的变形设计图

由于该试验最终的变形计算结果需要和事先设计的变形量进行对比，箱体模型沿 *X*、*Y* 轴的移动方向必须和扫描仪自带坐标系的 *X*、*Y* 轴一致。鉴于以上对箱体移动方向的要求，利用指南针、地面可写贴纸等辅助工具，尽量让箱体移动的方向与扫描仪的 *Y* 轴平行。

6.2.3　点云数据获取

放置好箱体并设置完移动路线后，下一步将获取箱体不同时期的点云数据。本次试验的扫描工作分为 4 组进行：第 1 组为 T_{x1} 时期的箱体模型扫描，代表的是原始箱体点云；第 2 组为 T_{x2} 时期的箱体模型扫描，代表的是箱体发生 5mm 偏移、箱体“脱落”和 5° 旋转后的箱体点云；第 3 组为 T_{x3} 时期的箱体模型扫描，代表的是箱体发生 10mm 偏移和 10° 旋转后的箱体点云；第 4 组为 T_{x4} 时期的箱体模型扫描，代表的是箱体发生 15mm 偏移和 15° 旋转后的箱体点云。

每组扫描工作一致，具体流程如下：在场地布置 3 个球星标靶用于后期的拼接，同时设置 4 个站点，从不同角度对箱体模型进行扫描，以确保扫描数据的完整性，后期使用 FARO 扫描仪自带的软件 FARO SCENE 对 4 个站点的数据进行过滤和拼接，最终获得 4 个时期（T_{x1}、T_{x2}、T_{x3} 和 T_{x4}）的箱体点云数据。其中，T_{x1} 时期的点云共有 3 506 505 个点，T_{x2} 时期的点云有 3 764 175 个点，T_{x3} 时期的点云有 3 477 686 个点，T_{x4} 时期的点云有 3 451 527 个点，点云分辨率均为 2mm。图 6-3 所示为 4 个不同时期的箱体点云模型。

（a）T_{x1}时期的箱体

（b）T_{x2}时期的箱体

（c）T_{x3}时期的箱体

（d）T_{x4}时期的箱体

彩图 6-3

图 6-3　4 个不同时期的箱体点云模型

如图 6-4 所示，将 4 个时期的点云用不同的颜色代替，黄色代表 T_{x1} 时期的点云，随后将它与其他时期的点云叠加，观察叠加效果，先从视觉的角度判断箱体模型的变化。从图 6-4 中可以看到，箱体模型旁的垃圾桶颜色均为 T_{x1} 时期的点云和其他时期点云颜色的混合，这是因为垃圾桶没有发生变化，两期点云就会高度重叠。然而，对于其他已发生变化的箱子，随着变化量增大，T_{x1} 时期点云的黄色被遮挡得更多。例如，T_{x4} 时期的 X2 和 X8 箱子几乎看不到黄色点云，如图 6-4（d）所示。

（a）T_{x1}时期的点云

（b）T_{x2}时期的点云

（c）T_{x3}时期的点云

（d）T_{x4}时期的点云

彩图 6-4

图 6-4　T_{x2}、T_{x3} 和 T_{x4} 时期的点云与 T_{x1} 时期点云的叠加效果

6.3　基于点云相减法的变形检测

点云相减法是两组点云做对比时最常用的方法，它可以以较高的效率监测出两组点云发生的变化，因此本次试验首先采用点云相减法对箱体模型的变化进行监测，初步判断箱体哪些区域发生了变化。

应用点云相减法监测边坡变形，获取数据和处理数据的流程和方法具体如下。

1）控制点的选取：控制点本身的架设需要牢固，其位置选取应当遵守不易受边坡变形影响的原则。

2）控制点三维坐标的获取：可使用常规坐标测量方法，建立控制点坐标系。

3）扫描之前对控制点再次进行坐标测量，以保证控制点未发生位移，在确保控制点没有变化的情况下进行扫描工作。

4）使用三维激光扫描仪对被监测的边坡进行扫描测量，同时包含对标靶的扫描，其中标靶中心点的三维坐标可在后期拟合得出。

5）标靶中心点的坐标测量：利用全站仪对标靶中心点进行坐标测量。

6）点云数据拼接：将每一站的点云数据进行拼接，最终形成边坡的整体点云数据，并将其坐标系转换到控制点坐标系下。

7）点云数据去噪：将上一步得到的拼接点云数据进行噪声剔除，将剔除噪声后的点云数据三维坐标输出，以备后期处理使用。

8）在经典点云处理软件 3D Reshaper 中，导入两期边坡整体点云数据进行建模，利用 3D Reshaper 自带的模型对比插件进行分析。该插件基于色谱分析法对两个点云模型进行对比，通过将两期点云数据构建的模型进行叠加，计算一个指定方向上的变化量，用不同的颜色来代表不同的变化范围，最终形成点云变化情况的色谱图。用户可以自定义色谱图的颜色数量和颜色所代表的变化范围，通常蓝色等冷色调代表负向变化，红色等暖色调代表正向变化。因此，从色谱图中可以很直观地判断边坡的某个区域的岩体是增加还是减少了，为边坡稳定性计算提供更多的依据。由此可知，点云相减法可以有效地分析点云数据之间的变化，从而对边坡进行有效的变形监测。在边坡变形监测中，点云相减法的流程如图 6-5 所示。

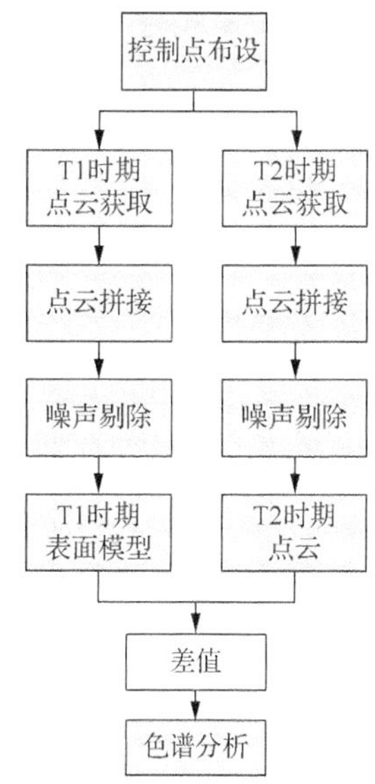

图 6-5　点云相减法的流程

6.3.1　Mesh 表面模型建立

本次试验使用点云处理软件 3D Reshaper 17.1 对箱体模型进行变形分析。该软件是一款 3D 点云数据的建模软件，可以直接处理 3D 扫描仪、三坐标测量机（coordinate measuring machine，CMM）、激光扫描仪等 3D 点云数据的建模，同时该软件具有较高的点云处理效率和变形监测精度。

3D Reshaper 17.1 软件共有两种点云对比的方法：第一种是点与点之间的对比，第二种是点与面之间的对比。经测试发现，第二种方法的精度高于第一种方法。因此，本节选用了点面对比的方法进行两期点云的变形监测。点面变形监测的主要原理是通过计算 T2 时期点云到 T1 时期模型表面的距离来表征两期点云的变形情况，因此首先需要对 T_{x1} 时期的点云数据进行三角网格化，再建立箱体表面模型，模型如图 6-6 所示。

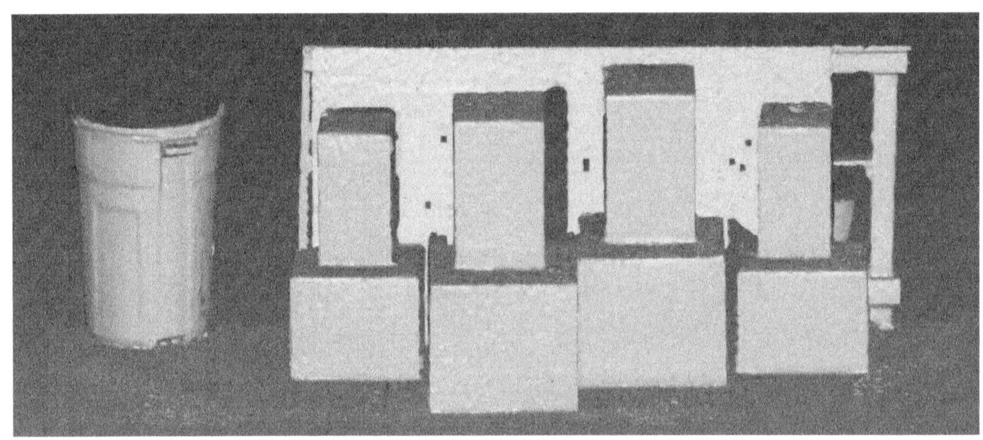

图 6-6　T_{x1} 时期的箱体模型图

彩图 6-6

6.3.2　色谱图分析

将每一期的点云和 T_{x1} 对比后，可以生成两期数据的变形色谱图。考虑到本次试验设计的位移变形分别是 5mm、10mm 和 15mm，因此本节将色谱图的阈值设为 5mm。图 6-7 为此次色谱图参数与颜色设置的对话框，本次试验将正向最大变形设置为 40mm，用红色代表；将负向最大变形设置为-40mm，用蓝色代表。

图 6-7 所示为 T_{x1} 和 T_{x2} 时期点云的对比图。在本次试验中，T_{x2} 时期的点云主要发生以下变化：X1 和 X7 两个箱子被拿走，X2 和 X8 两个箱子向 *X* 和 *Y* 方向各移动 5mm，X3 和 X5 两个箱子分别旋转 5°。从色谱图中可以看出，X1 和 X7 两个箱子被拿走后，此处点云缺失无法进行计算，导致这两个位置的点云呈灰色，即属于未定义变化；X3 和 X5 两个箱子不仅发生了旋转变形且在边界处发生较为明显的变形，这是因为旋转后的箱子越靠近边界的地方位移变化越大。X2 和 X8 两个箱子发生了 5mm 移动变形，但色谱图并未发生明显变化，这是因为基于点云相减法计算平面变形，设备自身有误差、拼接有误差等，往往会产生 7mm 左右的误差，所以变形量被误差量遮盖。

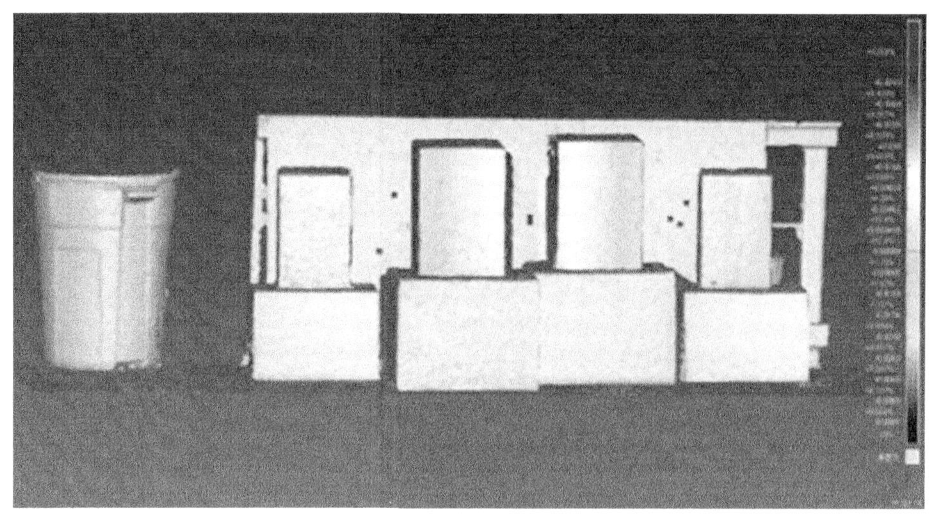

图 6-7　T_{x1} 和 T_{x2} 时期点云的对比图

图 6-8 所示为 T_{x1} 和 T_{x3} 时期点云的对比图。在本次试验中，T_{x3} 时期的点云主要发生以下变化：X1 和 X7 两个箱子被拿走，X2 和 X8 两个箱子向 X 和 Y 方向各移动 10mm，X3 和 X5 两个箱子分别旋转 10°。从色谱图中可以看出，与 T_{x2} 时期相同，X1 和 X7 两个箱子位置的点云呈灰色，仍属于未定义变化；X2 和 X8 两个箱子发生了移动，可以较为明显地判断出其变形量；X3 和 X5 两个箱子的箱体呈现出正负两种变形，这是因为旋转导致箱体左右两边变形方向相反。

彩图 6-7

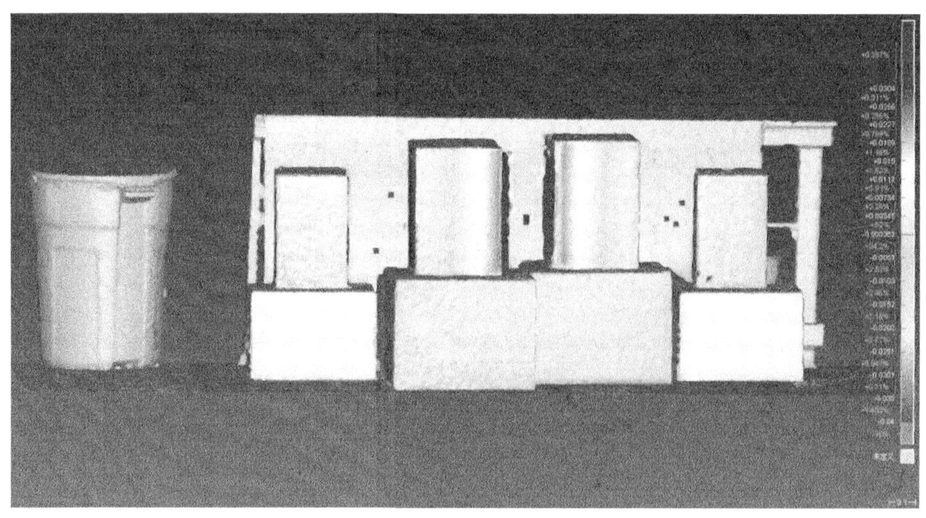

图 6-8　T_{x1} 和 T_{x3} 时期点云的对比图

图 6-9 所示为 T_{x1} 和 T_{x4} 时期点云的对比图。在本次试验中，T_{x4} 时期的点云主要发生了以下变化：X1 和 X7 两个箱子被拿走，X2 和 X8 两个箱子向 X 和 Y 方向各移动 15mm，X3 和 X5 两个箱子分别旋转 15°。从色谱图中可以看出，与 T_{x1} 和 T_{x2} 时期相同，X1 和 X7 两个箱子位置

彩图 6-8

的点云呈灰色，仍属于未定义变化；X2 和 X8 两个箱子发生了移动，色谱图可以监测出 15mm 左右的变形；X3 和 X5 两个箱子的箱体呈现出较大的正负两种变形，并且在箱体的边界处出现了未定义区域，这是因为随着旋转角度的变大，边界处的点云无法完成匹配，从而缺失该部分数据。

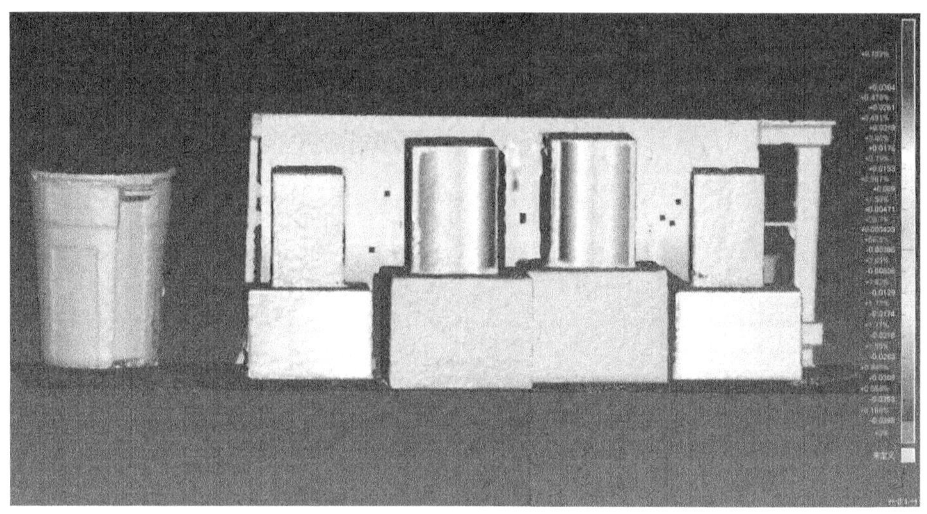

图 6-9　T_{x1} 和 T_{x4} 时期点云的对比图

彩图 6-9

综上所述，对于本次试验数据而言，当物体变形大于 10mm 时，点云相减法可以有效地监测出变形，但是无法准确地监测出 10mm 以内的变形。

6.4　工程案例应用分析

前面已经通过一个室内试验验证了所提方法的有效性，本节将通过一个工程实例来验证该方法在实际工程中的适用性。所选工程实例是第 5 章使用的一段公路边坡，该边坡位于美国亚利桑那州图森市，其点云数据由亚利桑那大学地质与采矿系的 John Kemeny（约翰·柯梅尼）教授分别在 2004 年和 2009 年扫描获取，如图 6-10 所示。本节将结合点云相减法和特征对象分析法对其进行变形分析。

（a）2004年

图 6-10　2004 年和 2009 年的公路边坡点云数据

（b）2009年

图 6-10（续）

将 2004 年和 2009 年两期边坡的点云导入 3D Reshaper 中，以 2004 年的边坡模型为参考对象，以 2009 年的边坡数据为结果对象，用不同的颜色代表不同的变形大小，可以得出两期边坡点云的变形色谱图，如图 6-11 所示。

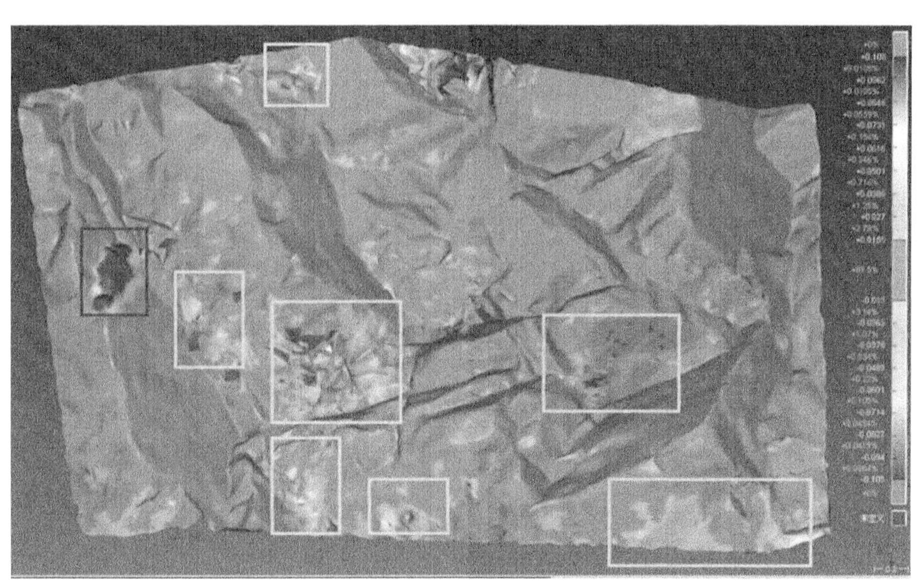

图 6-11　2004 年、2009 年边坡变形情况色谱图

由图 6-11 可知，该边坡 90%以上的点未发生变形或者变形小于 15mm，其余 10%点云的变形分布在边坡的各个位置。其中，黄色框内的区域属于变形较大的区域，变形量为 2～7cm，根据实际情况分析，这些部位的变形主要由岩缝中植被的生长及落石导致。需要注意的是，该色谱图中红色框内属于未定义区域，主要原因是该区域的岩石在 2009 年大面积脱落，该范围内没有点云数据与 2004 年的模型匹配，变形计算无法完成，如图 6-12 方框内区域所示。

彩图 6-11

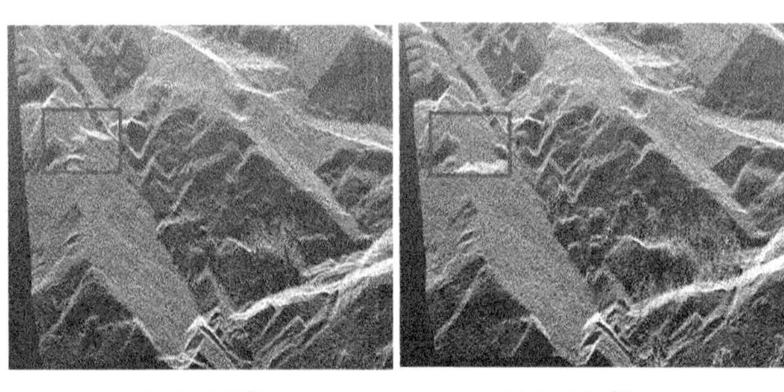

（a）2004年　　（b）2009年

图 6-12　边坡岩体局部脱落细节图

6.5　结　　论

通过室内箱体试验和实际边坡现场试验，可以看出三维激光扫描技术能有效地应用于边坡监测中，同时也克服了传统监测模式单点不连续、反映不全面的局限性；通过面与面、模型与模型的比较，能够对边坡的整体变形情况做出判定。但是其相较于全站仪、水准仪等常规手段，精度有待提升，尤其是当变形量在 10mm 以内时，点云相减法的精度明显下降。在未来的研究工作中，将着重研究点云精配准方法，以提升边坡微小变形的监测精度。

参 考 文 献

[1] 王凤艳. 数字近景摄影测量快速获取岩体裂隙信息的工程应用[D]. 长春: 吉林大学, 2006.

[2] 孙广忠. 岩体力学的进展: 岩体结构力学[J]. 岩石力学与工程学报, 1991, 10(2): 112-116.

[3] 孙广忠. 论“岩体结构控制论”[J]. 工程地质学报, 1993, 1(1): 14-18.

[4] 孙玉科. 大型岩体工程中的工程地质力学问题[J]. 中国科学基金, 1994(3): 224-247.

[5] 谷德振, 黄鼎成. 岩体结构的分类及其质量系数的确定[J]. 水文地质工程地质, 1979(2): 10-15.

[6] 张咸恭, 王思敬, 吴倬元, 等. 中国工程地质学[M]. 北京: 科学出版社, 2000.

[7] 王思敬, 张菊明. 边坡岩体滑动稳定的动力学分析[J]. 地质科学, 1982(2): 162-170.

[8] 陈剑平, 肖树芳, 王清. 随机不连续面三维网络计算机模拟原理[M]. 长春: 东北师范大学出版社, 1995.

[9] 许度, 冯夏庭, 李邵军, 等. 激光扫描隧洞变形与岩体结构面测试技术及应用[J]. 岩土工程学报, 2018, 40(7): 1336-1343.

[10] 马立广. 地面三维激光扫描测量技术研究[D]. 武汉: 武汉大学, 2005.

[11] 程正逢, 梁巧云. 航空三维激光扫描与成像技术在送电线路工程中的应用[J]. 电力勘测设计, 2004(1): 31-35.

[12] 翟瑞芳, 张剑清. 基于激光扫描仪的点云模型的自动拼接[J]. 地理空间信息, 2004, 2(6): 37-39.

[13] 宋宏. 地面三维激光扫描测量技术及其应用分析[J]. 测绘技术装备, 2008, 10(2): 40-43.

[14] 郑德华, 沈云中, 刘春. 三维激光扫描仪及其测量误差影响因素分析[J]. 测绘工程, 2005, 14(2): 32-34.

[15] 张小越. 基于 TLS 技术的岩体结构面识别方法研究[D]. 西安: 长安大学, 2016.

[16] 张启福, 孙现申. 三维激光扫描仪测量方法与前景展望[J]. 北京测绘, 2011(1): 39-42.

[17] 谢雄耀, 卢晓智, 田海洋, 等. 基于地面三维激光扫描技术的隧道全断面变形测量方法[J]. 岩石力学与工程学报, 2013, 32(11): 2214-2224.

[18] 胡敏捷. 激光扫描技术在船舶逆向工程中的作用[J]. 船舶设计通讯, 2006(2): 69-72.

[19] 唐通鸣, 邓佳文, 张政, 等. 基于逆向工程和快速成型技术的髋骨三维实体模型个性化重建[J]. 中国组织工程研究, 2015, 19(26): 4253-4257.

[20] 吴玉厚, 尤慧杰, 赵德宏. 基于逆向工程的人头像建模技术的研究[J]. 机电产品开发与创新, 2012, 25(4): 92-94.

[21] 朱江峰. 基于逆向工程和快速原型技术的快速模具制造技术研究[D]. 南昌: 南昌大学, 2010.

[22] 卢贞. 三维激光扫描技术在林业调查中的应用[D]. 合肥: 合肥工业大学, 2018.

[23] 韩雪梅. 基于 3D 激光扫描的林木树干重建及特征提取技术研究[D]. 北京: 北京林业大学, 2019.

[24] 黄强. 结合树木分枝方式构建树木骨架方法研究[D]. 保定: 河北农业大学, 2019.

[25] 黄传朋. 基于三维激光扫描仪的三维地形获取及应用[D]. 天津: 天津理工大学, 2019.

[26] 王汉顺. 三维激光扫描技术在危岩体测绘工作中的应用[J]. 城市勘测, 2020(2): 95-98.

[27] 赵宁宁, 吴伟, 王勇. 基于三维激光扫描技术的地铁隧道结构变形监测应用研究[J]. 中国矿业, 2020, 29(6): 176-180.

[28] 方毛林. 三维激光扫描技术在文物古迹保护中的应用研究[D]. 合肥: 合肥工业大学, 2017.

[29] 刘宏光, 王鑫森, 高超. 三维激光扫描技术在文物建筑建档保护工作中的应用探讨[J]. 测绘与空间地理信息, 2017, 40(6): 127-129.

[30] 张宏伟, 赖百炼. 三维激光扫描技术特点及其应用前景[J]. 测绘通报, 2012(S1): 320-322.

[31] 程效军, 贾东峰, 程小龙. 海量点云数据处理理论与技术[M]. 上海: 同济大学出版社, 2014.

[32] 戴静兰. 海量点云预处理算法研究[D]. 杭州: 浙江大学, 2006.

[33] 朱明月. 地面三维激光扫描数据配准方法研究[D]. 西安: 长安大学, 2017.

[34] 张步. 三维激光点云数据配准研究[D]. 西安: 西安科技大学, 2015.

[35] 官云兰. 地面三维激光扫描数据处理中的若干问题研究[D]. 上海: 同济大学, 2008.

[36] 鲁铁定, 袁志聪, 郑坤. 结合尺度不变特征的 Super 4PCS 点云配准方法[J]. 遥感信息, 2019, 34(5): 15-20.

[37] 盛敏, 彭玉升, 苏本跃, 等. 基于特征相似性的 RGBD 点云配准[J]. 图学学报, 2019, 40(5): 829-834.

[38] 詹旭, 蔡勇. 基于余弦相似度的点云配准算法[J]. 激光与光电子学进展, 2020, 57(12): 322-329.

[39] BESL P J, McKAY N D. A method for registration of 3-D shapes[J]. IEEE transaction on pattern analysis and machine intelligence, 1992, 14(2): 239-256.

[40] 范哲君. 散乱点云自动配准算法研究[D]. 哈尔滨: 哈尔滨工程大学, 2019.

[41] 李天烁, 王晏民, 胡春梅. 基于激光反射强度的点云自动配准研究[J]. 测绘通报, 2014(S1): 143-145.

[42] 杨小青, 杨秋翔, 杨剑. 基于法向量改进的 ICP 算法[J]. 计算机工程与设计, 2016, 37(1): 169-173.

[43] 马大贺, 刘国柱. 改进的基于 FPFH 特征配准点云的方法[J]. 计算机与现代化, 2017(11): 46-50.

[44] 郭思猛. 三维点云的特征点提取与配准技术研究[D]. 绵阳: 西南科技大学, 2018.

[45] 何群, 安骞, 王森, 等. 露天采场验收测量的 SIFT-ICP 点云配准方法[J]. 矿山测量, 2018, 46(6): 68-72.

[46] 马伟丽, 王健, 孙文潇. 曲率约束的激光点云全局优化配准算法[J]. 遥感信息, 2019, 34(4): 62-67.

[47] 赵夫群, 贾一婷. 基于几何属性和改进 ICP 的点云配准方法[J]. 信息技术, 2019, 43(4): 33-38.

[48] 黄高锋, 陈义, 符宏伟. 基于特征点匹配及提纯的点云配准算法[J]. 测绘与空间地理信息, 2019, 42(2): 199-202.

[49] TAUBIN G. A signal processing approach to fair surface design[C]//Proceedings of the 22nd annual conference on computer graphics and interactive techniques. New York, 1995: 351-358.

[50] TASDIZEN T, WHITAKER R, BUREHARD P, et al. Geometric surface smoothing via anisotropic diffusion of normals[C]//IEEE Conference on Visualization, Boston, 2002: 125-132.

[51] BAJAJ C, XU G. Anisotropic diffusion on surface and functions on surface[J]. ACM transaction on graphics, 2003, 22(1): 4-32.

[52] 刘大峰, 廖文和, 戴宁, 等. 散乱点云去噪算法的研究与实现[J]. 东南大学学报(自然科学版), 2007, 37(6): 1108-1112.

[53] FLEISHMAN S, DRORI I, COHEN-OR D. Bilateral mesh denoising[J]. ACM transaction graphies, 2003, 22(3): 950-953.

[54] WANG R, CHEN W, ZHANG S, et al. Similarity-based denoising of point-sampled surfaces[J]. Journal of Zhejiang University-SCIENCE A, 2008, 9(6): 807-815.

[55] 王丽辉, 袁保宗. 鲁棒的模糊 C 均值和点云双边滤波去噪[J]. 北京交通大学学报, 2008, 32(2): 18-21.

[56] 张育锋. 三维数据点云的去噪及其检测[D]. 南京: 南京信息工程大学, 2014.

[57] 刘涛, 徐铮, 沙成梅, 等. 基于包围盒法的散乱点云数据的曲率精简[J]. 科学技术与工程, 2009, 9(12): 3333-3336.

[58] WEIR D J, MILROY M, BRADLEY C, et al. Reverse engineering physical models employing wrap-aroud B-spline surfaces and quadrics[J]. Proceedings of the Institution of Mechanical Engineers, Part B. Journal of engineering manufacture, 1996, 210(B2): 147-157.

[59] MARTIN R R, STROUD I A, MARSHALL A D. Data reduction for reverse engineering[J]. RECCAD, deliverable document 1 COPERNICUS project, 1996, 1068: 101-113.

[60] 刘继庚, 王晓红, 王东东, 等. 一种利用矢量-角度法的模型点云压缩算法[J]. 测绘通报, 2018(9): 45-49.

[61] 方芳, 程效军. 海量散乱点云快速压缩算法[J]. 武汉大学学报(信息科学版), 2013, 38(11): 1353-1357.

[62] 田鹏. 地理场景中点云特征提取与简化研究[D]. 南京: 南京师范大学, 2008.

[63] 洪梅. 点云数据特征提取算法的改进[D]. 南昌: 东华理工大学, 2013.

[64] 杨斌杰. 基于特征点提取的点云配准算法研究[D]. 南昌: 东华理工大学, 2015.

[65] MILLER S M. A statistical method to evaluate homogeneity of structural populations[J]. Mathematical geology, 1983, 15(2): 317-328.

[66] PRIEST S D, HUDSON J A. Estimation of discontinuity spacing and trace length using scanline surveys[J]. International journal of rock mechanics and mining sciences & geomechanics abstracts, 1981, 18(3): 183-197.

[67] 高红灿, 李玉泽, 徐少华, 等. 地质罗盘方位测量的误差分析[J]. 重庆科技学院学报(自然科学版), 2018, 20(1): 6-10.

[68] 于天亮. 岩体结构面信息数字识别及强度评价[D]. 沈阳: 东北大学, 2009.

[69] KANAORI Y. Observation of crack development around an underground rock chamber by borehole television system[J]. Rock mechanics and rock engineering, 1983, 16(2): 133-142.

[70] 吴剑, 冯少孔, 李宏阶. 钻孔成像中结构面自动判读技术研究[J]. 岩土力学, 2011, 32(3): 951-957.

[71] 于景良, 王德福. 全景电视系统的研究[J]. 天津大学学报(自然科学与工程技术版), 1990(3): 91-97.

[72] 于景良, 王德福, 孙鼎俊. 全景式孔内彩色电视系统的研制及其应用[J]. 水电与抽水蓄能, 1996, 20(4): 30-32.

[73] 王川婴, 葛修润, 白世伟. 数字式全景钻孔摄像系统及应用[J]. 岩土力学, 2001, 22(4): 522-525.

[74] 李冬田. 摄影方法量测结构面产状的灭线法和灭点推导法[J]. 水利水电科技进展, 2005, 25(1): 21-24.

[75] 刘子侠. 基于数字近景摄影测量的岩体结构面信息快速采集的研究应用[D]. 长春: 吉林大学, 2009.

[76] ABELLÁN A, OPPIKOFER T, JABOYEDOFF M, et al. Terrestrial laser scanning of rock slope instabilities[J]. Earth surface processes and landforms, 2014, 39(1): 80-97.

[77] KEMENY J M, NORTON B, TURNER K. Rock slope stability analysis utilizing ground-based LIDAR and digital image processing[J]. Felsbau, 2006, 24(3): 810-815.

[78] FERRERO A M, FORLANI G, RONCELLA R, et al. Advanced geostructural survey methods applied to rock mass characterization[J]. Rock mechanics and rock engineering, 2009, 42(4): 631-665.

[79] JABOYEDOFF M, OPPIKOFER T, ABELLÁN A, et al. Use of LIDAR in landslide investigations: a review[J]. Natural hazards, 2012, 61(1): 5-28.

[80] 董秀军, 黄润秋. 三维激光扫描技术在高陡边坡地质调查中的应用[J]. 岩石力学与工程学报, 2006, 25(2): 3629-3635.

[81] 何秉顺, 丁留谦, 孙平. 三维激光扫描系统在岩体结构面识别中的应用[J]. 中国水利水电科学研究院学报, 2007, 5(1): 43-48.

[82] 娄国川, 赵其华. 基于三维激光扫描技术的高边坡岩体结构调查[J]. 长江科学院院报, 2009, 26(9): 58-61.

[83] 刘昌军, 高立东, 丁留谦, 等. 应用激光扫描技术进行岩体结构面的半自动统计研究[J]. 水文地质工程地质, 2011, 38(2): 52-57.

[84] 张新磊. 三维激光扫描技术在危岩体勘查中的应用[J]. 山西建筑, 2011, 37(34): 63-64.

[85] 张文. 基于三维激光扫描技术的岩体结构信息化处理方法及工程应用[D]. 成都: 成都理工大学, 2011.

[86] 朱云福. 基于三维激光扫描数据的岩体结构面识别方法研究及系统研制[D]. 北京: 中国地质大学, 2012.

[87] 荆洪迪, 李元辉, 张忠辉, 等. 基于三维激光扫描的岩体结构面信息提取[J]. 东北大学学报(自然科学版), 2015, 36(2): 280-283.

[88] 吴雪楠, 向喜琼, 沈焱辉, 等. 三维激光技术在危岩体地质信息采集中的应用[J]. 勘察科学技术, 2016(6): 53-56.

[89] 郭少文, 赵其华, 张兵, 等. 基于三维激光扫描技术的岩体 RQD 获取方法与程序[J]. 长江科学院院报, 2016, 33(3): 75-79.

[90] 葛云峰, 夏丁, 唐辉明, 等. 基于三维激光扫描技术的岩体结构面智能识别与信息提取[J]. 岩石力学与工程学报, 2017, 36(12): 3050-3061.

[91] 郭少文, 周坤, 张兵. 基于三维激光扫描技术的岩体抗剪强度参数获取[J]. 人民长江, 2019, 50(9): 118-123.

[92] 张正禄, 梅文胜, 邸国辉. 用测量机器人监测三峡库区典型滑坡研究[J]. 资源环境与工程, 2002, 16(4): 56-59.

[93] 陈晓雪. 基于三维激光影像扫描系统的边坡位移监测预测研究[D]. 北京: 北京林业大学, 2008.

[94] 赵小平, 闫丽丽, 刘文龙. 三维激光扫描技术边坡监测研究[J]. 测绘科学, 2010, 35(4): 25-27.

[95] 翟旭. 利用三维激光扫描技术的边坡形变监测方法研究[D]. 北京: 中国地质大学, 2015.

[96] 石宝松, 孙守红, 张伟. CCD 在便携式光谱分析仪中的应用[J]. 电子测量技术, 2010(11): 84-86.

[97] 董秀军. 三维空间影像技术在地质工程中的综合应用研究[D]. 成都: 成都理工大学, 2015.

[98] DEB D, HARIHARAN S, RAO U M, et al. Automatic detection and analysis of discontinuity geometry of rock mass from digital images[J]. Computers and geosciences. 2008, 34(2): 115-126.

[99] 陈盼盼, 董建国, 杨瑞霞, 等. 基于多重三维激光测绘系统的真三维城市模型构建[C]//第一届全国激光雷达对地观测高级学术研讨会论文集. 第一届全国激光雷达对地观测高级学术研讨会, 北京, 2010, 261-267.

[100] 张煜, 窦延娟, 张晓东. 机载激光雷达数据采集及数据处理[J]. 长江科学院院报, 2010, 27(1): 13-16.

[101] 杨林. 三维激光扫描技术在建筑工程施工变形监测中的应用研究[D]. 天津: 天津大学, 2016.

[102] TOMASI C, MANDUCHI R. Bilateral filtering for gray and color images[C]//Proceedings of the 1998 IEEE international conference on computer vision, Bombay, 1998.

[103] 程效军. 海量点云数据处理理论与技术[M]. 上海: 同济大学出版社, 2014.

[104] PROAKIS J G, DIMITRIS G M. 数字信号处理: 原理、算法与应用[M]. 北京: 中国电力出版社, 2004.

[105] DAVIS J, MARSCHNER S R, GARR M, et al. Filling holes in complex surfaces using volumetric diffusion[C]//Proceeding of first international symposium on 3d data processing, Padua, 2002.

[106] WANG J M, OLIVEIRA M M, ZHANG H T, et al. Reconstructing regular meshes from points[J]. Visual computer, 2008, 24(5): 361-371.

[107] 李海亮, 李宏. 钻孔应变观测现状与展望[J]. 地质学报, 2010, 84(6): 895-900.

[108] 陈相, 童小华. 基于三角格网的点云空洞修补算法及精度研究[J]. 测绘通报, 2013(4): 1-3.

[109] 钱伯至, 蓝秋萍. 隧道三维点云孔洞修复方法[J]. 测绘工程, 2017, 26(3): 46-51.

[110] 林松, 田林亚, 施贵刚, 等. 基于三角网的点云空洞修补算法[J]. 工程勘察, 2020, 48(8): 53-58.

[111] 张丽艳, 周儒荣, 周来水. 三角网格模型孔洞修补算法研究[J]. 应用科学学报, 2002, 20(3): 221-224.

[112] BAREQUET G, SHARIR M. Filling gaps in the boundary of a polyhedron[J]. Computer aided geometric design, 1995, 12(2): 207-229.

[113] 李根, 陈志杨, 张三元, 等. 基于点邻域平坦度的网格重构算法[J]. 计算机辅助设计与图形学学报, 2008, 20(4): 482-487.

[114] 马长胜, 姜晓峰, 强鹤群. 散乱数据点的 k 近邻快速搜索算法[J]. 微电子学与计算机, 2007, 24(12): 23-26.

[115] ROSSIGNAC J, BORREL P. Multi-resolution 3D approximations for rendering complex scenes[M]//FALCIDIENO B. Modeling in computer graphics. Berlin: Springer, 1993: 455-465.

[116] 张明敏, 周昆, 潘志庚. 基于超包络的三角形网格简化算法[J]. 软件学报, 1999, 10(6): 585-590.

[117] KALVIN A D, TAYLOR R H. Superfaces: polygonal mesh simplification with bounded error[J]. Computer graphics and applications, 1996, 16(3): 64-77.

[118] SUN W, RADLEY C B, ZHANG Y F, et al. Cloud data modelling employing a unified, non-redundant triangular mesh[J]. Computer-aided design, 2001, 33(2): 183-193.

[119] 高志国. 海量点云数据滤波处理方法研究[J]. 测绘工程, 2013, 22(1): 35-38.

[120] 程效军, 李巧丽. 一种基于非均匀网格的点云数据缩减算法[J]. 遥感信息, 2011(2): 102-105.

[121] 朱延娟, 周来水, 张丽艳. 散乱点云数据配准算法[J]. 计算机辅助设计与图形学学报, 2006, 18(4): 475-481.

[122] HALBER M, FUNKHOUSER T. Fine-to-coarse global registration of RGB-D scans[C]//2017 IEEE conference on computer vision and pattern recognition (CVPR), Honolulu, 2017.

[123] 胡事民, 杨永亮, 来煜坤. 数字几何处理研究进展[J]. 计算机学报, 2009, 32(8): 1451-1469.

[124] BAYRAMOGLU N, ALATAN A A. Shape index SIFT: range image recognition using local features[C]//2010 20th international conference on pattern recognition, Istanbul, 2010.

[125] RUSU R B, BRADSKI G R, THIBAUX R, et al. Fast 3D recognition and pose using the Viewpoint Feature Histogram[C]//2010 IEEE/RSJ International Conference on Intelligent Robots and Systems, Taipei, 2010.

[126] ALDOMA A, VINCZE M, BLODOW N, et al. CAD-model recognition and 6DOF pose estimation using 3D cues[C]//2011 IEEE international conference on computer vision workshops(ICCV workshops), Barcelona, 2011.

[127] HUBER D F, HEBERT M. Fully automatic registration of multiple 3D data sets[J]. Image and vision computing, 2003, 21(7): 637-650.

[128] LI Q G, Gao C, Wu X F, et al. A method for range image registration via neural network and ICP algorithm[J]. Wuhan University Journal of Natural Sciences, 2010, 15(5): 398-402.

[129] 张晓娟, 李忠科, 王先泽, 等. 基于特征点和改进 ICP 的三维点云数据配准算法[J]. 传感器与微系统, 2012, 31(9): 116-119.

[130] 潘伟, 赵毅, 阮雪榆. 反向工程中测量点云配准的新方法[J]. 模具技术, 2003(4): 5-10.

[131] BESL P J. Geometric modeling and computer vision[J]. Proceedings of the IEEE, 2002, 76(8): 936-958.

[132] LI Q, GRIFFITHS J G. Iterative closest geometric objects registration[J]. Computers & mathematics with applications, 2000, 40(10): 1171-1188.

[133] 张瑞乾. 逆向工程中对测量数据进行重定位的研究[J]. 烟台大学学报(自然科学与工程版), 2004, 17(1): 55-59.

[134] 孙世为, 王耕耘, 李志刚. 逆向工程中多视点云的拼合方法[J]. 计算机辅助工程, 2002, 11(1): 8-12.

[135] 胡少兴, 查红彬, 张爱武. 大型古文物真三维数字化方法[J]. 系统仿真学报, 2006, 18(4): 139-142.

[136] 戴玉成, 张爱武. 三维激光扫描数据快速配准算法研究[J]. 测绘通报, 2010(6): 8-11.

[137] 王永波, 盛业华. 一种基于曲率极值法的 LiDAR 点云特征提取算法[J]. 中国矿业大学学报, 2011, 40(4): 640-646.

[138] ZHANG Z, XU H, YIN H. A Fast Point Cloud Registration Algorithm Based on Key Point Selection[J]. Laser & optoelectronics progress, 2017, 54(12): 121002.

[139] PAULY M, KEISER R, GROSS M. Multi-scale Feature Extraction on Point-Sampled Surfaces[J]. Journal of the European association for computer graphics, 2003, 22(3): 281-289.

[140] BENKO D, ERNST C, LANPHIER D, et al. Asymptotic bounds on the integrity of graphs and separator theorems for graphs[J]. SIAM journal on discrete mathematics, 2009, 23(1): 265-277.

[141] 柯映林, 单东日. 基于区域分割与约束逼近的二次曲面重建[J]. 浙江大学学报(工学版), 2004, 38(10): 1274-1279.

[142] KOH J, SUK M, BHANDARKAR S M. A multilayer self-organizing feature map for range image segmentation[J]. Neural networks, 1995, 8(1): 67-86.

[143] ALRASHDAN A, MOTAVALLI S, FALLAHI B. Automatic segmentation of digitized data for reverse engineering applications[J]. Iie transactions, 2000, 32(1): 59-69.

[144] 刘雪梅, 董文胜, 张树生, 等. 基于自组织特征映射神经网络的点云数据分区[J]. 华北水利水电学院学报, 2004, 25(2): 59-62.

[145] 杨客, 张志毅, 董艳. 基于自适应八叉树分割点云的表面模型重建[J]. 计算机应用与软件, 2013, 30(6): 83-87.

[146] 单东日, 柯映林. 基于二维 Delaunay 近邻的空间散乱数据曲面重建算法[J]. 中国机械工程, 2003, 14(9): 756-759.

[147] 柯映林, 范树迁. 基于点云的边界特征直接提取技术[J]. 机械工程学报, 2004, 40(9): 116-120.

[148] YOKOYA N, LEVINE M D. Range image segmentation based on differential geometry: a hybrid approach[J]. IEEE transactions on Pattern analysis and machine intelligence, 1989, 11(6): 643-649.

[149] 贾薇, 舒勤, 黄燕琴. 基于 FPFH 的点云特征点提取算法[J]. 计算机应用与软件, 2020, 37(7): 165-170.

[150] 储小玉. 基于自适应颜色和几何混合特征的点云配准方法[J]. 铜陵学院学报, 2019, 18(5): 103-106.

[151] 梁周雁. 基于点云的复杂物体曲面重建关键技术研究[D]. 青岛: 山东科技大学, 2018.

[152] KAZHDAN M, MING C, RUSINKIEWICZ S, et al. Poisson surface reconstruction with envelope constraints[J]. Computer graphics forum, 2020, 39(5): 173-182.

[153] 曾繁轩, 李亮, 刁鑫鹏. 基于曲率特征的迭代最近点算法配准研究[J]. 激光与光电子学进展, 2017, 54(1): 1-7.

[154] FENG Q, SJÖGREN P, STEPHANSSON O, et al. Measuring fracture orientation at exposed rock faces by using a non-reflector total station[J]. Engineering Geology, 2001, 59(1): 133-146.

[155] FRIEDMAN J H, BENTLEY J L, FINKEL R A. An algorithm for finding best matches in logarithmic expected time[J]. ACM transactions on mathematical software, 1997, 33: 209-226.

[156] RENCHER A C, CHRISTENSEN W F. Methods of multivariate analysis[M]. 3rd ed. New York: Wiley-Blackwell, 2012.

[157] HIRAOKA T, NONAKA H, KAMENO T. Data compression of DEM with joint singular value decomposition[J]. Journal of the Japan society of photogrammetry and remote sensing, 2012, 51(4): 232-236.

[158] LATO M, KEMENY J, HARRAP R M, et al. Rock bench: establishing a common repository and standards for assessing rockmass characteristics using LiDAR and photogrammetry[J]. Computers and geosciences, 2013, 50: 106-114.

[159] RIQUELME A J, ABELLÁN A, TOMÁS R, et al. A new approach for semi-automatic rock mass joints recognition from 3D point clouds[J]. Computers and geosciences, 2014, 68: 38-52.

[160] BITELLI G, CAMASSI R, GUSELLA L, et al. Remote sensing imagery for damage assessment of buildings after destructive seismic events[C]// Risk Analysis IV. Bologna, Italy: WIT, 2004.

[161] BIASION A, BORNAZ L, RINAUDO F. Laser scanning applications on disaster management[M]//OOSTEROM P, ZLATANOVA S, FENDEL E M. Geo-information for disaster management. Berlin: Springer, 2005.

[162] ABELLAN A, CALVET J, VILAPLANA J M, et al. Detection and spatial prediction of rockfalls by means of terrestrial laser scanner monitoring[J]. Geomorphology, 2010, 119(3-4): 162-171.

[163] TEZA G, PESCI A, GENEVOIS R, et al. Characterization of landslide ground surface kinematics from terrestrial laser scanning and strain field computation[J]. Geomorphology, 2007, 97(3-4): 424-437.

[164] TEZA G, PESCI A. Effects of surface irregularities on intensity data from laser scanning: an experimental approach[J]. Annals of geophysics, 2008, 51(5-6): 839-848.

[165] OPPIKOFER T, JABOYEDOFF M, BLIKRA L, et al. Characterization and monitoring of the Åknes rockslide using terrestrial laser scanning[J]. Natural hazards and earth system sciences, 2009, 9: 1003-1019.

[166] BAZARNIK M, PILECKI Z, DUBIŃSKI et al. Slope stability monitoring in open pit mines using 3D terrestrial laser scanning[J]. E3S Web of Conferences, 2018, 66(2): 01020.

[167] LIM M, PETLEY D N, ROSSER N J, et al. Combined digital photogrammetry and time-of-flight laser scanning for monitoring cliff evolution[J]. The photogrammetric record, 2005, 20(110): 109-129.

[168] OPPIKOFER T, JABOYEDOFF M, KEUSEN H R. Collapse at the eastern eiger flank in the Swiss Alps[J]. Nature geoscience, 2008, 1(8): 531-535.

[169] BARLA G, ANTOLINI F, BARLA M, et al. Monitoring of the Beauregard landslide (Aosta Valley, Italy) using advanced and conventional techniques[J]. Engineering geology, 2010, 116(3): 218-235.

[170] ROWLANDS K, JONES L D, WHITWORTH M. Rowlands, Jones, et al. Landslide Laser Scanning: a new look at an old problem[J]. Quarterly journal of engineering geology & hydrogeology, 2003, 36(2): 155-157.

[171] ZHANG J P, WU H, FENG Y Q, et al. Research on the data collection method in road slope detection based on 3D laser scanner[J]. Applied mechanics and materials, 2011, 1447(94-96): 826-829.

[172] ZEYBEK M, SANLIOĞLU I. Accurate determination of the Taşkent (Konya, Turkey) landslide using a long-range terrestrial laser scanner[J]. Bulletin of engineering geology & the environment, 2015, 74(1): 61-76.